笨妈教育系列

看见飞鸟的翅膀

——笨妈亲子手记100天

台啸天 著

上海财经大学出版社

图书在版编目(CIP)数据

看见飞鸟的翅膀:笨妈亲子手记100天/台啸天著. - 上海:上海财经大学出版社,2021.7

(笨妈教育系列)

ISBN 978-7-5642-3726-4/F·3726

Ⅰ.①看… Ⅱ.①台… Ⅲ.①家庭教育 Ⅳ.①G78

中国版本图书馆CIP数据核字(2021)第075881号

□ 责任编辑 邱 仿

□ 封面设计 苏子轩

□ 版式设计 张启帆

看见飞鸟的翅膀

——笨妈亲子手记100天

台啸天 著

上海财经大学出版社出版发行

(上海市中山北一路369号 邮编200083)

网 址:http://www.sufep.com

电子邮箱:webmaster @ sufep.com

全国新华书店经销

上海华教印务有限公司印刷装订

2021年7月第1版 2021年7月第1次印刷

710mm×1000mm 1/16 24印张(插页:3) 339千字

定价:78.00元

谨以此书

致敬普通人的共同命运

同时纪念我们和孩子一起度过的

那些柔软且坚韧的时光

序一

记录最真挚的爱，让它在时光的深处等我们

宋庆龄儿童发展中心　赵小华

2020年，这个世界发生了很多变化，大到人类命运及风云变幻的国际局势，小到一个三口之家在宅家期间的烟火人生与亲子互动。

有幸阅读到《看见飞鸟的翅膀——笨妈亲子手记100天》这本书稿是在2021年春节。整整一年过去了，跟随作者“笨妈”台女士一起回忆了这不同寻常的一年。我们同在一个城市，读着她笔下记录的这个特殊时期发生的公共事件和老百姓“同呼吸共命运”的那些日日夜夜时，仍然心潮澎湃，甚至在读到某些章节时，掩面而泣，不能自已。

在我看来，这本书的意义不只是一个小家庭在特殊时期的亲子成长日记，更不是新闻大事记的回顾，它是一份以寻常人的细腻和温度，怀有一颗诚挚之心，真切记录我们所有人共同记忆的珍贵资料。每一个珍视自己生命经历的读者，都应该一头扎进这本书，被它温暖，被它唤起，被它激励，也被它指引。当然，作者在写下这些日记的时候，并没有打算要带给读者如此深刻的触动，她记录特殊时期的点滴日常，育儿过程中的所思所想，初衷是如此质朴和纯粹——“致敬普通人的共同命运，同时纪念我们和孩子一起度过的那些柔软且坚韧的时光。”只有满怀真情，才能感动世界！随着阅读的深入，相信大家会跟我一样逐渐升起对生命的敬畏之心。

作为一名财经编辑，自称“笨妈”的台女士不仅是众人眼中的一名高级知识分子，更是一位拥有教育智慧、充满人性光辉和博爱的母亲。她借助100天的宅家时间，借助特殊时期能够让人产生深度思考的“有关生命、有关成长、有关情感、有关人与世界的关系”井喷般爆发的各种事件，借助难得的父母和孩子的亲密接触机会，在几乎毫无空隙的相处和互动中，把孩子成长中涉及的方方面面、角角落落密集地呈现给读者。我们仅从每篇文章的标题中就可以找到几乎所有家长在育儿过程中亟须解答的难题和痛点。比如：陪伴孩子的时候家长也要自律，要相信自己家的娃是你最想要的，对孩子的爱应该是宽容的期待，让孩子野蛮生长没有什么不好，比赛是让孩子学会在合作中共赢，适当疏远是对孩子的另一种关爱……一部包罗万象的育儿宝典就此诞生！

真应了那句话：苦难是试金石，它让强者更强，弱者更弱。记得在宅家期间，不断听到有孩子因为和父母长时间朝夕相处而窒息，甚至走向绝路的悲痛消息。复旦大学著名心理学专家孙时进教授针对这一情况曾经发出感叹：那些把孩子逼死的家长，都是爱孩子爱到可以替孩子去死的人。这一现象真是发人深省！

作者虽然拥有更开阔的视野和胸怀，更坚韧的品性和智慧，但是也有常人的情绪。她和女儿小芦苇探讨过这个问题——“按理说现在她在家上课我在家上班，省了通勤时间，应该会轻松很多。但是，为什么我们每天都觉得这么累呢？有人有同感吗？小芦苇分析下来是，在学校，上课的时候可以和老师开玩笑，下课了可以和同学打闹。我分析下来是，在家上班，我一日要做三顿饭、洗三次碗、发三次火！”即便如此，能教出一个全能又优秀的孩子的母亲在情绪之后，自有她的反思和行动：“在陪伴孩子成长的过程中，遇到天灾的情况是难免的，比如因为疫情而不出门的日子。如何在困难和疫情面前保持镇定，是家长和孩子需要面对的问题。在克服困难的过程中，勇气和信心固然是不可少的，但是，对于美好生活的向往，对于隐藏在平凡生活中的每一个美好瞬间的珍惜，也是非常重要的。心有美好，余生不悲。”整本书中，这样的亲子互动和反思比比皆是。再比如，她和小芦苇探讨人身上的品质和能力如何排序，母亲的观点中排在前三位的是：自律、宽容、才华。小芦苇问：为什么排在第一位的是自律？母亲的回答是：“自律，然后才有文明。对一个群体是这样，对个人来说，也是这样。一个不懂得自律的人是没有办法做到真正宽容的。而一个缺少自律和宽容的人，即使才华横溢，也不会成为真正的大家。”而后，不出门的日子里，小芦苇表现出了很好的自我管理能力。当然，母亲也在自律方面特别注意，做出了表率。

整本书看下来，可能会有很多家长羡慕小芦苇这个“别人家的孩子”，除了赞叹她的优秀，更感叹自家娃的望尘莫及。我认为，阅读这本书，我们的重点不要放在关注小芦苇的优秀上，而是在羡慕别人家娃的同时，我们更应该从自身做起，首先看看“别人家的家长”是怎么做的。这位对孩子充满深情并拥有智慧的母亲不仅善于思、善于教，更善于行。每天，总有事件触动她（无论是与家人相处的点滴日常，还是外部世界发生的牵动人心的大小事件）；每天，总有和孩子平等探讨交流的话题；每天，亲子关系也都有反思之后的自我修正和进步。就这样，“笨妈”和孩子在那特殊的100天里，一起感受世界、思考人生，互相体会亲子之间细腻的情感，观察周围环境中的每一处细微变化……一家人愣是把别人家特殊时期的困顿焦虑、鸡飞狗跳、一地鸡毛过成了流金岁月。

“笨妈”在教育领域的思想广博睿智、高远深刻，并满含深情。那些一语惊醒梦中人的警句、金句在这本书里层出不穷。这些都藏在每篇日记后的“分享”中。这些“分享”值得我们反复阅读体会。希望作者毫无保留的肺腑之言，能成为所有读者深受启发后的行动指南。这本书虽说是记录特殊时期的亲子成长日记，但是作者在育儿方面的思考适合所有家庭的任何状态，因为关于爱、关于真善美、关于成长、关于生与死的思考是人类生存发展的永恒主题。

作为一本书的序言，最后再奉献给大家一段作者写的经典段落和我作为一位教育工作者对大家的提醒。“笨妈”说：“岁月是一把刀，不仅会夺走我们的容颜和体力，还会夺走我们的记忆和激情。孩子会慢慢长大，我们以监护人的身份和孩子在一起的时间并不长。所以，我们要尽可能地用记忆以外的方式将我们和孩子在一起的日子记录下来。这种亲力亲为的记录，既可以让我们有机会反思我们和孩子相处的方式，更能够帮助我们保存那些转瞬即逝的美好瞬间。而这些被我们用自己的方式保存的日子，会在未来成为我们和孩子共同拥有的最珍贵的回忆。它让人世间最真挚的爱，在时光的深处等我们。”

所以，《看见飞鸟的翅膀——笨妈亲子手记 100 天》日记结束了，作为每一位受到作者感动、启发和震撼的家长朋友们，你们的育儿日记应该开始了……

2021 年 3 月 5 日于上海

赵小华，宋庆龄儿童发展中心首席阅读研究与指导专家，上海知名阅读推广人，赵小华阅读工作室负责人，上海市文联艺术家讲坛“亲子阅读”主讲专家。担任多所幼儿园、中小学阅读课程指导顾问。

序二

用细腻的笔触记录属于时代的精彩

中国科学技术大学　苏　淳

2020年是不同寻常的一年，一种未曾见过的新型冠状病毒侵入人间，带来了肆虐全球的疫情。至今已有数以千万计的人感染，数以百万计的人死亡，其残酷程度可与一百年前第一次世界大战期间的大流感相比。更为残酷的是，病毒还在不断变异，产生出各种新的变种，迄今还看不到消停的迹象。

各国经历着不同的抗疫历程。事实证明，我国率先采用的严密的隔离措施是遏制病毒传播势头的有效手段。

在隔离令严格实施的日子里，人们居家不出，中断了一切非必要的生产活动和社会交往，往日喧嚣拥挤的街道也突然间变得通畅起来。这是一段罕见的日子，许多人一生中也没有遇上过一次。在这段难熬的日子里，有人过得焦躁不安，有人过得昏昏蒙蒙，但是也有人活出了效率，活出了精彩。

能够用敏锐的目光观察这段时日，用细腻的笔触记录下这段精彩，不仅会给历史留下一段文字，也会给同时代的人们带来诸多的启发。

“笨妈”就是一位能够担当此任的出色人才：她心思细腻、思路敏锐，文字优美、文学功底深厚。她在这本书中记录的这段不出门的日子里家里家外所发生的故事生动有趣、引人入胜。以家为场景的上班上课在她的笔下被记录得真实鲜活。读者看到的不仅是小芦苇的优秀，还看到了浓浓的亲子关系。“笨妈”还分享了她的教育理念，融理念于情景，不时有点睛之笔。

突如其来的疫情下举国上下全力抗击疫情的时代大背景，在这本书里得到有力的体现，有机地穿插在字里行间。“笨妈”以自己丰富的经历和深入的思考，用文字传达出普通人面对困境时积极向上的人生态度，以及在平凡生活中发现美和浪漫的能力。

“笨妈”每天一篇的真情实感和思考必将受到广大读者的关注和喜爱。

2020 年 12 月 30 日于合肥

苏淳，中国科学技术大学统计与金融系教授、博士生导师，我国首批 18 位博士之一。中国概率统计学会常务理事，中国数学奥林匹克国家级教练，曾任该委员会驻苏联代表。

在第 33 届国际数学奥林匹克（IMO）中任中国国家队领队兼主教练，在 IMO 竞赛史上首创一个队所有队员全获金牌的纪录。1991 年被国家教委和国务院学位委员会授予“作出突出贡献的中国博士”称号，自 1993 年起享受国务院特殊津贴。

目录

二月　一只自由行走在玻璃屋顶上的猫

夕阳的最后一抹余晖/在咖啡屋的阳光房中慢慢褪去/一只可爱的小猫在阳光房的屋顶/在我们的头上走过/在我们喝法式浓汤的时候

三月 如果你家的厨房可以看见夕阳

阿姆斯特丹中央火车站/在运河的波光粼粼/和色彩的跳跃中/美成了维米尔的油画/日子在熔金的落日中细细流淌/如果你家的厨房可以看见夕阳

四月 看见飞鸟的翅膀和荒野的小花

不仅要记住无边的风沙和寂寞/更要发现飞鸟掠过天空的霞光/以及断垣残壁中开出的美丽的花/它们让荒野充满生机/照亮我们的眼睛

五月 巴尔利大街的阅读时光

欧罗巴长长的白天/光影在有着百年历史的/巴尔利大街的公寓百叶窗上/缓缓移动/窄窄的楼梯/巨大的窗户/承载的是生命中不能忘却的回忆

Part 1

一月｜从一顿简单的北欧午餐开始

2020年第一天
从一缕清澈的阳光
一份平和的心态
一场因为未准备而不紧张的考试
以及考试后
这份简单却可口的北欧午餐开始

一起奔跑

Jan. 28th

1 给相似的日子做个标记

朋友圈记录

已经过了午夜，是庚子年的正月初四了。

关于过年，小时候父母是有很多教诲和规矩的。过年的时候要给长辈拜年、见到邻居要说吉祥话——这些规矩都是要牢牢记在心中的。另一个规矩是，过年的三天里，即从正月初一到正月初三，是不用看书学习的，吃饭睡觉的时间也可以随心所欲。三天年结束后，从正月初四开始，就要回到正常的学习生活中。用母亲的话说："过了三天年，一切原还原。"

小时候记忆深刻的一个场景是：正月初三的晚上，父亲和我一起整理家中的书籍。母亲总是把火盆烧得很旺。外公坐在炉火边，一边喝他泡在大搪瓷缸里的浓茶，一边给我们讲与过年有关的民间故事。

这时候会希望屋子外面正在下着大雪，给大地铺上一层厚厚的棉絮。有着厚厚积雪的窗外不时传来阵阵鞭炮声，夹杂着孩子们的欢笑声，将过年的气氛推向高潮。

按照小时候父母的教诲，此刻，三天年已过，该收收心学习了。没有火盆、没有白雪、没有鞭炮，没有整理书籍的父亲、给火盆加炭的母亲和讲故事的外公，但是，父母和长辈留给我的这些规矩，却一直在传承。

可是今年这个年过得很不寻常，因为我们开始了暂时不出门的日子。为了战胜疫情，未来可能还有好多个不出门的日子。白天的时候，小芦苇同我讨论了一下这个问题。我们都觉得天天窝在沙发上煲剧或者刷手机也不是个事，焦虑和慵懒都不是合适的生活方式。我们决定：从正月初四开始，各自进入工作和学习状态。

接下来我会零星记录不出门的日子里的琐事，算是对时光的敬畏，给相似的日子做个标记。

背后的故事

我在这本书里想给你们讲述的是，我和我正在读初中的女儿小芦苇在不出门的日子里共同成长的故事。我们的故事会以朋友圈实录的方式呈现，中间还会引用彼时朋友圈里一些朋友和我们的互动。选择这样的方式呈现完全是一种巧合或者天意。如果你们愿意忍受我这平淡而真实的流水账和没有高深见解的絮絮叨叨，那么，欢迎和我一起走进那段已经流逝的寻常时光中，走进我和小芦苇在不出门的日子里的100天生活实录。

2020年开始得极为忙碌。

元旦那天早上，我像工作日一样起得很早，送小芦苇去参加2020年脑科学上海地区赛。

因为是假日，内环高架一点儿都不堵。经过杨浦大桥的时候，阳光斜斜地从前方照过来，跃过桥塔两侧线条优美的扇形拉索，呈现出少有的清澈和纯净，让人感到这是一个新鲜的动感十足的早晨。

考试结束后，我照例没有问小芦苇考试情况，只是顺道带她去了附近的宜家——她一直喜欢宜家餐厅的食物。晚上，我在朋友圈里记录了这一天的经历，以及我对2020年的期望：

> 2020年第一天/从一缕清澈的阳光/一份平和的心态/一场因为未准备而不紧张的考试/以及考试后/这份简单却可口的北欧午餐开始/亲爱的2020/欢迎你/我们会努力/让时光温暖/岁月安好

当时我以为2020年这一年，会像元旦早晨杨浦大桥上的阳光一样，清澈温暖。

接下来，小芦苇在老师的带领下去了一趟北京（北京的故事将在第5天的记录里分享给大家），回来后就是期末考试。

期末考试结束后，1月15日，小芦苇又应邀参加了解放日报社的开放日活动。

16日开始一直到20日，小芦苇和另外三个同年级的小姑娘组队参加第六届国际数学建模挑战赛（International Mathematical Modeling Challenge，IMMC）。四个小姑娘都是第一次参加这种比赛，中间遇到了一些困难，但最终的结果却很不错（IMMC比赛的情况将在第36天的记录里分享给大家）。

在此期间，元旦那天小芦苇参加的脑科学比赛的结果出来了，她获得一等奖，晋级参加后面的全国赛。全国赛中有一项内容是和队友合作，进行海报制作和演示。21日下午，我陪小芦苇去和其他三个队友见面，一直忙到晚上6点多才回家（脑科学比赛及这次会面的情况将在第11天的记录里分享给大家）。

因为这样的忙碌，我几乎没有注意到有关疫情的消息。

21日下午小芦苇和队友会面的时候，我们四个妈妈在另一间屋子里一边喝咖啡一边等她们。这中间我们谈到了疫情。

回家的路上，下雨了。经过小区门口的药店，我想着家里没有口罩，决定进去买一点备用（口罩的故事，将在第 14 天和第 16 天的记录里分享给大家）。从药店回来，我发现情况似乎有点紧张，于是决定取消第二天带小芦苇逛街买新衣服的计划。

从 23 日开始，我和小芦苇开始了不出门的日子。我们像往年一样准备春节的食物，同时也匆忙地补充家里的物资储备。最初那几天，我们的日子是混乱的，早晨从中午开始，夜晚从午夜开始。

正月初三的晚上，小芦苇主动向我提出，从第二天开始，她早上 8 点以前就起床——她要正常作息。

庚子年正月初四，也就是 2020 年 1 月 28 日，我和小芦苇开始了不出门的日子里的正常作息。她开始有条不紊地安排自己的学习和娱乐，我除了当厨娘、看稿子，便开始记录不出门的日子。刚开始以为记不了多久，没想到后来疫情的消息越来越不好。春节假期结束后，单位通知居家办公，小芦苇也随后接到在线上课的通知。于是这个记录变得越来越长，到小芦苇复课和我重新回到办公室上班，我整整记了 100 天（2020 年 1 月 28 日开始，到 5 月 6 日结束）。

这 100 天里，我学会了和小芦苇共同成长。小芦苇在不出门的日子里收获还是挺大的，这主要源于她的自律。这份自律也影响到了我，可以说，没有小芦苇的自律，就没有我写给你们的 100 天的记录。

我们需要转变的第一个观念是——

在陪伴孩子成长的过程中，与其说是我们在引导孩子，不如说是孩子一直在领着我们奔跑。

自己计划

Jan. 29th

2 孩子的执行力是这样出来的

朋友圈记录

今天是正月初五，难得出太阳了。

这样的冬日暖阳下，让人有出去走走的冲动。

可是，不出门的日子里，出去走走的愿望只能想想。上午我和小芦苇在阳台上晒了会儿太阳，看了看小区里依然绿得充满活力的植物和阳光下清澈明净的天空。

如果不是疫情，世界是多么美好！

我家的阳台本来就小，又让我放了很多年前储备的粮草，还养了好几盆植物，我和小芦苇两个人站着基本上就满了。

小芦苇对阳台的狭小并不介意。她欣喜地发现自己种的长寿花含苞欲放。这盆长寿花此前曾经枯萎到只剩下三分之一，现在竟然满血复活，这应该是个吉兆吧？

我种的薄荷当初只是一小盆，现在则已经快绿满阳台了。植物的生长速度和蔓延态势都超过了我们的想象。

在可以出门的日子里，这些薄荷一直是寂寞地生长在阳台上的，我没有时间打理它们，更不会想到使用它们。

这些天待在家里，倒是有空喝茶了。我每天摘几片翠绿的薄荷叶子，泡上一壶绿茶或者红茶，全家人一起享用，感觉味道好极了。

芦苇爹今天一大早就去超市给家里补给绿叶菜。特殊时期显示出其“一家之主”的本色。不出门的日子开始以后，他嘱咐我和小芦苇好好待在家里，家里的外出及采买之事全部交给他。

芦苇爹拎了大包小包的菜回来，说超市里的绿叶菜供应充足，我的心一下子放松了很多。无论气氛多么紧张，上海总会显得不那么慌张，这也是我喜欢这个城市的原因之一。

愿长寿花盛开的时候，疫情已经好转。

背后的故事

从正月初三开始，我发现买菜的 App 上已无法下单了。我白天下单时各时段全部约满，必须零点才能预约下单。正月初五零点去下单，但是没有什么菜，我只买到了一块云南文山的牛肉、一袋桂皮、一盒松花蛋和一包咸菜。早上 9 点小哥送上门。

家里的菜还是春节前买的，到正月初五绿叶菜基本上没有了，所以一大早芦苇爹就去小区附近的超市采购。他戴着口罩、手套，鞋子外面还套了鞋套，全副武装地出去了一个多小时，买了 300 多元钱的蔬菜、肉和牛奶回来，准备未来一周都不出门了。

芦苇爹说超市里的顾客以男性为主，大家都不挑菜，基本上拿到什么就是什么。我的很多朋友也向我传递了这个变化。看来，关键时刻，男人们都决定把女人和孩子保护起来。虽然他们买回来的菜并不能尽如主妇意，但是这种绅士风度还是要点赞的。

年前没有时间看新闻，现在不出门了，天天拿出大把的时间浏览新闻。专家们一再建议大家没事不要出门。我的朋友也给我发来消息，说：“虽然太阳出来了。但是，这是病毒传染的危险期，建议大家都不要出门。”

特殊时期，就这样以日常生活发生变化的方式来临了。

让我觉得岁月依然安稳的，除了超市里的绿叶菜、阳台上的长寿花和窗外的阳光，就是小芦苇每天的作息安排了。她自己列了个时间表，什么时候做题，什么时候阅读，什么时候画画，都写得很清楚，并且严格按照这个时间表执行。

上午叫小芦苇和我一起去阳台看长寿花，她让我等一会儿，因为还没有到休息的时间，而且她正在做阅读。她的这股认真劲儿我还是蛮佩服的。做计划大家都会，做完计划严格执行可能就不是每个人都能做到的了。

我也想过小芦苇的执行力问题。最后得出的结论是：因为我从来没有要求过她制订计划，连暗示都没有。所有的计划都是她自己主动制订的，所以，执行起来她会有来自心底的认同。

今天我要分享的是——

让孩子自己制订计划，不要把自己想做的事强加到孩子的计划中（暗示也不要）。然后，你会发现，孩子的执行力一下就强了很多。

空间+舞台

Jan. 30th

3 不要总是用自己的经验指导孩子

朋友圈记录

正月初六，依然是个大晴天。

早上刚起床就听到了一个不好的消息：我居住的杨浦区有了第一个确诊病例。前一天我还觉得欣慰，因为杨浦区的病例数为零。

确诊者是一位老太太，之前在南京和来自湖北孝感的妹妹共餐，回沪后瞒报此信息。

既然是瞒报行踪，我便很担心确诊前这几天，她去了哪些地方。虽然这位老太太居住的地方离我们小区很远。

据说老太太回沪后，不仅去了菜场和超市，还出去跳广场舞了。

傍晚芦苇爹全副武装地去小区门口取我在买菜 App 上买的东西（之前是可以送上门的，今天送菜小哥在电话中说必须自己去小区门口取，外卖快递一律不准进小区）。他带回来的消息是，小区现在严格控制人员出入了——其他几个门都封闭了，只开一个门，外人不得出入，小区里的人进出都要量体温。

然后又看到西藏病例数的零突破情况，是一个在武汉封城前夜离开的 34 岁的年轻人突破的——他换了两趟火车，住了一夜酒店，终于来到西藏。

不知道该说什么好。

我默默地取消了生鲜 App 上的一个预购订单。

不能兼济天下，且独善其身吧。特殊时期，能少出门就少出门，即使出门的只是芦苇爹，即使只是到小区门口取菜。

我决定让生活变得更简单一点。虽然是网上买菜，我也尽量把频率降低。我从食品柜里找出一些干货，黄豆、赤豆、干笋、梅菜、香菇、木耳等，这些东西都是年前亲友们从外地寄给我的，都是有机产品。这些食材因为做起来比较费时间，平时做饭我不常使用，常常是放着放着就忘记了。现在有了大把的时间，我打算把它们都用起来。既消灭了家中的库存，又减少了外出的取菜的次数。

检查完食品柜，我又顺便整理了一下书架，找出几本一直想读却没有时间读的书。总之，好好待在家里，不焦虑，不添乱，适当读点闲书，码码字。

相信一切都会好起来的！

背后的故事

不出门的日子里，我的一个重要的工作就是每天看新闻中公布的各地疑似和确诊病例数。这时候的心理是，希望自己所在的区域不要有病例出现。所以，这天上午，看到我住的杨浦区出现第一个病例后，心里很不是滋味。后来看到西藏也出现了零的突破，那种感觉就像一块洁白毛巾旁边的一杯茶叶水被打翻了，看着水一点点地流淌、浸润，慢慢染黄了越来越多的洁白。

前几天外卖和快递小哥还可以送货上门，今天就只能送到小区门口，要自己去拿了——后来才知道这叫无接触配送。

芦苇爹出门取外卖时将自己包裹得更严实了，他戴了两层口罩，还在口罩中间夹了一张纸。这阵势和网络上的各种消息一起压迫着我，让我这个不出门的人感到压力越来越大。

小芦苇除了每次叮嘱芦苇爹进门后消毒、洗澡，倒是不像我那么焦虑。我同她聊起本区第一个病例的情况，批评那个老太太不该瞒报行程。小芦苇不像我那么激动，她问我病毒的传播渠道，发现我并不是特别清楚，就自己去网上查资料了。

这个资料查下来，让我很意外。她不仅搞清楚了病毒的传播途径，还弄明白了病毒是怎么与细胞结合的。她对着电脑上的图给我讲了半天，我直点头——其实我听得迷迷糊糊。作为一个文科生，我对这些自然科学的知识一向是敬畏有余，亲近不足。小芦苇在这一点上，显然未得我的真传。

由这一天的讨论引发的资料查找开始，小芦苇似乎对冠状病毒有了一些研究的兴趣。后来，她又写了这方面的科普文章，还做了一个关于 2003 年 SARS 的研究视频。这些事情咱们以后慢慢聊。

今天我要分享的是——

孩子看待问题的角度和解决问题的方法是与我们不同的。遇到问题时，不要总想着用自己的经验来指导孩子，而是要把空间和舞台让给孩子。做一个观众，你会发现孩子的表现往往会超过我们的期待。

最初的认识

Jan. 31th

4 让孩子看见你工作时的样子

朋友圈记录

正月初七，大晴天。据说室外温度很低，有风。从阳台上看出去，却温暖得有点像春天。

小芦苇种的长寿花还是含苞欲放的样子。我想起小时候看的电影《闪闪的红星》，潘冬子的妈妈告诉他，岭上开遍映山红的时候，爸爸就回来了。

早上看到的第一个新闻是此次疫情被定为突发世界卫生事件。昨天看到大家一直在网上纠结和期待，今天真面对了，觉得也没啥。疫情总会过去，留下伤痛，也会有温暖的故事和力量陪伴我们前行。

欧洲黑死病来袭时，十个佛罗伦萨的年轻人在郊外找了一间别墅，用于躲避瘟疫。他们消遣时间的方式是讲故事，这便是《十日谈》的来历。

前年春天走在佛罗伦萨窄窄的巷子里的时候，我一直在想这个故事。想象自己如果也和那群年轻人一起讲故事，我会讲什么？

去除所有的负面因素，和小芦苇 24 小时相守的日子也是极其美好的。我们一起关注新闻，一起看老动画片，各自做自己的工作。我能看见她思考时的样子，她能看见我码字时的神情。

今天发现大家都在晒手工美食。家里还剩些肉糜和饺子皮，我和小芦苇也做了一点好吃的。肉圆是小芦苇做的，饺子是我包的。

好好在家待着是我们这样的普通人对待疫情最好的方式，口罩也省了。

感动永远深藏心底。我认识和不认识的医护人员，你们是最美的人！

背后的故事

这几天阳光特别好，但是却不能出门。前一天大家都一直在为疫情是否会定为突发世界卫生事件而纠结，当靴子终于落地，反而释然了。

这些林林总总的信息总是影响情绪的，美食在这个时候便会发挥治愈功能。我和小芦苇一边包饺子、炸肉圆，一边聊天。电视里同时放着老动画片。小芦苇的肉圆搓得还不错，但是饺子包得不行。

我们谈到当年欧洲的黑死病。小芦苇的世界历史比我学得好，她对那段历史了解得比我清楚。我听她讲欧洲历史，顺便把自己所知道的关于文艺复兴的知识讲给她听。我们在彼此给予对方的故事里，感受着岁月的绵长。

如同我在微信朋友圈记录的那样，如果不是疫情，这种和小芦苇 24 小时相处的慢生活，真的是很让人喜欢的。平常的日子里，我也经常看小芦苇做作业的样子，但是这样全天候近距离地看她安排自己学习的情形还是极少的。我平时虽然也会把书稿带回家处理，但所有的工作都在家中处理，且当着小芦苇的面，这种情况之前也是没有的。

我们看着彼此工作、学习时的样子，很美。小芦苇说："老妈，平时看你都是在做饭做家务，现在看你处理工作时表现出来的很专业的样子，还挺不错的。"

小芦苇的这句话让我想起去年的一次经历。某学院的一位女老师，我们在工作上没有交集，中午经常会在学校食堂或者学校后面的菜场附近遇见，其时彼此都是一副家庭主妇的样子。有一次去外地开会，她也正好在，并且是一个分组会议的主持人。看着她身着正装，用流利的俄语向俄罗斯代表介绍情况的样子，我忽然觉得她是那么美，那么专业。

今天我要分享的是——

职场中的我们孩子是不太能够看见的。偶尔让孩子看到我们工作时的样子，不仅会让孩子对我们的形象有新鲜感和立体感，还会对我们有更多的肯定。我们专注工作时的样子，是孩子对职业最初的认识，它会影响我们在未来的日子里和孩子沟通的顺畅度。

Part 2

二月｜一只自由行走在玻璃屋顶上的猫

夕阳的最后一抹余晖
在咖啡屋的阳光房中慢慢褪去
一只可爱的小猫在阳光房的屋顶
在我们的头上走过
在我们喝法式浓汤的时候

不争第一

Feb. 1st

5 让孩子置身于优秀的团队中

朋友圈记录

正月初八，阳光依旧很好。

早上起来第一件事是看全国确诊人数，11791 人，这是早上的数字，毫无悬念地过万，真的面对时，依然不能坦然。

今天进入 2 月。昨天白岩松说 1 月结束进入 2 月本身就是一个好消息，我也这么认为，何况很快就要立春了。

阳台上的长寿花开了一小朵，半开，却是希望。

但这一整天的心情并不好。关于防疫物资的捐赠与分配、急需的与积压的种种消息几乎霸屏。每读一次，便多一份愤慨和伤害。

情绪不好的时候需要及时进行注意力转移。

晚上翻看手机的时候，偶尔看到小芦苇 1 月初参加加州伯克利大学和约翰·霍普金斯大学联合举办的美式初中数学竞赛（BmMT 和 JHMT）的照片——小芦苇和她的队友们在这次比赛中获得了 2 枚金牌、4 枚银牌和 1 枚铜牌。想起他们参赛时的一些场景，我的心情一下子好了许多。这些充满活力的孩子，是我们的未来和希望所在。所以无论遇到怎样的困难，我都会对自己，对我们民族的未来充满信心。

忽然想起一些朋友，不出门的日子让我的心变细腻了。

我开始问候久未联系的人。得知他们一切安好，我也心安了。

几个身居异国且久未联系的朋友也来问候我，知道我和小芦苇一切安好，他们也心安了。

朋友是什么？就是在时间的长河中，时时牵挂着你、不带功利色彩关心着你的人。

牵挂和希望，都是人生中美丽的部分。

背后的故事

先介绍一下这两个比赛的背景吧。

加州伯克利大学初中数学竞赛（BmMT）和约翰·霍普金斯大学初中数学竞赛（JHMT）是美国专门为初中生举办的数学竞赛，它的名称说起来很长，叫 Junior Math Tournament (University of California，Berkeley，Johns Hopkins University)，小芦苇和她的同学参加的是 2019 学年的中国地区赛。

不同于传统数学竞赛，BmMT 和 JHMT 以 5 人制团队赛形式进行，引入领先的数学思想，设立了多样、有趣的比赛规则，强调数学运用的灵活性、趣味性、游戏性和团队配合。比赛的宗旨不是为了选拔和考核数学天才，而是激发大多数孩子对数学的热爱和兴趣。比赛由约翰·霍普金斯大学与加州伯克利大学数学竞赛委员会命题组核心团队评审。

2020 年初，BmMT 和 JHMT 中国地区赛在北京举行。

那是一个星期五，小芦苇只上了半天课，中午就和部分同学在老师的带领下去北京。孩子们5人为一队，小芦苇的学校组织了4支队伍参赛。

两名年轻的女教师带着20个孩子浩浩荡荡地从虹桥火车站出发，像一个小小旅行团。我因为是志愿者妈妈，所以也有幸随行。

高铁票是统一买的，孩子们几乎占了半个车厢。根据我的经验，一群初中生在一节车厢里待4个多小时，应该会很吵。

事实上他们一点都不吵。候车的时候他们就争分夺秒地以团队为单位抓紧时间刷题，在高铁上更是。到达组委会安排的酒店已经是晚上9点多了。孩子们坚持继续做几套模拟试卷才休息。

酒店没有合适的地方供他们做题，小芦苇这一队就聚集到我的房间里。5个孩子把试卷摊开在床上，他们或蹲或坐或跪，聚精会神地计时、合作做题。看着他们有条不紊、高效专注地合作，我深深体会到了什么是团队精神。

比赛共两天，地点是顺义区的一所中学。这个学校也是电视剧《小欢喜》的拍摄地。小芦苇和队友比赛的时候，我和另一位志愿者妈妈就在那所漂亮的学校里四处闲逛，寻找电视剧中的取景点。

因为要赶着回来参加期末考试。比赛结束后，周日中午，小芦苇和她的队友们连颁奖典礼都没参加就匆匆赶往北京南站。组委会安排了大巴车送他们。大家在车上等了半天，领队老师却还没来。正着急，只见领队老师捧着一个大奖杯跑过来了——主办方在举行颁奖典礼，老师出门的时候正好宣布到这个奖杯，于是赶紧上台领了它。老师离开的时候，颁奖环节还在继续。

回沪途中，老师不断宣读从颁奖现场传来的获奖消息。这一次，这4支队伍一共获得了9枚金牌、6枚银牌和4枚铜牌。小芦苇他们队不是4支队伍中成绩最好的，但那个大奖杯是他们队获得的。

回程高铁上，这些孩子依然很安静。他们有的在复习迎考，有的在进行现场采访——为社团准备新闻稿，还有的在写社团微信公众号上的期末数学复习指南。时间在他们面前，一点点都不会浪费。

这一趟行程，我不仅看到了小芦苇的另一面，更看到了她的同学们的风采。我是那么喜欢这些孩子。我发现他们和从前的我们很不一样。在他们身上，我看到了时代的进步，看到了未来和希望。

今天我要分享的是——

我们要认清一个事实：我们的孩子在很多方面已经超过了我们，无论是他们看待问题的角度，还是面对世界的态度。他们已经进入了一个新的时代，注重集体成长和团队合作。争第一，做许多人中最优秀的一个，这些从前曾激励我们前行的期待已经不适合他们了。优秀对于他们来说，是一个整体，是一个团队，是团结和合作的结果。

学会合作，让孩子置身于优秀的团队中，比让他们一枝独秀更重要！

身体＋灵魂

Feb. 2nd

6 陪伴孩子的时候家长也要自律

朋友圈记录

正月初九，今天是一个极其特殊的日子，20200202，阳光灿烂。

早上公布的全国确诊人数是 14380。上海的崇明区也出现了病例——病例没有悬念地覆盖各区。虽然早有预期，但看到这个结果时，心中仍然不是滋味。

一个好消息是火神山医院今天交付使用，更多的患者可以受益。无论从哪个角度看，火神山医院都是一个奇迹，历史会记住这一切。

昨晚我的一个在泰国旅游的朋友说，今天她可以顺利回上海了。

今天凌晨，在美国探亲的同学告诉我，她的机票经过取消再取消，终于改签到了 2 月 2 日飞中国的最后一趟美联航航班。

平安归来是这个新年里最好的祝福!

小芦苇的自律让我看到了希望和青春的力量。

她每天准时起床，按照自己的计划完成功课，不焦虑，不慵懒。

分析疫情的时候，发现她掌握的生物学知识不仅超过了我，也超过了学理科的芦苇爹。后生的确可畏!

小芦苇表示从今天开始她要学做饭做菜。

她的第一个作品是西红柿炒鸡蛋，下刀、掌控火候全独立。小失误是敲鸡蛋的时候，把蛋壳弄到碗里了。

味道怎么样？那当然是——味道好极了!

岁月静好，是因为有人在负重前行。再次致敬所有的医护人员!

背后的故事

我的一个大学同学在疫情发生前去美国芝加哥探亲，她订的回程机票是春节后不久。随着疫情的出现，她的回程机票不断被更改、取消。那些天她很着急，担心回不来影响节后上班。她在微信中对我说，停留在芝加哥期间，每天看我的关于不出门的日子的朋友圈记录成了她的习惯。

我的另一位在泰国旅游的朋友也对我说了相似的话。

她们关注我的这份记录，一个重要的原因是关注小芦苇在不出门的日子里的表现。她们都认识小芦苇，在小芦苇慢慢长大的路上，都一路关爱着她。

小芦苇熟悉我的朋友和闺蜜，她是在一个平等有爱的环境中长大的。在慢慢长大的过程中，她也成了我的小闺蜜。

回看我和小芦苇这么多年的“战斗友谊”（这是小芦苇的原话)，我们之间的关系其实不太像母女，更多的是像朋友，甚至有时候是无厘头的“猪队友”（看完我的 100 天记录，你们一定会发现这一点)。

在孩子的成长过程中，家长是一个重要的角色，也是一个很难做好的角色。我要告诉大家的是，做一个和孩子没有隔阂的家长其实并不难。分析一下这一天里我和小芦苇之间发生的两件事你们就明白了。

第一件事是这样的：看新闻的时候，我们开始讨论新冠病毒。小芦苇因为正在学生物，前几天又刚刚查过资料，所以说得头头是道。

一两个回合下来，我主动表示自己搞不懂这些，要求她用浅显的、乡野村妇能够听得懂的语言告诉我。

芦苇爹刚开始还想撑撑面子，笑话我这个文科生在自然科学方面的胆怯和知识匮乏。后来他发现自己也越来越力不从心，于是老老实实做了我的队友，向小芦苇承认他的生物学知识大部分已经还给老师了。

接下来我们像两个小学生一样认真听小芦苇老师讲课（这个课讲下来，小芦苇对研究冠状病毒产生了兴趣，后来真写了这方面的文章，这个我后面会慢慢讲的）。

另一件事与小芦苇的作息时间有关。

小芦苇从正月初四开始每天早晨按时起床后，我也及时调整作息，不再晚睡晚起，做到和她的作息同步。我们同时起床，一起吃早饭。早饭后小芦苇学习的时候，我或者做家务，或者处理工作，或者写文章，或者看书（注意，是看纸质书哦，我后面会告诉你们我看的都是些什么书）。

我见过一些家长，他们喜欢在安排好孩子的学习时间后，自己去睡回笼觉，或者去看电视、煲电话、刷手机。所谓言传身教，家长的这些做法都会在潜移默化中让孩子放松对自己的要求的。

今天我要分享的是——

陪伴孩子的时候，身体和灵魂要同时陪伴在孩子身边。

面对孩子时，家长要展现真实的自我，不要害怕在孩子面前暴露自己的弱点和不足，更不能不懂装懂或者恼羞成怒。

陪伴孩子时，家长要懂得自律，不能对孩子要求很严，对自己却能宽则宽，甚至不惜为此找出一堆冠冕堂皇的成人式借口。

看上去挺美

Feb. 3rd

7 要相信自己家的娃是你最想要的

朋友圈记录

农历正月初十。晴天，阳光没有前两天灿烂。

从阳台上看出去，小区里的一树粉色的花似乎已经开了，忘记是什么树了。早樱？垂丝海棠？

前天开始，学校要求大家每天在系统里申报健康状况，包括当日是否确诊或是疑似，是在校、在沪还是在鄂、在途等。于是每天早晨醒来的第一件事是看全国确诊人数，第二件事是在系统里报告自己的当日状态。

上午在部门群里讨论了一下工作上的事情。同事们有的滞留在老家的村庄里，不知道何时可以回上海；有的航班一再取消，不知道何时可以回来。已经在上海的，又发现年前没带多少书稿回家，担心工作的后续完成。

我年前“英明决策”，带了两本书稿回家。春节整理物品时，又意外地发现之前还存了一本书稿在家。有了三本书稿的我，像地主家有余粮一样，成了同事眼中幸福的人。

股市今天开盘，大跌。我不炒股，但作为一名财经编辑，深知其痛。

单位今天发来通知，希望大家可以在家好好工作。第一次体会到做编辑工作的便利，只要书稿在，工作便可以随时开展。

今天同我的一位医生朋友联系。他告诉我，他的妻子目前正在抗疫一线，他自己则在岗随时待命。

这位医生是我多年的朋友。这些话，他说得云淡风轻，我却深知其岗位于百姓之重。愿他们平安顺利！

小芦苇今天继续学烧菜，做的是清炒黄心菜和炒鸡蛋，很好吃。

今天发现小芦苇种的那盆长寿花的花盆里，在一个角落长出了一棵新苗——不知道是什么时候遗落的种子发芽了。

我和小芦苇决定让它长起来，看看最后长成的是什么。

日子像流水一样，慢慢过去。春天，慢慢地来了。

背后的故事

第 6 天记录中提到的我的那位在芝加哥的同学，农历正月初十这天终于回到了家中。临行前，美国的亲人为她准备了几十个口罩，并且为她一路上的行程担心。

谁都没有想到，两个月后情况又发生了变化，她开始反过来为芝加哥的亲人担心，担心他没有口罩，担心他上下班不安全。这是后话。

很多事情都是这样，情况会不断变化。所以，困难的时候，一定不要失去信心。在列车没有到达终点之前，谁都不知道窗外的风景哪一段是最美的。

我在微信朋友圈写的那棵不知名的绿苗，后来慢慢长大了。5 月底，它竟然开出了极为艳丽的花——原来是我小时候极喜爱的洗澡花。

洗澡花是俗名，因为它会在夏天的傍晚时分开花，正好是洗澡的时间。这花容易养，随便扔颗种子，院子里、墙角边就蓬勃地生长起来。

前两年我在江湾湿地散步，看见这花结了黑色的种子，便采了几粒带回来。因为健忘，这些带回来的种子一直待在某个角落。

有一天我在网上买花土，商家赠送了些种子，有牵牛花的，还有格桑花的。这么一混合，我的记忆完全混乱了。

当时我一心想种格桑花，因为它是那么遥远，让我想起高原和雪山，充满了异域风情。结果我种的格桑花连芽都没有发，无疾而终。

没想到那棵不知道名的绿苗慢慢长大后，竟然长成了我熟悉的洗澡花的样子。幸亏当初我和小芦苇有着对生命的敬畏，没有像拔杂草一样拔了它。

洗澡花开的那天，我上网查了一下，发现它有个美丽的学名——紫茉莉。

今天我要分享的是——

要相信最好的孩子是自家的娃，永远不要舍近求远。

你以为你想要的是格桑花，其实那是别人家的孩子，只不过是看上去挺美。洗澡花才是你自家的娃，你一直都不知道它其实叫紫茉莉，是最棒的，也是你最想要的。

爱的聚拢

Feb. 4th

8 对孩子的爱应该是宽容的期待

朋友圈记录

农历正月十一，天气依然晴好。今天立春。

立春要吃春卷。今年春卷是没有办法做了，小芦苇今天做了她学的第三道菜：炒莴笋片。她加了一点酱油，卖相不太好，但是味道不错。

无论如何，立春过后，春天的气息算是近了一点。

携程上的旅行费用今天退回来了。不出门的日子刚开始时，我在淘宝上下单的口罩也退款了。两个不相兼容的事情，在这一天很奇妙地兼容了。这是疫情期间特有的现象，我想我会记住的。

关于口罩，我也有自己的故事和经历，留待以后再说吧。

因为立春，很多人今天都有美好的祝福，我也一样。

这个春天，安康是最大的心愿。

新闻上看到武汉的一个志愿者去世了，从发现染病到去世似乎只有5天。这个消息让人很难过。

说点开心的吧。

不出门的生活，改变了我的很多习惯。因为没什么剧好追，现在每天晚上看一两部电影。

今天看的第一部是1985年的老电影《走出非洲》，很不错，看完才知道是奥斯卡获奖影片。美丽辽阔的非洲风光可以满足旅游的需求，纠结缠绵的爱情故事可以放松心情。更重要的是，它告诉我们什么是失去——失去从来不是突然而至，而一点点地消散。

另一部是2018年的电影《追鹰日记》，画面相当漂亮，阿尔卑斯山的积雪和洁净的湖泊，让人有身临其境之感。这个关于失爱少年和被遗弃的幼鹰相互扶持的故事，将纯爱与自由，成长与给予诠释得淋漓尽致。它告诉我们爱是慢慢聚拢，成长会伴随一次次阵痛。

所以，珍惜当下，哪怕是不能出门的日子。

背后的故事

以前每年立春，我和小芦苇都会做春卷。我的春卷做得还是很不错的，所以小芦苇总是说春天是跟着我的春卷一步步走来的。

今年因为疫情，买不到春卷皮，这个立春只能让春卷缺席。

但我们对春天的渴望一如既往。

春节前从携程上订了两个外出的行程。一个是去全家去云南旅游的，另一个是陪小芦苇去深圳参加脑科学全国赛的。

不出门的日子开始后，这两个行程都要取消。我多次联系携程，估计那会儿很多人都在联系退票事宜，所以电话根本打不进去，订单退款也没有人处理。每次都只能和智能小助手对话，弄得我有点抓狂。

好在国家有很好的政策支持。我对退款放任不管很多天以后，立春这天，携程的退款分文不少地到账了。

可能很多事情都是这样吧，你想要的结果，有时候是需要花一些时间来等待的。

口罩的退款更有意思。不出门的日子开始以后，我发现家里没有合格的口罩。在网上找了很久，终于在淘宝上找到一个可以下单的商家。说好了付款后多少天之内可以发货，结果，我没有等来口罩，却在立春这一天等来了商家的退款，原因是因抗疫需要口罩被征用了。

想想当然也是理解的，毕竟我们待在家里不出门，医护人员和患者及相关工作人员更需要它。只是没想到这两个退款同一天到账，仿佛有一种奇妙的逻辑联系。

晚上我和小芦苇经常会看一两部电影。我们都喜欢看场景开阔、画面优美的影片。

《走出非洲》是我选的，小芦苇对这类剧情不感兴趣，但她并不反对我看。我看电影的时候，她在旁边画画，说是把电影当背景音乐听，有一种放松和满足。

《追鹰日记》是小芦苇选的，她喜欢这种像纪录片一样的以拍摄手法见长的影片。这部影片有普通话和英文两个版本，我其实是想看普通话的那个，但是小芦苇坚持要看英文的，说翻译过来就没有那个味了。我表示同意。在英语学习方面，我一直都甘拜下风，无条件地认为小芦苇说的都是对的。

阿尔卑斯山美丽的风光让我和小芦苇陷入回忆，想起几年前我们在瑞士小镇因特拉肯山中木屋度过的夏日时光。

小芦苇一边看电影，一边给我讲解影片中的拍摄技法。她说得专业又浅显，我听得很享受。小芦苇对影视知识尤其是拍摄方法的了解远远超过我，原因我会在以后的记录里慢慢讲。小芦苇撰写的影评和剧本曾经多次获得上海市的奖项，她接受过上海戏剧学院老师的专业指导。

有人说21天会养成一个习惯。我在微信朋友圈关于不出门的日子的记录（就是本书“朋友圈记录”那部分）才记到第8天，一些朋友就已经有些习惯每天读这个记录了。

下面是我摘录的三个朋友当日的朋友圈评论：

> “每天看你写的东西是一种享受。”
>
> “读你的宅家日记也成了我的日常。”
>
> “口罩的故事快出！”

这些评论当时让我很感动。今天，当我在这里为你们写这些记录背后的故事的时候，我依然非常感谢我的这些朋友们。如果没有他们当初的鼓励，甚至日日催更，我这关于不出门的日子里的亲子成长记录一定不会坚持记到100篇。

今天我要分享的是——

在我们和孩子共同成长的过程中，一直都会面临获得与失去、成长与阵痛的问题。我们要明白的是，获得是爱慢慢聚拢的结果，而失去则是希望一点点消散后的必然。成长永远会伴随痛苦，但成长又是快乐的源泉。

所以，不要害怕失去和失败，有爱，有坚持，有期待，我们就会和孩子共同成长。

我们对孩子的爱应该是宽容的期待！

薄荷≠莲花

Feb. 5th

9 让孩子野蛮生长没有什么不好

朋友圈记录

农历正月十二。上午有阳光，午后变成阴天了。

今天想说一说阳台上的薄荷。

这盆薄荷是去年初夏时买的。那天去菜场买菜，不知道为什么，这盆小小的薄荷一下子吸引了我。我只花了十元钱，就将这小小一盆翠绿捧回了家。

将薄荷放在阳台上的时候，也想过像老外那样，做菜或者煮面时摘下一两片叶子装盘，又或者泡一壶薄荷茶。但事实上，这盆薄荷入驻我家以后，每天瞎忙的我什么都没有做。

薄荷茂盛地生长着。小盆不够了，换了中盆，后来又分出一半送了同事。

同事说送她的那一半她拿回家后没养活。而我的这盆，却有不断蔓延之态。

再后来给薄荷换了家里最大的花盆，便再也不管它了——像我对待小芦苇一样，任其自由生长，绿满阳台。

直至不出门的日子来临，我才再次关注它。

我开始变着花样泡薄荷茶，薄荷绿茶、薄荷红茶、薄荷花茶、薄荷普洱茶，不一而足。

我晒出来的图让我惜花的同学看见了，她告诉我这盆薄荷长得很乱，要修剪了。

说来惭愧，这薄荷自入家门，除了换盆，我从未修剪过。

不仅是薄荷，家中所有的植物（其实也就几盆）我都没修剪过，包括“小芦苇”，任其野蛮生长。

薄荷野蛮生长，以自由的姿态绿满我的阳台。

背后的故事

2019年初夏我将这小小一盆薄荷买回家以后，随意地将它放在阳台的一个角落里，隔三岔五地浇点水，其他什么也没做。

有一天我的一个同事说她想种点薄荷，我便将薄荷一分为二，送了一半给她。剩下的一半薄荷很快又长了满满一盆，我只好给它换了大盆。我是第一次养薄荷，没想到它的生长能力这么强。

我的朋友看了我发的薄荷图片后，说茂盛是很茂盛，但是这盆薄荷长得太野蛮了，需要好好修剪一下。听了这话，我也动了修剪的心思。我拿着剪刀来到阳台上，可是，对着翠绿成片的薄荷，却怎么也下不了手。每一片薄荷叶子都长得那么可爱，我没有理由放弃它们。

想起周敦颐的《爱莲说》。“中通外直，不蔓不枝”，这是宋明理学开山鼻祖濂溪先生喜欢的莲的样子，亭亭立于水间，香远益清，可远观而不可亵玩。

可是，薄荷也应该长成亭亭直立、不蔓不枝的样子吗？我觉得没有必要，也根本不可能。

假如我有一个安静的院子，把这些薄荷种在小院一角，有阳光，有沃土，有自由伸展的空间，我相信薄荷会在自然蔓延的状态中，长出最舒展的样子来。而那个样子，也一定是薄荷最美的样子。

我问小芦苇想不想和我一起修剪这盆薄荷，小芦苇说："为什么要修剪它呢？就让它长成自己的样子不好吗？"

于是，这盆薄荷一直以它自己想要的样子生长。

我分给同事的半盆薄荷，据说长得不好，后来干脆枯萎了。我不知道是她种植的地方不好，还是养得太精心了。

今天我要分享的是——

有时候，养孩子和养植物是一样的，不能不管，也不能过分管。

植物长成什么样子，是由它自己的特性决定的。你再用心，也不可能把喜欢蔓延的薄荷养成中通外直、不蔓不枝的莲花的样子。

孩子也是这样。每个孩子都有自己擅长和不擅长的地方。我们能做的，是帮孩子扬长避短，长成他们自己想要的样子。而不是像修剪植物一样，强行让孩子长成我们想要的样子，甚至让孩子弥补我们的人生缺憾，帮我们实现未曾实现的人生理想。

从这个角度说，让孩子野蛮生长没有什么不好。

集体行动

Feb. 6th

10 让自己的计划和孩子的同步

朋友圈记录

农历正月十三，小雨。确诊人数在继续上升，希望拐点可以早点到来。

昨天小芦苇父女分别接到网上上课的通知，今天两个人都成了勤奋的人。一个忙着尽快完成寒假作业，一个忙着重做教案，准备本科生和研究生的线上课程。

他俩在忙碌的中间会讨论一些我插不上嘴的问题，比如细胞的裂变和衰老的延迟。

不知道是不是为了抱团取暖，他们父女二人把书桌都移到客厅，并排放在一起了。于是我家客厅就像一个办公室。

我洗完了家里需要洗和不需要洗的衣服，给阳台上缺水和不缺水的花草再浇一遍水，看看小区里偶尔走动的送报员和买菜回来的人，日子变得每天和每天都很相似。

日子就在这样的相似中，一天天地溜走了。

许多年以后，我会深深记得这样的日子吧。

雨是在傍晚的时候下起来的，淅淅沥沥，是我喜欢的样子。

如果没有疫情，这样的雨夜，也算是岁月静好了。

让小芦苇推荐一本难度低的英文小说给我看，她想了很久，推荐了一本她六年级时读的书。我发现不认识（忘记）的单词很多——真是老了。

以为不出门的日子里时间会很多，可以读很多书，可以学很多东西。其实，完全不是这样。日子和时间，一点点地就没有了，如同手中握着的沙。

昨晚总编大人在微信中问候我是否安好，刚刚居委会的人又来敲门，在门外问我家里是否有外地回来的人。他们都在工作。

小芦苇今天做了炒土豆丝，切丝花了很长时间，味道还不错，但是不太好看，因为她加了酱油。自从开始学习烧菜，她几乎所有的菜都要放酱油，说是倒酱油的时候很考验技术，像欧阳修笔下的“卖油翁”。

帘外雨潺潺。这一天的日子像窗外这三月里的小雨一样，琐碎中夹杂着轻愁，却充满生机与希望。在雨中等待春暖花开！

虽然对线上上课之前已有预期，但是真的接到通知了，小芦苇父女二人还是有点慌乱的。

小芦苇的学校只是通知她后面会线上上课，具体如何操作老师们正在准备。小芦苇并不着急线上的课如何上，而是想着要按照上课日期倒计时，将寒假作业完成。

你们读到这里可能有点迷惑，不是说小芦苇学习挺自觉的吗？怎么寒假作业也要拖到最后才完成？其实，不要把别人家的孩子想得太好了。从我的经验来看，现在的孩子，大多数是在开学前赶作业的。开学前几天的孩子，是最勤奋的孩子。所以，假如你的孩子也是把作业拖到最后才完成，你千万要理解。

当然，小芦苇把寒假作业安排到最后完成，也是有原因的。她之前规划了很多与自己的兴趣爱好相关的学习内容。在前几天的记录中我说过，对于小芦苇制订的计划，我是不干涉的。

小芦苇父女把书桌并排放到客厅后，家里一下变了样子。这个变化让我有点兴奋，仿佛成立了一个“战时工作室”，宣布我们要一起学习和战斗了。

集体行动其实是一种很容易让人激动的模式。特殊时期，把家庭变成一个小小的学习空间，彼此由父女、母女关系变成同学、战友关系，是不是想想就有点兴奋?

小芦苇跟着学校的通知调整了自己的学习计划，我也跟着她的计划制订了自己的学习计划。

今天我要分享的是——

在我们要求孩子完成学习任务的时候，我们自己也要制订学习计划。我们的计划最好能够与孩子的同步。这个同步不是指内容相同，而是在孩子学习的时候，我们也能同时完成自我提升。就像爱尔兰诗人罗伊·克里夫特在《爱》中说的那样——

我爱你
不光因为你的样子
还因为
和你在一起时
我的样子

去含金量

Feb. 7th

11 比赛是让孩子学会在合作中共赢

朋友圈记录

农历正月十四。

如果不是疫情，按照原计划，今天晚上我和小芦苇会住到浦东机场附近的一家酒店里，明天一早飞去深圳。

看过我之前记录的朋友都知道，2020 年元旦，小芦苇参加了脑科学上海地区赛并获一等奖，入围全国赛。按照组委会的安排，全国赛 2 月上旬在深圳举行。

疫情期间，组委会发来赛程取消的通知，表示后续会另行安排。

这才有了我前几天说的退机票和酒店的事。

小芦苇对赛程被取消的事很平静。她说自己当初报名只是因为喜欢研究脑科学，与比赛和获奖无关。这个心态我倒是很喜欢。

小芦苇唯一遗憾的是，我订的酒店据说早餐很不错（你们现在应该明白当初我为什么不选择从家里直接出发，而是有点多余地在浦东机场附近住一晚的原因了吧），只能留到疫情结束后再去体验了。

小芦苇评价酒店的好坏只有一个标准——早餐好不好，其他都无所谓。

所以这些年我也是很不容易的，每次外出订酒店都要在价格、交通和早餐间求得平衡。

有没有和我有相同体会的老母亲？

背后的故事

这个脑科学比赛2018年小芦苇参加过一次，那时候她刚刚有资格参加初中组的比赛。

2018年3月，我陪小芦苇到北京参加全国赛。在这次全国赛上，小芦苇获得二等奖。

小芦苇本来打算继续参加2019年的比赛，但那时她加入了学校的美国学术五项全能比赛（United States Academic Pentathlon，USAP）的队伍，时间正好与脑科学比赛冲突，只好放弃。

那次的USAP比赛结束后，小芦苇主动退出了学校的USAP队伍。当时我有点可惜，毕竟小芦苇他们这支队伍那次是中国赛区七年级组冠军队，有很好的基础。小芦苇认为她参加比赛不是为了获奖，而是为了自己的兴趣。我觉得她说也有道理，便同意了——虽然我知道USAP是一个比较重要的比赛。

这几年，小芦苇参加过很多比赛，也获过不少奖，甚至还有过在国际比赛的领奖台上双手展开国旗，代表中国选手领取金奖的高光时刻。

这些比赛绝大部分都是学校组织他们参加的，我除了交报名费，在需要陪考的时候陪考，基本上没有管过其他的事。是否参加比赛，刚开始小芦苇主要听老师的意见，后来则完全由她自己决定。

这场被取消赛程的脑科学比赛在小芦苇复课后的6月改为线上举行。小芦苇最终获得全国赛二等奖。

在陪伴小芦苇参加各种比赛的过程中，我有两个体会比较深刻。

一是孩子的成长是你无法规划的。就像无法要求孩子喜欢哪个学科一样，你无法要求孩子“愿意”参加哪一项比赛。

二是在孩子眼里，比赛只是激发他们学习兴趣的一种方式，不是以获奖为目的，更不是奖牌含金量的博弈。

事实上，现在很多比赛都更加注重团队赛。所以，比赛对孩子的意义，是让他们置身于优秀的团队中。

今天我要分享的是——

孩子在学习的过程中，适当参加一些学科比赛是必要的。但家长千万不要过于功利，不要以所谓的含金量来安排孩子的比赛，更不能强迫孩子放弃他们喜欢的而选择我们认为更有价值的比赛。

现在的比赛更多的是对团队合作精神的评估和学习兴趣的激发。让孩子选择自己喜欢的比赛，通过参加比赛，让孩子置身于优秀的团队中，学会在合作中共赢，这才是我们让孩子参加比赛的意义所在。

自由空间

Feb. 8th

12 适当疏远是对孩子的另一种关爱

朋友圈记录

农历正月十五，阴。这是一个非常特殊的元宵节。

今天家里没有汤圆，冰箱里冷冻了一些春节期间炸的肉圆子，我拿出来蒸了一盘，意味着团圆。

我的同事发信息过来，提醒我今天最好买些菜储存，因为下周一，也就是后天，是一些单位节后上班的时间，这两天从外地返回上海的人可能会很多。

我见家里的菜还有一点，有些犹豫。后来从新闻里看到虹桥枢纽人群拥挤的图片，决定还是再补充一些菜。我犹豫着是去超市还是菜场，最后决定还是先去买菜 App 上碰一下运气。没想到运气还真行，我抢到了刚上架的猪肉和菠菜。

下单时上面提醒可能会延迟送达，想不到小哥几乎是神速，半小时不到就将菜送到了小区门口。

芦苇爹全副武装去门口取菜。回来后我问他是否见到小哥，答曰：“未见人影，只有三份菜立在那里等主人。”他找出写了我的名字的那份拎回来。路上遇见一人，很远就彼此避开了。疫情面前，疏远变成了另一种关爱。

小芦苇今天没有做菜，一心一意地写她读《霍金传》的读书笔记。这是她的寒假作业之一。

我既看不懂这英文版的《霍金传》，也看不明白她那花里胡哨的读书笔记，只是对她在笔记上画的霍金头像很感兴趣。

大家是不是和我的感觉一样，觉得小芦苇画的霍金和这本《霍金传》封面上的人物有点像？

不知道霍金的世界里，有没有预告疫情结束的时间？

小芦苇画在读书笔记中间的霍金头像

背后的故事

小芦苇在写《霍金传》读书笔记的时候，我一直在想霍金的“平行宇宙”。

两年前，我和小芦苇应邀参加第六届上海市中学生话剧节闭幕式暨颁奖典礼。在颁奖典礼上，我们观看了由上海话剧中心制作出品的2018年戏剧进校园巡回演出——《假如我是“霍金”》。

年轻的演员将我们带入霍金的“平行宇宙”，让我对时间有了更深的认识。演员在演出中间引入观众上台，小芦苇告诉我，那是论坛剧的表达方式。

当芦苇爹告诉我小区里见到别人，彼此都早早地避开这一现象时，我忽然觉得疫情期间人与人之间的这种疏远，其实也正代表了人与人之间相处的一种良性状态。相隔一米的疏远，是彼此给予对方的关爱，更是彼此间的尊重。

小芦苇学习的时候，不喜欢我们站在她身后或者旁边。我对此非常理解。我在电脑上码字的时候，也很不喜欢有人在我的旁边或身后。并不是我有什么不想让别人看见的秘密，而是当别人与我之间的距离很近的时候，我有一种独立的思维空间被打扰的感觉，很不舒服，思路也会因此受阻。

由此推及我们与孩子之间的相处，是不是也会有类似的地方呢？我们描述自己疼爱孩子的时候，常常用“含在嘴里怕化了，捧在手里怕摔了”来形容，又或者用“恨不得把他别在裤腰带上”来打比方。我们有没有想过，这样做，孩子到底是喜欢还是不喜欢呢？这个世界上，到底有没有人真的愿意被别人含在嘴里、捧在手上、别在裤腰带上呢？即使那个人表示他很爱你。

今天我要分享的是——

在和孩子相处的过程中，我们没有必要做到亲密无间，更不必把孩子含在嘴里、捧在手上。对孩子来说，太浓的爱会是一种负担，其作用往往是相反的。与孩子保持一定的距离，给彼此一些自由转身的空间，会让我们同孩子之间的关系变得更加轻松、牢固。

适当疏远是对孩子的另一种关爱。给予对方一定的自由空间，会换来彼此间的吸引和相互尊重。

关注≠了解

Feb. 9th

13 容易被家长忽视的成长秘密

朋友圈记录

已经过了正月十五了，似乎不需要再用农历记日子了。所以从明天开始我不再用农历记日期了。

今天天气很好，阳光灿烂。我的阳台很小，但还是种了几盆植物，都是无心插柳柳成荫的那种。

这盆很茂盛的景天，当初只是从同事处拿了一个小小的分枝。把它插到盆里浇点水，它就蓬勃地生长起来，从小盆到大盆，从一盆到两盆到三盆，到目前已无盆可换。除了偶尔浇水，我真的不曾照顾过它。

不出门的日子里，这些景天成了我最好的安慰之一。阳光照在小阳台上，照在它们身上，肉肉的翠绿钻到眼睛里，春天，就在这小小的空间里包围了我。

它是否知道外面的疫情？是否知道我们有多忧心？

专家们一直在说，不出门、保护好自己和家人，也是一种战斗。

那么，不妨做一棵懂得春天的景天。

今天的上海很多人是有些焦虑的，包括我。我们在城里守了十几天，自律有序地生活着，居家，居家，居家。

但是，外出的人返回上海的高峰来了。

芦苇爹从经济学的角度向我们解释了复工的社会经济意义，但我和小芦苇还是担心，担心我们的守护会被攻破。

早晨，芦苇爹在睡“爱国觉”的时候，我和小芦苇透过窗户，看见对面楼一户外出回家的人在大包小包地从汽车后备厢里搬东西。他们应该是三代人从外地过完春节返沪。看他们从车上搬了很多吃的东西下来，我也放心了一些。相信他们会主动居家隔离两周的。

窗外春色如许，但我们还是要控制自己的脚步。比起病房里的人，比起一线医护人员，比起在公共场所服务的人员，我们居家，不出门，已经是最幸福的人了！

芦苇爹这几天在紧张地准备网上课程，这种新的上课方式，让停课不停学落到了实处。

小芦苇的生活更为有序。除了赶作业、画画，这几天她又找到了新的娱乐方式。

她不知道弄了个什么软件，每天下午在电脑上“作曲”，已经弄了 5 天了。她聚精会神地弄上一个多小时，然后放一段旋律给我听，是她自己谱的曲子，有那么一点儿意思。

今天听曲子的时候忽然想，她大概就是阳台上的景天，待在家里也不忘蓬勃生长，拥抱春天。

昨夜上海第四支援鄂医疗队出发了，没有办法不感动！为了一次次逆行的医护人员，为了自律守护着上海的人，请归来的你，一定记得居家隔离。

让我们一起守护我们的城市，一起等待美丽的医者凯旋！

背后的故事

小芦苇自己在电脑上学习“作曲”这件事其实挺让我意外的。

在家里，我很自觉地将自己的电脑技术排在最后一名，所以，对于小芦苇父女在电脑上捣腾各种软件，我基本上是无视。

前几天小芦苇忽然说要放一段曲子给我听。我听完以后没什么感觉，问她这是什么刚流行的曲子。结果她告诉我，这是她自己作曲的——她发现了一个可以作曲的软件，这两天正在研究。

这让我一下子佩服起来，忙让她又放了一遍。我当然不是说这个曲子有多么动听。只是，小芦苇自己用软件作曲，弄出来的东西能够像一支曲子，这个，的确让我意外。在小芦苇成长的过程中，我似乎忽略了什么。

我给自己煮了一杯咖啡，端着它走到阳台上，坐在我的景天旁边，开始梳理一些事情。

小芦苇是什么时候开始使用电脑的？忘了。

小芦苇是什么时候开始学习使用各种软件的？不知道。

小芦苇是什么时候学会音频处理和视频制作的？不晓得。

……

总之，小芦苇在羽翼慢慢丰满的过程中，我忽略了很多东西。

就像眼前的这盆景天，我当初带它回来的时候，它只是小小的一枝。它什么时候开始分枝，什么时候开始越长越茂盛，我完全不知道。每天看着它，觉得今天的它和昨天的它是一样的。但是，过了一段日子，却发现它茂盛得连盆都装不下了。

我相信你们也有过和我相同的体会。孩子的成长，和这盆被我忽视的景天有相同之处。你以为自己一直陪伴在他们身边，知道他们的每一个进步和成长的瞬间。

其实完全不是这样。我们看到的孩子的成长，往往只是我们想看到的那一部分。比如我们很了解孩子每一次考试的成绩、获奖的情况、考级的情况，还有孩子的个子长高了、衣服鞋子的尺码都要加大一号了。

这些都是我们关注的，都是我们想要知道的成长。

但孩子的成长并不只是我们关注的这一部分。孩子真正的兴趣爱好甚至专长那一部分，往往因为不在我们的“性价比”之列而被忽视了。我们常常会在某一天很惊奇地发现，不知道从什么时候开始，孩子学会了这个，懂得了那个。

我想起了我的一个朋友的经历。

这个朋友小时候对机械很感兴趣，喜欢修理各种东西。有一次，为了搞清楚收音机为什么会发出声音，他把家里的那台在当时算是比较贵重的收音机拆开了，结果被他的父亲打了一顿。

很多年以后，我的这个朋友还一直在叹息，说如果当年他的父亲没有打他，如果他的父亲当年能够从这件事情中发现他是一个对工科感兴趣的孩子，那么，他后来的专业选择和人生道路可能都要改写。

我的另一个朋友当天看了上面的朋友圈记录后，告诉我景天又叫玉树，她家的已经养了16年了。看来，养景天，或者玉树，也是要有耐心的。

今天我要分享的是——

我们所了解的孩子的成长，往往只是我们想关注的那一部分。在孩子成长的过程中，真正与他们的兴趣爱好相关，是他们的专长，甚至是天赋所在的那部分，常常会因为不符合我们的价值观和“性价比”而被忽视。

我们的任务是，发现孩子成长过程中这个容易被我们忽视的秘密，让孩子像景天一样安静地生长，全方位发展。然后，你会发现，有一天，孩子会像景天一样，翠绿在你的春天，茂盛在你的夏天。

不要假问题

Feb. 10th

14 一眼能看出的问题常常不是真的

朋友圈记录

今天是晴天，阳光灿烂得让人心生欢喜。阳台上的长寿花已经开了，好消息也应该快了。一些单位已经复工，我的单位也开始每天有人值班。

芦苇爹今天去居委会登记了购买口罩的信息。所以今天想说一下我家的口罩故事。

因为年前一直在忙，直到 1 月 21 日晚才想到要买口罩。小区门口有家药店，我抱着试一试的态度进去问店员。店员说口罩下午刚到货。我觉得自己的运气很好，赶紧买了一些。付款的时候觉得价格稍贵，但也没多想。只是觉得店员直接让我扫其手机付款码付款，且无小票给我，有点小疑惑。但当时外面正下着雨，小芦苇还饿着肚子，于是没有多问，拿着装口罩的袋子就回家了。

晚上看手机上的各种信息，发现情况不是太好。我先是取消了第二天带小芦苇逛街购年货的计划，又开始着手取消年后的旅行。

第二天，也就是22日，我去单位取书稿备用。出门前想起来要戴口罩，这也是疫情来临后我第一次戴口罩。

打开袋子，发现里面装的是白色的医用脱脂棉纱口罩。记得小时候去医院，给我打针的护士戴的似乎就是这种口罩。

第三天，也就是23日，芦苇爹去超市，回来说别人戴的都是蓝色的口罩，和他戴的不一样。上网一查才知道，我买的口罩是不能防病毒的。我安慰自己：有总比没有好。

有一天在微信群里看到一个消息，说一些定点药店会每天向市民供应一定数量的口罩，且是平价，凭证件购买。再一查，发现我前些天买口罩的店恰好在此之列，于是赶紧让芦苇爹去买。

芦苇爹戴着棉纱口罩去买，结果无功而返，人家连门都没让进，隔着门缝告诉他没有了。

后来家长群里一位家长给了一个拼单买口罩的信息，我赶紧下单、付款(十多天后对方主动退款，说无货)。

后来的家庭采买外交（取快递）事宜全部交给了芦苇爹。为了让他的口罩合格，我网上看视频，朋友圈看技巧，发现只要戴两只棉纱口罩，再在中间夹一张保鲜膜即可。于是温柔贤惠地如此这般操作。

结果芦苇爹戴着这密不透风的半手工口罩外出，回来说呼吸困难。

后来的消息是，2月2日开始可以去居委会登记，每户可预约购买5只口罩。想到买5只口罩要跑两趟，且排队时间长，担心芦苇爹戴着手工口罩这样操作下来会呼吸困难，我们一直没去登记。

今天是去居委会登记的最后一天，再不去就算放弃了。中午我们开了个家庭民主会议，两票同意一票弃权——结果投弃权票的芦苇爹只好戴着夹了保鲜膜的口罩去了居委会。

回来喘完气，芦苇爹兴奋地说，他不但拿到了“购买批文”，还加了社区微信群，今后什么时候可以凭批文去药店买口罩，居委会会在群里通知。

又说，虽然自己戴的口罩不合格，但戴的手套和居委会的人戴的是同款（我昨天让他取的快递，可不就是这医用手套嘛。良心商家）。

继续等口罩。加入居委会的群里以后，芦苇爹明显觉得自己的身份不一样了，街道的一些大政方针，我和小芦苇都要等他传达。

我们也乐于听他传达各种指示，毕竟人家是有和居委会的人同款手套的人！

背后的故事

口罩的故事应该是在我的心头压的时间太长了，所以这一天的朋友圈记录写得特别长。我的一个朋友看了以后问我："你在手机上打了这么多字？"我说："可不是，而且是手写输入。"当时一点也不累，应了那句老话："有话则长无话则短。"

特殊时期，关于口罩，想说的实在是太多了。事实上，每个人在疫情中都有自己关于口罩的故事。我的这个朋友圈记录发出来后，很多朋友都在评论中分享了自己的口罩故事。

回过头来看2月份我在朋友圈记录的这个关于我家的购买口罩的故事，你们可能会像我一样，对当时的一些困惑已经完完全全地找到了答案。

所以，今天我想跟你们谈的其实并不完全是购买口罩的问题。

2月份，在口罩紧张的时候，因为购买口罩，我们似乎发现了很多问题，这中间有担心，有焦虑，有愤怒，有叹息。由口罩购买问题进行发散性思维，我们又似乎找到了更多的愤怒和担心。

再后来，口罩购买问题解决了，随便找个药店都能买到口罩，网上购买更是品种繁多。这时候，你们有没有发现，我们最初从口罩中看到的问题，以及由口罩引发出来的其他问题和猜想，并不完全正确，甚至有很多问题都不是真的。

是的，你一眼就能看出来的问题，往往并不是真的。真正的问题，是藏在事件背后、需要你花时间慢慢发现的。

我们在购买口罩问题上出现的思维误差，更多的时候，会出现在我们对孩子的批评教育上。

我在昨天的记录中说的那位把收音机拆开的孩子的父亲，犯的就是这样的错误。他被自己一眼就看出来的问题蒙蔽了，没有能够发现孩子的兴趣和天赋所在。类似的事情还有很多。

孩子在打游戏，你一眼看出的问题往往是这孩子不好好学习，整日沉迷于游戏中。孩子在课本上画插图，你一眼看出的问题往往是这孩子上课不认真听课，常常开小差。孩子和异性同学微信聊天，你一眼看出的问题往往是这孩子学习精力不集中，可能在早恋……

静下心来想一想，你一眼看出的这些问题，有多少是真的？

今天我要分享的是——

我们总是习惯性地从孩子身上找缺点，认为找出了这些缺点并帮他们改正了，孩子就会成为一个优秀的人。

我们找缺点的方式是从找问题开始，而这些问题，往往是我们一眼就看出来的问题。我们以为这些问题找得很准，认为没有人比自己更懂得孩子。

事实上，一眼能看出来的问题，常常不是真的。

当我们用这些假问题来矫正孩子的行为时，往往会帮倒忙。这就是我们常常会感叹“为什么这个孩子就是改不掉那些缺点”的真正原因。

放弃捷径

Feb. 11th

15 让孩子实现自我管理的秘诀

朋友圈记录

今天小雨，从阳台上看出去，那树粉色的花似乎要开出春天的样子了。

两天没有取快递。今天芦苇爹去小区门口取快递，发现离快递柜近的门已经封了。小区现在只开一个门，他沿着围墙绕了小区近一圈，才取到了快递柜里的东西。

今天是我在家办公的第二天。不出门的日子，更有要好好工作的想法。

开始向往在校园中看花开的日子。

开始向往每天挤公交地铁的日子。

开始向往在办公室和同事们一起演绎编辑部故事的日子。

平凡生活着的过往，原来如此令人怀念。

我的一位医生朋友今天买好了成人纸尿裤，准备向武汉出发了。

我的泪点变得越来越低。平安归来几个字，变得越来越触动心灵。

昨天将闲置了大半年的面包机找出来了，今天早晨吃上了和小芦苇昨天晚上一起做的面包。今天的咖啡也煮得很好。在面包和咖啡的香味里，等待春天的到来！

背后的故事

小区东门外有菜鸟驿站和中邮速易递。小区封闭管理后，东门和南门都关闭了，只开一个西门。从西门出去，绕到东门外的柜子里取快递，是一段很长的路。走惯了捷径，突然要中规中矩地绕小区围墙大半圈取快递，似乎很不适应。芦苇爹这样舍近求远地取了几趟快递后，颇有些怨言。

疫情后期，随着国内确诊病例的减少，去门口取快递这样的事，不再是芦苇爹的专利了。天气好的时候，我也愿意借着取快递出去走几步。

这一走，有了很多新发现。比如，小区南门还有一个菜鸟驿站，我因为平时基本上不走南门，所以一直不知道它的存在。小区西门也有中邮速易递，虽然这个门是我常走的，但是因为疫情前我的快递基本上没有在这里存放过，所以我几乎忘记了它的存在。捷径被关闭后，这些新的通道便出现在我的视线中。

很多时候，我们看到的捷径，只是我们认为的捷径。我们的思维误区在于，在很多事情上，我们都活在自己以为的这种捷径上，认为自己选择了一条高效便捷的道路，而这条道路，一定会给我们带来最好的收益。

在孩子的教育上，我们更是常常陷入这样的思维误区。我们对孩子进行各种各样的管理，认为每一项管理都是在给孩子指明一条实现目标的捷径。

我认识一位妈妈，她对孩子的时间管理，几乎到了极致。孩子放学回来，几点到几点做学校的作业，几点到几点练琴，几点到几点做外面培训的作业，都白纸黑字写得清清楚楚。即使是睡觉前的那一点点时间，她也给孩子规划好了：一边泡脚，一边阅读她为孩子精心选择的经典作品。

初看下来，这位妈妈的这份时间安排没有任何毛病。从时间管理上来说，是最高效的。但是，她忽视了一点：孩子是否喜欢这个安排?

她认定的最优时间管理，只是她自己认为的最优，并不是孩子认定的最优。也许孩子愿意放学后先看会儿电视，或者去阳台上发发呆。也许孩子泡脚的时候，并不想阅读经典，而是想看几则校园冷笑话，或者听一段音乐。

随着懂得时间管理的家长的增多，感到不快乐的孩子也越来越多。这也是为什么有那么多的孩子会抑郁，会走极端的原因之一。

还是以我的小区为例吧。我喜欢从东门直接出去，走几步就可以取到快递，可这并不代表这条最短的路是最优的，更不代表别人也都愿意走这条路。我走几步就取到了快递，节约的是时间；别人绕了大半个小区围墙去取快递，看到的是风景。这中间，没有优劣，无法比较。

今天我要分享的是——

我们常常觉得让孩子实现自我管理很难，这其实是一个假象。我们之所以觉得难，是因为我们事先设定好了管理的内容，以及完成这些内容的路径。这些路径，都是我们从自我角度认定的捷径。

我们把这个捷径放在孩子面前，试图让孩子沿着这个捷径，一步一步走到我们想要实现的目标处。当孩子并不喜欢我们为他们选择的捷径时，便会抗拒。这个抗拒最明显的表现就是，他们不服从我们的管理，更不愿意以这样的方式进行自我管理。

两点之间，直线最短。但更多的时候，直线并不是最优美的线条。我们的管理目标没有错，但如果我们选择的实现路径并不是孩子喜欢的，就很难让孩子愿意实现这个管理目标。

放弃我们心中的捷径，让孩子选择他们喜欢的实现目标的路径，这就是让孩子实现自我管理的秘诀。

自己动手

Feb. 12th

16 让学习成为孩子实践的需要

朋友圈记录

晴天，阳台上的长寿花开了一朵，又开始绽放另一朵。薄荷依旧茂盛，尽管我每天都会摘几片泡茶。

今天继续说一下我的口罩故事。

先说一下改进。因为在两层口罩中间夹保鲜膜会导致呼吸困难，芦苇爹决定自救。他在网上找到一个夹餐巾纸的视频，后来又自己改进成夹厨房吸油纸。昨天他戴着这种改进产品外出，呼吸果然畅快了许多。

刚刚看朋友圈，我的一个闺蜜也英雄所见略同，用类似的方法改进了自制的口罩。

雪中送炭的故事今天必须要讲。

前天写了我的口罩经历后，当晚一个闺蜜就拉我进了一个购物群，在这个群里大家可以互通生计信息。我根据群友提供的信息下单，虽未抢到团购的口罩，但成功下单了一顶可以半封闭面部的渔夫帽。想象春暖花开、丽日当空时，我戴着这顶帽子，像养蜂女或是劫富济贫的女侠般走在上海的弄堂里，一定很酷。

另一个小闺蜜则给我推送了一张名片，说此人可以不定期提供防护用品。

昨天早上，最感人的场面来了。小芦苇同学的妈妈在微信上连客气话都没有，直接通知我给她地址，她给我快递口罩。后来才知道，她也是前一天才拿到口罩的——她分了近一半给我。

今天一早，顺丰快递便将这些估计她是从一衣带水的地方弄来的口罩送到我的小区门口。下午，芦苇爹在他的居委会群里接到“组织上”的通知，可以去药店购买之前登记的5只口罩了。真是好事成双！

不出门的日子里，总有这样一些小确幸让你感动，让你明白被人牵挂的幸福。而日子，便在这样的体验中，充实地逝去。

背后的故事

这则关于口罩续篇的故事在微信朋友圈发出来后，我的很多朋友都表示有类似的感受。那个和我英雄所见略同的闺蜜直接建议我将自制的口罩和正规口罩交替着用，说这样可以一直用到春天——我们一直认为到了春天疫情就可以结束了。

我的一个在政府部门工作的同学则很有高度地送了恩格斯的一句话给我：“实践的需要，比十所大学更能把科学推向前进。”

作为一个理论著作阅读不多的人，这句话一下子开启了我思维的宽度。

如果没有疫情和口罩在疫情初期的匮乏，我和芦苇爹大概这辈子都不会想到对口罩进行“技术革新”。实践的需要，成为推动我们革新的动力。

忽然想起这几天小芦苇专心致志进行的“研究工作”。

这几天她不研究用软件作曲了，一门心思地进行音频编辑和后期处理。她一副立志要自学成材的样子，每天聚精会神地在电脑上弄来弄去。

我问她怎么又改研究音频处理了。小芦苇说，她所在的一个社团的组长给她布置任务了。

这个社团叫“山村广播站”，是几个孩子自己成立的。主要是录制科学故事，制作完成后送给贫困山村的孩子。

孩子们自己写，自己录，统一交上来以后再由组长指定组员进行后期合成处理。小芦苇就是这个被指定进行后期处理的组员之一。

为了完成任务，小芦苇不断钻研。因为大家交上来的音频作品差异性较大，后期处理变成了一个需要统一编辑的过程。

不要问我更细的处理方法，我知道的就这么多，更专业的东西我完全搞不懂。总之，因为这个实践的需要，小芦苇的技术学习进步很快，很快从音频小白变成我眼中的“老法师”。

我的一个朋友得知这个情况后，鼓励小芦苇，说她学好技术以后，将来他公司的所有音频视频制作都可以外包给她。真是艺不压身，小芦苇学了一点小技术，连未来的“工作”都有眉目了。

今天我要分享的是——

“实践的需要，比十所大学更能把科学推向前进。”当孩子的学习成为其实践的需要，孩子会自发、专注地进行学习。我们要做的是，努力发现孩子的实践需要，然后引领孩子从这个需要出发，通过学习，寻找自己动手解决问题的方法。

让学习成为孩子实践的需要，这是解决孩子学习原动力的方法之一，并且可以在很多方面进行推广，家长们不妨试试。

不要焦虑

Feb. 13th

17 你的焦虑一定会被孩子看出来的

朋友圈记录

晴天，阳光很好，傍晚开始下雨。

很多事情都有意外。比如这本《会计基础》，年前加班加点完成编辑工作，印刷厂也加班印出来了，只等年后上班装订，春季开学的新书就可如期而至了。

这两天从印刷厂到出版部，我一连追了几个环节，得到的回复是工人从老家出不来，无法完成装订。

学校虽然延迟开学，但网上课程还是要继续的，老师着急，我也着急。

希望疫情早日结束。

今天有几个使用我编辑的教材的老师发邮件找我要相关课件。这些资料都在办公室的电脑中，目前我进不了办公室，拿不到资料。

我想了很多办法，最后终于帮老师们解决了课件问题。

因为疫情，很多人开始说我们的经济停摆了。

我很不喜欢停摆这个说法。我们居家是为了防疫，居家的我们，依然在努力地工作。医生在一线，老师、学生，以及众多如我这样的人，都在工作。有我们在，中国的经济就永远不会停摆！

据我所知，我的很多朋友都像我一样，把家里的客厅变成了办公室，大人孩子各自努力。

中午靠在沙发上打了一个盹，竟然做了两个梦。一个是梦见自己忘记戴口罩就出门了，然后极其焦虑。另一个是梦见自己在网上帮一个认识的医生募集防护服。

看来有些焦虑是藏在心底的。

让日子一点点地好起来吧。

背后的故事

可能是因为那本教材不能如期装订的原因，这一天是我疫情以来最焦虑的一天。书装订不出来，我很着急。老师上课用的课件拿不到，我也很着急。

中午打盹的时候做的那两个梦，诠释了我的焦虑。

我做梦的时候，小芦苇就坐在沙发边看书，她说她感觉到了我睡得不踏实。

我的朋友留言告诉我，疫情以来，她也梦过几次出门没戴口罩，然后特别着急。我估计，这类梦好多人疫情期间都做过。

我的一个研究心理学的朋友告诉我，人的情绪积累多了，就会通过梦境的方式释放出来。疫情期间，我焦虑的可不就是两件事，一是口罩，二是医护人员的平安。于是这两件事就自然而然地从现实走进我的梦境。

小芦苇看出了我的焦虑。她劝我不要多想，说她查了资料，传染性强的流行病有一个规律，不会一直存在的，过了一定的时间，就会衰退、消失。她还举了历史上几次瘟疫的例子说给我听。

我平时算得上是个遇事淡定的人，但这次仍然没有逃过焦虑。

小芦苇的话提醒了我。我想起那些向我倾诉的妈妈们。对于孩子的教育，她们有各种各样的焦虑。担心孩子在学校不好好听课，担心没有给孩子找到好的补习机构，担心孩子性格内向将来会错失很多机会。她们的担心五花八门，而且看似都很有道理。

这种焦虑她们以为是隐藏在自己心中的，以为孩子并不知道。有一位妈妈对我说："其实我都着急死了，只不过在孩子面前假装什么事都没有。"

除非受过特别训练，否则你的焦虑不会只隐藏在心中。事实上，更多的时候，我们的情绪，会直接写在脸上，表现在我们的言语和行动中。

妈妈们不妨回忆一下，焦虑的时候，你是不是对孩子或者老公没有好脸色？说话的时候声调不由自主地提高，甚至夹杂着抱怨？这些明显的特征，孩子怎么会看不出来、体会不到？

孩子早就看出了我们的焦虑，只是我们以为他们不知道。

今天我要分享的是——

我们的焦虑不仅会影响自己的情绪，还会影响孩子的情绪。焦虑中的父母是无法给孩子带来平和的学习氛围和稳定的学习环境的。鸡飞狗跳的家庭氛围中一般是不可能出现各方面都发展得很好的孩子的，只有在母（父）慈子（女）孝的情况下，孩子的身心才能得到全面发展。

所以，让孩子健康成长的一个前提条件是，做不焦虑的父母。因为，我们的焦虑一定会被孩子看出来的。

要读原著

Feb. 14th

18 亲子阅读的两个技巧

朋友圈记录

2 月 14 日，情人节。白天阳光很好，晚上开始下雨，据说明天还要降温。当天气遇见了爱情，便变得忽冷忽热、捉摸不定了。

很多年没有过这个节，今年当然也不例外。可以出门的日子里，我会和小芦苇这个小闺蜜借机出去吃喝玩乐一番，今年自然一并取消。

小芦苇让我帮她找一本书，老年痴呆健忘的我找了半天没找着，倒是翻出了两本《苦儿流浪记》。一本是她三年级时买的，全彩中文全本。另一本是她五年级时买的，中英文对照，改写本。

于是记忆一下子鲜活起来，穿过小芦苇的五年级、三年级，来到我的三年级。

那时我是一个生活在小镇上的孩子。镇上唯一的一家新华书店就在我家对面。我几乎每天都会去书店，隔着玻璃柜台看那不多的书。

那是一个星期天，我看到一本封面比这两本简单的《苦儿流浪记》，一下子就着迷了。回家跟妈妈软磨硬泡之后，这本书就是我的了。

我坐在小院里阅读，一整天的时间很快就过去了。那个美丽的星期天，我认识了雷米、老艺人、会表演的狗和猴子，还有遥远的法国南部风光和可爱的巴贝兰大妈（今天的书中译为巴伯兰妈妈，我竟然不适应）。

带着童年的回忆，今天我花了一整天的时间重新看这本书，发现这竟然是这段时间以来，我阅读最专注的一次。

我特意对照了一下，这本中英文的改写本完全不能和全译本比。它删除了美丽的或者寂寞荒凉的法国南部风景描写，以及小雷米在流浪过程中一些质朴的心理感受，只剩下一个有情节的故事——如果我小时候读到的是这样一个干巴巴的故事，我想，我一定不会在很多年的红尘岁月中，一直记得它。

用对照本的中文内容去对照它的英文内容，我发现，那也是简洁的删掉了风景的英文故事。

那一刻，我忽然特别想学法语。假如我可以看懂法文原版，此刻的感受一定会更美！

我一直给周围的朋友建议，不要让孩子读名著的导读版、改写版，要尽量读原著、悟原理。没有办法读原文的时候，好的译者则显得尤其重要。

情人节，零乱地分享这一段关于阅读的故事。

同时明白一个道理：时光，是最好的情人。一起致敬我们的旧时光、老情人！

背后的故事

情人节这天，这本《苦儿流浪记》的确勾起了我很多回忆。这本书我是小学三年级的时候读的，所以，在小芦苇三年级的时候，我给她推荐了这本书。

我的一些朋友因为信任我，常常让我给他们的孩子推荐阅读书目。虽然每次我都做了，但却觉得做得有些力不从心。

因为我不是很了解朋友小时候的阅读情况，也不是很了解他们的孩子。

现在有很多机构都在做亲子阅读这件事。他们有专门的老师进行导读，让家长和孩子一起阅读一本书或者几本书。

这当然是有作用的。但是，因为某种原因，这些机构往往夸大了这种亲子阅读的作用。一本书，一个绘本，在孩子的眼中是一个样子，在父母的眼中，一定是另一个样子。

疫情期间小芦苇曾经让我看过一个类似默片的视频，没有声音，没有文字，只有一些动漫人物的动作，但是故事其实是连续的。结果，我理解的内容和她理解的，完全不一样。我们讨论以后，我发现，小芦苇的理解，更正确一些。

由此我们做一个假设：某培训机构的阅读导师给家长和孩子一本书，让大家亲子共读。结果，孩子读出来的内容和家长读出来的并不一样。

这时，阅读导师会告诉家长，要引导孩子阅读。

家长怎么引导？当然是按照阅读导师理解的标准内容去引导孩子。

这样做的结果就是，孩子并没有看到自己眼中的书的内容，他们看到的是家长或者专家眼中的书的内容。换言之，孩子接受了标准阅读模式下的标准答案。

是不是有点不可思议？

同样是这本书，如果时间可以穿越，家长是在和孩子相同的年龄阅读的，家长的理解是不是会不一样？是不是会更接近孩子的理解？

余秋雨曾经说过一个故事。他小时候读“朝辞白帝彩云间”这句诗的时候，一直以为白帝是一个身穿白袍的男人。

我小时候也有类似的体会。“谁知盘中餐，粒粒皆辛苦”，读这句诗的时候，我最初理解的“盘中餐”是中餐，就是午饭。然后，非常鲜明的画面就出现在我的脑海中：烈日当空，农夫挥汗如雨，汗水滴到了土里。汗水滴下去的土地里长出来稻子，稻子再变成米，变成饭，变成烈日下的午饭——可不是粒粒皆辛苦吗？

我的这个“中餐”和余秋雨理解的“白帝”一样，都是错误的，但是却非常有画面感，充分发挥了一个孩子的想象力。余秋雨认为这样很好，我也是这么觉得的。

阅读的目的，除了让孩子学习知识、掌握经典，还有一个重要的作用是发挥孩子的想象力。透过文字去想象画面，想象细节。这些画面和细节，是个性化的，属于孩子自己的，而不是唯一的标准答案。

为什么一千个人眼中有一千个哈姆雷特？为什么文学作品能够让人产生共鸣？

所有这些，都与个体经验的植入和想象是分不开的。

今天我要分享的是——

在亲子共读的过程中，不要让孩子读名著的导读版、改写版，要尽量让孩子读原著。读原著，悟原理。

在共读的时候，家长不要完全听从某些专家或者培训导师的意见，而要充分回忆自己的童年阅读。找几本自己在和孩子相同的年纪里认真读过的书，和孩子共读、重温。这样做，更容易和孩子产生共鸣，也更能达到亲子共读的效果。

身教＞言传

Feb. 15th

19 让孩子"看见"比"听见"更重要

朋友圈记录

今天降温，很多地方都下雪了，上海下的是雨。

叮咚小哥延误了三个多小时，但依然冒雨赶在今晚将菜送到。忍不住在电话中再三向小哥道声辛苦了！

很多朋友的小区都要凭出门证出门。我们小区尚未限制出门次数，只是每次要量体温。小区门口有放快递的架子，出入取件都要量一次。

离我单位不远的一家医院发现了一个瞒报行踪且不隔离的就诊病人。这个人后来确诊了，连累了很多人，包括很多医务人员。看到这个消息我很愤怒。这家医院已经派出了好几批医护人员去湖北了，今天又有一批医护人员要出发。医院目前的医疗资源如此有限，不明白这名隐瞒者为什么要害人害己？

我的一个旧同事今天在朋友圈发了几张抗击疫情的图片和一些医护工作者申请到抗疫一线的签名。他是一名记者、摄影师。

图片中提到的赵医生一下勾起了我的回忆。十几年前，赵医生还是医科大学的学生，和我们一起做一个公益热线，为读者解答一些医学问题。他戴着眼镜，憨厚又沉稳。

赵医生目前奋战在安徽的抗疫一线，作为安徽省立医院的一名感染科医生，他和同事们白天奋战，晚上在酒店隔离，已经快一个月没回家了。在这样的忙碌中，他还不忘帮我的摄影师、记者朋友拍一些一线的照片。

向赵医生和他的战友们致敬！

背后的故事

我的朋友储先生是一位记者兼摄影师。在这一天的朋友圈里，我很惊喜地看到了他的这份记录：

> 安徽省立医院感染科的赵医生是我多年的朋友。自疫情开始，他就与100多名医护人员请战进入抗疫第一线，白天在医院治病救人，晚上被隔离在酒店里，至今快一个月没有回过家。
>
> 像他这样的朋友还有很多很多。在平日里，他们是一个普通人，非常时刻他们是伟大的逆行者，是我们身边的英雄。
>
> 他们没有什么让人眼前一亮的故事，没有感人至深的亮点，没有豪言壮语，但就是这些默默无闻的奉献者，铸成我们合肥最坚实的防线。
>
> 目前深入医院采访与拍摄需要走严格的规定程序，我们也不能给医院添麻烦，但每个医护人员的事迹都应该被记录、珍藏。我委托赵医生与他的同事们多拍一点生活、工作的照片，想整理成《守卫合肥，疫战二十四时》系列组图，记录这些平凡而伟大的医护工作者们，也请朋友们多提出宝贵意见。

这则朋友圈把时光拉回到十几年前。那时候我和储先生一起在一家杂志社工作，我们开通了一个为读者服务的免费咨询热线，每天请专业人士定时为读者提供医学、法律、情感等方面的咨询。赵医生当时就是我们热线的志愿者。

那时他还在医科大学读书，晚上经常过来帮我们的热线值班。他是一个特别负责的人，话不多，做事井井有条。除了医学热线，我们杂志还设了一个以医学科普为主要内容的小栏目，他经常为我们写稿、改稿，不计得失。

十多年的时间过去了，他从医科大学毕业，成为感染科医生，目前又战斗在安徽抗疫一线。不变的是，他还是一个不计个人得失的人。

我把这则朋友圈的信息分享给小芦苇，告诉她在我们不出门的日子，有许多人在负重前行。

小芦苇的学校因为要开始网上课程，老师通知大家这天上午10点钟进行上网压力测试。第一轮测试失败了，很多人都无法登录。

小芦苇当时有点着急，但很快学校就通知进行第二次压力测试。这一次，成功了！

我对小芦苇说，虽然她看到的只是两次测试，老师们却做了很多工作。

生活就是这样，孩子眼中的生活静好，是成年人的一次次负重前行。而这每一次前行，又成为对孩子最好的身教。

今天我要分享的是——

言传不如身教，让孩子“看见”比“听见”更重要。家长与其一遍遍地给孩子摆事实、讲道理，不如从自己做起，从身边的小事做起，让孩子“看见”。

很多时候，身教的力量是大于言传的。家长自己做不到的事情，不要要求孩子做到；家长能够做到的事情，一定要让孩子看见。

好习惯，好家风，都是在一次次的“看见”中，让孩子养成、受益的。

恐惧 = 未知

Feb. 16th

20 学习过程中出现“倒春寒”是正常的

朋友圈记录

今天是晴天，很多地方是雪后初晴，或者大雪纷飞。据说上海也下了雪，早晨起来从我的阳台上看出去，并没有雪落过的痕迹，但冷是真的。

今天让几个网上的信息弄得有点晕，于是，一整天心情都很糟糕。

小芦苇比我平静很多。她说，已经有那么多医护人员去援助了，情况一定会慢慢好起来的。

面对困难的时候，我们首先需要的是镇定。作为非医疗专业人士，从容地应对每一个日常，不焦虑，不懈怠，是应对疫情的最好方式之一。

小芦苇严格按照自己制订的计划完成各项工作：做寒假作业，完成乡村广播站的音频后期处理，着手准备社团的一篇科普文章的资料。她的有条不紊比我的焦虑更有价值，也更能鼓励人。

降温不怕，倒春寒也不怕。因为，没有一个春天不会来临。

背后的故事

我在微信朋友圈流露出的这份焦虑被我的一个当医生的同学捕捉到了。他及时同我沟通，用浅显的语言向我描述了病毒的传播途径和应对时可能出现的问题和情况反复，随后又发了一些医疗科普文章给我看。

医生同学的做法不仅缓解了我的焦虑，也让我看到了科普的重要性。

于是晚上我很有兴趣地同小芦苇讨论她的科普文章。

我一直以为小芦苇只是为她所在的服务性学习社团在写一篇科普文章，一聊才发现，她竟然同时在写三篇文章。一篇是关于新冠病毒是怎样与细胞结合的。这篇文章不是任务，是她前些天问我病毒的知识未能得到满意的答复后，自己上网查资料，觉得有意思，便着手写出来，并同时做成动漫视频资料——怪不得前几天我一直见她在画冠状病毒的图画，当时还以为她是没事画着玩。另一篇是关于 2003 年的 SARS 情况分析。这篇文章她最后也做成了视频资料，中间还对我进行了访问。这是她的一份生物课作业。第三篇才是她的社团文章，这篇文章的内容很可爱，写的是为什么挠痒痒会让人发笑。这是我最喜欢的一篇文章了，文字很轻松，视频中小芦苇加了一些特效，自己配音。后来老师把这则视频传到 B 站上了，据说点击率还不错。

由这个聊天，我又想起了之前我的一位心理学专业的作者告诉我的一个理念：人的恐惧和焦虑，都是因为对于事物发展规律的未知。比如老板让你去一趟他的办公室，你感到恐惧，因为你不知道老板会不会批评你；你的功课没有复习好，你很焦虑，因为你不知道明天的考试能不能过关。我的这位心理学作者最后告诉我：“一旦你掌握了事情的真相和规律，你就不会焦虑和恐惧了。”

结合小芦苇的科普文章和这位心理学作者的分析，我终于找到这一天自己情绪低落的原因了——我对病毒知识了解得不够，又被网上众多的信息牵着鼻子走了。

回到对孩子的教育上。在孩子学习的过程中，很多家长都会焦虑，这个焦虑也是源于对事情的未知，比如不知道孩子的水平到底怎么样，不知道孩子未来的升学竞争到底有多激烈。

从冬天到春天，会有“倒春寒”。在孩子学习的过程中，也会有“倒春寒”。重要的是，“倒春寒”过后，春天一定会如期而至。

今天我要分享的是——

孩子在学习过程中出现“倒春寒”是正常的。这个“倒春寒”有时候是孩子在学习过程中的正常反复，因为对知识的掌握本身就是一个不断反复、螺旋式上升的过程。更多的时候，这种“倒春寒”是家长因为对孩子的情况不了解，或者对孩子所处环境的误判而演绎出来的假象，它的本质是家长对未知事物的焦虑和恐惧。

孩子学习过程中的“倒春寒”来临时，家长要做的是，放宽心，换个角度看问题。降温不怕，“倒春寒”也不怕，因为没有一个春天不会来临。

面对改变
Feb. 17th

21 孩子的适应性远远超过我们

朋友圈记录

上海今天有大风蓝色预警，但阳光灿烂。

今天是小芦苇学校计划中开学的日子。如果没有疫情，小芦苇今天应该是很开心的一天——和同学们隔着一个寒假重逢，聊聊假期里各自的旅行见闻，也许傍晚回来还会带几张不大不小的奖状给我看。但是，这个春天，还需要一点耐心等待。

学校如期开设了网上课程。老师说可以选择自己合适的时间完成。小芦苇是个守规则的人，昨晚就要求我今天像平时她上学一样安排起床时间，让一切尽可能像在学校里一样。

事实证明孩子的适应性远远超过我们。早起的结果是，小芦苇的作息更规律了，而我一整天的状态都不太好，一整天都昏头昏脑的。上午在沙发上打了个盹，下午又打了个盹。这一天下来，似乎就是做饭 + 打盹了，如果不算中间还看了肥皂剧的话。当然，关注疫情新闻是每天的日常，但是因为感动和焦虑都很多，从略。

去阳台上给花浇水，发现前两天随手插进花盆里的两瓣蒜头，也长出了绿芽。成长，永远让人羡慕、欢喜。

那么，今晚也强迫自己早点睡吧，为了明天能够和小芦苇及大蒜一起成长。先定个小目标，明天争取只打一次盹。

从手机里翻到一张去年秋天拍的银杏树和落了一地的金色叶子。如果时间可以从那个秋天重启，我会做些什么呢？

背后的故事

小芦苇学校的网上课程不是直播，学生每天在学校的网络系统上按照课表的内容，选择自己合适的时间完成课程的学习及提交作业。

刚接到这个通知的时候我有些高兴，觉得至少在时间安排上比较自由，不用像平时上学一样准时。小芦苇看完学校的通知却告诉我，她要按照课程表上的时间上网上课程，让一切尽可能和在学校时一样。

我的自由散漫梦虽然破灭了，但内心还是非常认可小芦苇的做法的。有时候，形式也很重要，它可以让你更容易回到规则中去。

这是小芦苇第一天正式上学校的网课。她上课的时候，我靠在沙发上看书，结果看着看着就睡着了。虽然我把这一切归结为自己早上起床早了些，但是内心还是有些羞愧的。孩子学习的时候，做家长的在旁边玩手机不可取，睡觉打盹也不可取。孩子小一点的时候，家长的这种行为会给孩子带来负面的示范。孩子大一点的时候，则会在孩子心中种下负面的形象。当天晚上我好好反省了一下自己白天的表现，决定第二天努力改正。

这天晚上，我在写微信朋友圈记录的时候，从手机相册里看到了一张去年秋天和小芦苇一起外出时拍的照片：银杏树的叶子落了一地，金灿灿地铺在绿色的草地上，美得像油画。于是很自然地想起那个阳光灿烂的午后。那时候，没有疫情，没有禁足，没有各种焦虑和指责。那个秋天很美好。

我无端地开始怀念那个秋天。不切实际地想：如果时间可以从那个秋天重启，我会做些什么呢？

这大概就是我们和孩子面对问题时的区别了。孩子会很快接受现状，然后按照现况安排自己的学习和生活。比如从在学校上课变成网上课程。

而我们往往会在面对问题的时候，产生许多不切实际的幻想——希望一切都没有发生过，时间可以从过去的某个阶段重启，一切可以从失败的前一刻重新开始。这些幻想不仅没有办法帮助我们解决当前的问题，而且会让我们在面对当前的问题时，产生怨念，进而进入焦虑甚至相互指责的状态。

产生这种区别的本质原因是，我们对新问题、新状态的适应性，远远比不上孩子。

今天我要分享的是——

在孩子的学习生活中，常常会出现新问题、新状态。面对这些新的问题和状态时，家长的适应性往往是比不上孩子的。很多时候，我们对这些新的问题、新的状态会产生不满，甚至会焦虑，进而对相关的人和事进行指责。

我们需要明白的是，这种焦虑和指责，从本质上说，是我们的不适应造成的。面对新问题和状态改变时，我们应该向孩子学习，让思路变得简单一点，直接从问题和状态本身出发，不要有假设、怨念和让一切重新开始的想法。我们应该直面问题，以更单纯的心态解决问题。

简言之，孩子的适应性往往超过我们，像孩子那样思考，以单纯的心面对问题和改变，会让一切变得更加简单。

学会释放

Feb. 18th

22 让心中的猫自由地在玻璃屋顶行走

朋友圈记录

阳光灿烂，有风。今天实现了昨天定的小目标，早起，白天只打一次盹。

阳台上的阳光很好，我的长寿花已经开了好几朵。为了享受阳光，中午在阳台上立了很久。小区休闲处的亭子顶上，躺着两只肥猫。两只猫相隔很远（不知道是否是主动隔离），舒服地晒太阳，整理身上的毛，显得慵懒又悠闲。我打算拍张猫照，小芦苇提醒我别把手机弄掉下去了。想想也是，我年事已高，眼花手抖，保不准就失手把手机掉下去了。在这特殊时期，手机如果“阵亡”了，日子基本上就过不下去了。

于是想起三年前的一天，和小芦苇一起约上闺蜜母女，沿着武康路漫步。走累了，便在一家有玻璃阳光房的咖啡馆吃东西。阳光房布置得很有情调，我们也岁月静好。突然，在玻璃屋顶上，一只猫慢慢走过，走过我们的头顶，走在蓝天白云下。抬头看猫，似乎看到了猫的天空之城。

那一刻，猫和我们，一起幸福。

今天我却没有猫幸福了。它可以懒懒地躺在亭子顶上晒太阳，不用戴口罩，不怕病毒（知识贫乏，不知道猫会不会感染）。这一刻，忽然发现武康路咖啡馆屋顶上那只从容走过的猫，竟然如同前尘往事。

于是，再定一个小目标：疫情过后，将珍惜每一次的相遇。若遇怠慢或者委屈，就想一想这个站在阳台上羡慕一只在屋顶晒太阳的猫的早春二月的中午。

如此，余生便只剩下幸福。

背后的故事

我的一个朋友说，她是从这只走在玻璃屋顶上的猫的故事开始，注意我的不出门的日子的记录的。此后，每天追更成了她在不出门的日子的日常。

这个玻璃屋顶上的猫的故事，发生在2016年的最后一天。小芦苇参加2016年首届上海市小学生古诗文大会，获得五年级组二等奖。闺蜜的女儿果儿获得四年级组三等奖。我在2016年12月31日的朋友圈中是这样记录的：

> 2016年最后一天，依然早起送小芦苇上课，阳光也依然灿烂。
>
> 下午送小芦苇到上海图书馆参加古诗文大会的颁奖典礼。事先知道家长不能陪同，于是和同样陪娃领奖的果儿妈约好一起聊天。
>
> 这个穿上旗袍后极美丽的女子在2016年最后一天的下午收获了一些失望。因为对我的文字有轻微中毒，她妆容精致地赴约，以为我们会谈论文学和艺术。她不知道我已经视自己为中度焦虑症患者，被小升初搞得处于半疯状态。她优雅地喝咖啡，我喋喋不休地谈升学、补课和小芦苇无边无际的功课。生活就这样真实地展现了一个文艺女中年的另一面。
>
> 小芦苇和果儿终于拿着获奖证书出来了，同时还有一个大礼

包。我以为那是一包古诗文资料，不想打开一看，是好多袋汤圆——生活的圆满总是这样出人意料。

我们带着两个小姑娘沿着风情万种的武康路漫步，一会儿遇见赵丹故居，一会遇见巴金故居，果儿妈沉醉在欧式建筑的美丽和艺术氛围中，两个小姑娘却吵着肚子饿。于是，2016 年最后一抹阳光在这间有着阳光房的咖啡屋中慢慢褪去，一只可爱的小猫在阳光房的屋顶——也就是我们的头上——走过，在我们喝法式浓汤的时候。

这一刻忽然无比美丽，时间凝固了，因为一只走过透明屋顶的小猫。原来文艺情怀是要在吃饱喝足之后才能展开的。

看到这里，你们一定没有想到，我曾经也是一个焦虑的老母亲。我自己回看这段记录的时候，也有些震惊呢。事实上，小芦苇小升初的时候，我甚至焦虑到患了带状疱疹。这些事情，以后有机会时慢慢讲给你们听。

今天我要分享的是——

在陪伴孩子成长时，家长必然会有一个焦虑的过程。这种焦虑是自然的，就像考试前我们会有些紧张一样，不必过于在意。很多事情都不要想得太绝对，更不要盲目否定自己。“快乐学习”“不焦不虑做父母”，这些网上的言论看看就好，不用太在意。

重要的是，焦虑的时候，我们要学会释放。每个人都会向往一只躺在屋顶晒太阳的猫，每个人的心中都有一只自由行走在玻璃屋顶上的猫。这只猫，代表了自由，代表了放松，代表了生活中不可或缺的文艺情怀。

让心中的猫自由地在玻璃屋顶行走，这是一种帮助家长释放焦虑的方法。

做边缘人

Feb. 19th

23 从旁观者的角度用心地观察孩子

朋友圈记录

今天还是阳光灿烂，有风，温度在回升。

昨天很多人夸我的长寿花，真是天生丽质难自弃。两年前，小芦苇收留它的时候，它枯萎得只剩一两片绿叶了。我把它放在阳台上，除了浇水，没怎么管它，它却一点点地绿起来，蓬勃起来，我不得不分盆，再换盆。

今天看新闻，澳大利亚大火后的植物也奇迹般地发了新枝。生命力就是这么神奇。所以，疫情肯定会过去，春天永远不会失约。

这两天我有点边缘人的感觉。小芦苇上网课，我以为自己可以蹭点课听，结果她点开的是老师发给他们的麻省理工学院（Massachusetts Institute of Technology，MIT）的公开课，我什么也听不懂。于是晃到十八线主播那边，却发现他的那些我听起来如同天书般的上课内容比广告还没意思。十八线主播倒是手之舞之，足之蹈之。看来众乐乐有时候倒不如独乐乐。

昨天下午小芦苇学校社团的电话会议倒是让我在旁边过了把瘾，几个孩子加上一位年轻的女老师一起开会。他们直接切入主题，讨论热烈又效率极高，那些常常有冗长发言的成人会议，真该好好向这些年轻人学学。

在这样的上课与被上课之间，我不得不夹着尾巴做人，不说话，不走动，不看电视。打盹倒是可以的，偏偏定了少打盹的小目标之后，精神一下子好多了，腰不酸了，腿不疼了，早起也不困了！

在如此嘈杂的环境中看稿也是不现实的。在无所事事及无所适从中，我莫名地体会到了一点安妮·弗兰克的心情。于是去了阳台。阳台上的花草成了我志同道合的朋友。昨天的那只猫继续在亭子顶上睡觉。

比昨天说的两瓣蒜更早的两瓣蒜长了半尺高了。晚上摘下来炒了一碗鸡蛋，小芦苇吃得不亦乐乎。我这算是过上了半自给自足的生活的吗？开始向往一个带院子的房子，种菜、养花、劈柴、喂鸡。

背后的故事

小芦苇的这个社团叫学生科学院，我会在第99天的记录里详细分享学生科学院的故事。今天我简单同你们说一点我旁听他们会议的感受。

这个学生科学院是一个服务型学习小组，简言之，就是学生们用自己学到的知识进行科学研究和科普推广。它的主要成员是七八年级的同学。

小芦苇是七年级加入学生科学院的。由于努力和认真负责，八年级的时候小芦苇成为这个社团的负责人。她的工作除了进行自己的课题研究、科普文章撰写和科普视频制作，还要对这个已发展成几十人的团队进行管理，包括论证选题、修改其他成员的文章、安排课题的推进和视频发布等。

疫情期间，社团成员没有办法进行每周一次的集中研讨，便改成了视频会议研讨。我因此获得可以在旁边一边做家务一边蹭会议的机会。

昨天的会议是小芦苇他们新学期的第一次工作会议。同学们准时进入网上会场，小芦苇主持会议。没有多余的套话，老师直接切入主题。因为疫情，本学期的社团活动需要改变形式。以前他们是做好PPT之后，去低年级的课堂现场进行科普知识讲座。现在是网上上课了，这种讲座的形式需要改变。他们决定对这种科普工作进行升级推广，从做好PPT进行演讲，变成直接做成科普视频，既在校内发布，也向B站发布，让更多的人受益。

确定了新的运行方式后，他们又进行了选题汇报、选题落实、新成员招募等一系列工作，并且都有了明确的结果。整个会议有条不紊又高效热烈。

小芦苇身体力行，领下了做第一个科普视频的任务。除了研究科普内容，她还要花大量的时间学习视频制作，接下来的一周多时间，她一直在忙这件事。

此外，小芦苇还制作了一份详细的社团视频研讨会的日程，每周一到两次的会议召开时间，每次讨论的具体内容，每次由谁做选题汇报及演示，每个选题的推进节点和最后的完成时间，都非常明确。

小芦苇的这个学生科学院的活动后来被相关老师写进了教学案例中。这些情况，我都放在第99天的记录中慢慢说吧。

今天我要分享的是——

千万不要小看孩子。他们的思想和处理工作的方式与我们有很大的区别。他们会颠覆我们很多的固有观念，也会让我们在固有模式下形成的很多经验和小聪明无处安放。能否接纳孩子的新思维、新方法，是检验家长是否开明、是否与时俱进的一个重要标准。

放下经验和身段，做一个边缘人，从旁观者的角度用心地观察孩子，你会发现孩子比你想象得更棒。

各自欢喜

Feb. 20th

24 和孩子一起助人是最好的共同成长

朋友圈记录

阳光灿烂，春天在慢慢走来。

敬业的骑手准时将蛋糕送到小区门口。品类是小芦苇昨天自己选的，巧克力抹茶味，像一幅春天的图画。亲爱的小芦苇，遇见你我是幸福的，愿你自由快乐地生长，长成你自己想要的样子，而你的样子，就是我喜欢的样子！

不出门的日子，没有准备礼物。上午我们各自工作。小芦苇上生物课，我在完成一个活动策划。

昨天晚上接到单位的通知，上海市委宣传部要推出“书香上海·迎春网聚”读书活动。今天用了一天的时间，和我的作者、心理学老师舒东一起，通过网络沟通，完成了抗击疫情心理学系列讲座的策划工作。这是一个包含了 5 个视频的纯干货心理学讲座，内容与你我息息相关。比如，疫情期间如何让孩子自觉自律地学习？居家办公如何达成高效？和父母长住该如何相处，等等。舒东老师是《东叔只有3分钟——自我信念提升》一书的作者。在2019年8月的上海书展上，我曾推出并主持了他的新书发布会。发布会现场，我们准备的书竟然不够签售。

傍晚通过小芦苇同学的朋友圈，了解到小芦苇今天为他们学生办的一个STEM微信公众号写了一篇物理学方面的科普文章。这篇文章即使是中文的，我也不能完全看懂。现在，它是英文的，我是完全看不明白。所以，隔着语言的距离，遥祝孩子们的公众号越办越好！

或许，这就是这个特殊的日子里，我们送给彼此的礼物。助人助己，共同成长！

背后的故事

我和作者做公益心理学视频，小芦苇为学生公众号写物理学方面的科普文章，这两件事是碰巧赶在一天的。而这一天又恰逢一个特殊的日子，只能说这是上天的特意安排。上天用这种方式告诉我们，做自己喜欢的事，为更多的人提供帮助，是我们送给对方的最佳礼物，也是我们爱彼此的最好方式。

这个名为《疫情下家庭与职场的心理和情绪调整》的心理学系列讲座从策划到录制完成及审核，只花了一周时间。在这个系列讲座中，我们为大家带来了学得会、用得着、纯干货的心理学知识和疫情下的情绪调整方法。这也是我居家办公中最高效的一次工作。

关于这次讲座背后的一些细节，我将在第73天的记录中与大家分享。

今天我要分享的是——

和孩子共同成长的方式有很多种，其中一个方式是和孩子一起助人。这种助人不是简单地一起去做一件好人好事，而是在一个帮助别人，让更多人受益的目标下，各自用自己喜欢和擅长的方式做事。

我们做事时的态度、帮助别人后所获得的快乐、和孩子同步分享时的喜悦，不仅会让我们的付出变得特别有意义，特别难忘，更会让我们和孩子在各自付出的同时，彼此欣赏、共同成长！

让孩子推荐

Feb. 21st

25 亲子共读的另一种方式

朋友圈记录

今天阳光灿烂，小区里的春天是一步步走来了。从阳台上看下去，那一树粉色的花，开得妩媚又寂寞。

小芦苇要上网课，所以上午的我，大部分时间都会消磨在阳台上。挤在长寿花和景天中间，我像一个退休的老人。

小芦苇推荐的英文小说我只看了一半。这种书一直读下去是不行的，坐在阳光下看一会儿，就要换成没有语言隔阂的书。我坚持每天都读一点，每天往前推进一些。

居家办公以后，和同事的关系变得又远又近。我的一个同事有一本书稿请我复审。下午，她把书稿放在我们小区门口放菜的货架上，然后通知我去取，并拍了包装袋的照片发给我，告诉我放架子的最上面（大概是怕别人当成菜拿错了）。

取回书稿，我再拍张照片给她。感觉我们像地下交通站的交通员在传递情报。

同事说袋子里精神食粮和物质食粮都有。打开一看，除了书稿，还有一袋奶酪，真是让人惊喜。

这本《在北海道发现日本》比我前面看的欧洲央行之类的财经稿更有可读性，图文并茂，接下来，我在居家办公的时候，可以顺便居家日本游了。

背后的故事

小芦苇给我推荐的是一本她六年级的时候读的英文小说，她觉得这本书语言比较简单，适合我看。

我在第 18 天的记录里，给大家讲过亲子阅读的两个技巧。今天我再给大家分享一点亲子阅读的体验。

先从一个比较远的故事说起。

有一天我发现一个同事的办公桌上放了一本《黑骏马》。我有点奇怪，问她怎么在办公室看这种儿童读物。同事说是她女儿给她布置的任务。她女儿去外婆家过暑假前，特意安排同事看这本书，说回来后要和她讨论。

我的同事认真地看完了这本书，并在她女儿回来后同她进行了非常热烈的讨论。这是十年前的事了。同事的女儿现在已经是大学生了，就读于美国名校，同事和女儿的亲子关系一直很好。这种良好的亲子关系当然是多方面努力的结果，但是，她的这种亲子共读的方式也是其中之一。

这件事情对我很有启发。

在和小芦苇相处的过程中，我除了给小芦苇推荐书，也经常让她给我推荐书。在我看来，亲子共读不仅是我们和孩子共同读一本对孩子有意义的书，也包含了孩子和我们共读一本他们认为有意思的书。

推荐的过程本身就是一种信息的交流和体验的传递。越过这个过程，直接进入阅读阶段，如同一道美味的菜端上桌，放弃了先闻一下气味、看一下色泽的过程，直接开吃。

回到小芦苇推荐给我的那本英文小说。那本书是我们一起去美国旅游的时候，在耶鲁大学书店买的。我当时是抱着参观一下这所著名大学的书店的态度进去的，小芦苇却认真地选了这本小说。接下来几天，她在旅游间歇和飞机上，读完了这本书。据她说，内容很有意思。

不出门的日子里，我想着要顺便提高一下自己的英文阅读水平，让小芦苇推荐一本简单好读的书给我，小芦苇便推荐了它。

很久不做英文阅读了，如同我前面所说，这本书我阅读的速度很慢，但我还是坚持每天读一点，终于把它读完。

今天我要分享的是——

和孩子亲子共读的时候，不要只想着给孩子推荐阅读书目，而是要有对等的态度，适当地让孩子推荐他们喜欢的书给我们看。而我们，则需要认真地阅读，即使这种阅读对我们来说是有难度的，或者是与我们的阅读兴趣相去甚远的。

亲子共读的关键是“共”，“因为爱着你的爱，所以悲伤着你的悲伤，快乐着你的快乐。”让孩子阅读我们的所爱，让自己阅读孩子的所爱，只有这样，我们才能够与孩子有更多的共情，懂得孩子的快乐和忧愁所在。亲子关系也会因此变得更加和谐。

成长期待

Feb. 22nd

26 让孩子用自己的方式解读问题

朋友圈记录

今天依然是个好天气。小芦苇像往常一样早起，准备上网课的时候才发现，今天是周六，没有课。看来，停课不停学容易，记得今天是星期几还真不容易。上班和上学，还是需要一些仪式感来提醒我们的记忆的。所以，希望疫情快点过去，校园生活快点回来。

算起来，我已经有一个月没下楼了。今天乐于助人的汪老师将她帮我买的口罩送到小区门口，这才有了我庚子年的第一次下楼。穿了一个月睡衣的我，竟然手忙脚乱地找不到外出的衣服，让汪老师在门口等了好久。

好容易下楼一趟，自然不想辜负春光。我先去看了我天天在阳台上打量的树，又拍了些美丽的花。在阳台上看上去很美丽的那树粉花，走近了才发现已经谢得差不多了。而那些在阳台上看不见的花，才是开得又娇艳又鲜活。距离产生了美，也产生了缺失。

由这些花，想到了春天的真实。昨天晚上看到一篇文章的片断，因为不完整，内心很有些牵念。没想到上午就有老师把完整的文档发给我了。这是春天的真实，感恩。

小芦苇下午让我看一个 8 分钟的短片，没有台词的动画，有点像默片。主题是比较哲学的。我看了一遍没大弄明白。小芦苇很诧异我对视频的低理解力，于是耐心地给我讲解。不得不承认，孩子不仅在他们的学科知识上比我们厉害，在其他很多地方，都已经超过我们。春天是属于小花小草小树的，它们在春天会飞快地长高长大，这，也是春天的真实。

做一个有春天记忆的人，很好！

背后的故事

小芦苇给我看的那段视频，我后来发给我的一个朋友看。他们一家三口认真地看下来，得出的结论和我的差不多，孩子的理解比我们的理解更接近视频想表达的真实。

你们可能也有过和我相似的体验。比如，孩子小的时候，他们不识字，甚至不会说话，但是，他们可以看懂动画片，不管是中文的、英文的，还是日文、韩文的。事实上，他们根本不需要通过语言和文字来理解视频，他们通过视频本身，人物的动作、音乐、画面，就可以很准确地理解内容。

另一个我记忆深刻的事情是，小芦苇还不大识字的时候，家里换了一个电视的网络接入方式。我对新遥控器的使用方法尚未搞清楚，小芦苇已经可以很熟练地使用那个遥控器开机、关机、选节目、调音量了。她根本不需要通过遥控器上的指示文字，更不需要她根本看不懂的说明书，直接通过图标本身就可以找到她想要的使用方法。

有一个让人沮丧的现象是，随着孩子一天天长大，我们在不知不觉中，慢慢剥夺了孩子的这种学习自信和敏感。我们会告诉他们，要看书，要先搞清楚概念，要按照老师说的方法去理解课文，要按照千百年来大众达成共识的方式来理解名著的精华所在。

我们说的似乎没有错。但是，又总觉得哪里不对劲。孩子如果都按照我们的要求去做了，他们会成为我们所期望的人，但是，最多只会成为另一个层面的我们，或者另一个层面的我们所期待和羡慕的人。

但是，这并不是生活的真实。

如同我在阳台上看到风景。我以为那棵粉色的树是最美的春天风景。事实上，是距离让我产生了美感，也产生了缺失。当我有机会走近那棵粉色的树的时候，我才发现，它的花已经开始凋谢，它并不是小区的春天里最美的花。春天里小区最美的花，是那些我在阳台上看不见的茶花。

我们以为自己在努力让孩子长成最美的花。可是，假如我们对最美的花的判断一开始就是错误的，我们又怎么能够让孩子变成最美的样子？

今天我要分享的是——

春天是一种记忆，最美的花是一种感觉。记忆和感觉都是主观的。这种主观可以带给我们美感，但并不完全是生活的真实。对孩子的教育也是这样。我们对孩子的成长可以有自己的期待，但要明白这种期待只是基于我们的记忆和认知，它是有局限性的，并且可能会与事实相去甚远。

我们可以适当引导孩子，但是，千万不要将我们的想法强加给孩子。允许孩子离开我们的经验和前辈的经验，用他们自己的方式观察世界、解读世界，这样我们才会有一个和我们不一样的孩子，有一个更接近生活本质和多元世界的孩子。

分析＋鉴别

Feb. 23rd

27 不要害怕和孩子谈论风险

朋友圈记录

天气是越来越好了，想出门的人也越来越多。今天的新闻里印象比较深的就是一篇关于各地开始出现人群聚集的报道。不太明白为什么那么多人等不得？小时候学做饭，妈妈告诉我，饭熟了以后不要马上揭锅，要焖一会儿——何况现在疫情根本就没有结束。

今天和一位远隔重洋的朋友联系，告诉她小芦苇目前在网上上课，我则居家办公。我们已经习惯并享受这种宁静的生活。朋友告诉我，在她的帮助下，一个曾经偏科很严重的孩子拿到了耶鲁大学数学系的 offer。这个消息让我开心了很久，因为我知道朋友为这个孩子付出了多少爱心和支持。

上午在阳台上看书的间歇和朋友聊天。她发给我一张截图，是一名 45 岁的副教授深夜备课猝死在昨天凌晨的讣告。

随后，又在网上看到那个 29 岁的女医生夏思思离世的消息。视频中她两岁的孩子说自己在家很乖。

这两则新闻让我特别难受。

有人说惊蛰过后，疫情会过去。我相信，并祈祷。

越是在艰难的日子里，越需要自律。小芦苇每天按照学校的上课时间起床、上课，很自律，这一点我很开心。她的自律也影响了我。很多时候，并不是我们在引导孩子，而是孩子在领着我们奔跑。

我慢慢总结下来，一个人的成功，一些困难的克服，一段艰难时光的度过，都与坚持和自律是分不开的。

在自律中走向春天，并对留在冬天的人，充满敬意和怀念！

背后的故事

抗击疫情的过程中，有很多医护人员献出了自己的生命，年轻的女医生夏思思是其中之一，后来的张静静也是其中之一。

我对这些年轻母亲的离世有着特别的复杂的感情，眼前仿佛晃动着她们年幼的孩子的身影。国家对她们和像她们一样为了抗击疫情做出牺牲的人给予了表彰和很高的荣誉，他们是怀着医者仁心将自己留在冬天的人。当我们走进春天的时候，应该保留对他们的敬仰和怀念。

小芦苇喜欢生物学，我同她聊起这些新闻的时候，会在不知不觉中谈到风险和牺牲。小芦苇比我想象得理性，她认为做医生也好，研究病毒也好，在做好防护和严格按照规范操作的情况下，并不会有特别大的感染风险。如果真的遇到风险了，也应该坦然接受，因为职业的风险处处存在，当你选择一个职业的时候，就同时选择了它可能面临的风险。

小芦苇的话让我想起了那位帮助偏科严重的学生拿到耶鲁大学 offer 的朋友。我们在谈论风险与牺牲的时候，她正在俄罗斯出差——为了帮助一些学生。为了帮助那些有学科天分却又有学科缺陷的孩子，她甘愿冒着被感染的风险，去美国，去俄罗斯。这应该也是一种情怀，一种职业精神。

死亡和牺牲都是沉重的话题，但我依然会与小芦苇讨论它们。这种讨论，会让她明白活着的真正意义所在，自律的重要性，以及职业的坚持和价值所在。

今天我要分享的是——

不要害怕和孩子谈论风险和牺牲。在这个信息发达的社会，孩子很容易在第一时间接触到这些信息。告诉孩子事实和真相，和孩子一起分析风险和规避风险的方法，和孩子一起讨论职业的意义和牺牲的价值，是帮助孩子树立正确的世界观、养成自律的习惯、获得有担当的人格的重要方法。

世界是多元的，家长要做的是，和孩子一起走进这个多元的世界，分析和鉴别善恶美丑，做到从善如流。

独立思考

Feb. 24th

28 让孩子学会自己动手解决问题

朋友圈记录

二月二，龙抬头。今天按照传统是要理发的。可是在这不出门的日子，理发店都没有开门，头发无处理。

忽然很怀念我的理发工具。从前在荷兰，为了省钱，我一直用国内带去的理发工具给芦苇爹理发，省了多少银子不知道，我的理发技术一步步提高倒是有目共睹的。

这次居家，我一直庆幸自己的人品。在无知无觉的情况下，先是莫名其妙地带了好几本书稿回家，从而使自己在居家办公的日子里粮草不断。再有就是年前机缘巧合，加了好几天班，把需要在办公室和办公系统中处理的工作都处理了，从而使目前的居家办公可以和年前的工作无缝对接。最后是杂七杂八地囤了一堆零食，有的已经忘记了来龙去脉，它们让这不出门的日子变得丰富多彩。每当我像一个魔法师一样一会儿变出（找出）点什么的时候，小芦苇的眼睛就亮了。

今天有一个词刺痛了我——优汰劣胜。我没有写错，就是这个词。很多时候，很多不好的后果，最早的根源其实就在这个地方。当我们感叹、惋惜、愤怒于一些具体现象的时候，那个因，一直在那儿。疫情结束后，希望这个词也能重组、归位，在生活的方方面面，让生活变得更加美好。

今天蹭了小芦苇的语文课。后来我们随便聊天。我说起我敬重的一位作家，又说起我不喜欢的一位作家。小芦苇听了半天，对我愤怒于不喜欢的那位作家的一些事不以为然，说："我不了解作家。不过我觉得作家至少有这样两种人存在，一种是有社会责任感的，如同你喜欢的那个；一种是注重名利的，如同你不喜欢的。你不喜欢她，就不关注她和她的作品好了，何必生气呢？"

这话似乎很有道理，想到前几天看到张文宏医生说的一段话：别人欺负你了，你就离他远点，这样他就欺负不到你了。

似乎有点异曲同工的感觉。

二月二，龙抬头。疫情散，黎民安。

背后的故事

二月二过后没几天，我从网上买了一套理发工具，重新开始为芦苇爹理发的生涯。

小芦苇对我看上去比较娴熟的技术很惊奇，同时对芦苇爹放心地把他的脑袋交给我处理，自己淡定地看手机也很意外。

于是我一边打理芦苇爹的头发，一边同小芦苇说起往事，说起我的理发技术练成记。我告诉她，当年在荷兰，芦苇爹只是个穷学生，为了省钱，他是从来不去理发店理发的，一直是我用自己带的国产理发工具帮他打理头发。一开始我给他理的发型有些奇形怪状，但是荷兰是个包容性很强的国家，人家以为是新潮发型，并不觉得奇怪。

我那时候在理发技术的学习上也是有些走火入魔的。因为鬓角总是理不好，有一段时间，我在大街上经常盯着男士的鬓角看，弄得人家以为自己头上沾了什么东西。

这种刻苦钻研的精神使我很快掌握了理发技术，但我只会理一种发型，就是男士的小分头。

小芦苇出生的前一天，我还挺着大肚子站了近一个小时，帮芦苇爹理了发。我对小芦苇说："大概是站久了，当天夜里你就吵着要出来了。"

小芦苇对我的理发经历很感兴趣。她表示自己的头发也长了，要求我帮她剪短一点。我三把两把就帮她搞定了。我告诉她，这种把长马尾变成短马尾的要求，根本就不需要技术，也不需要理发工具，有一把剪刀就足够了。

那个下午，从自己理发开始，我和小芦苇谈了一些中西方文化的差异。比如，在国外，很多的维修和家具组装工作，都是自己动手解决的，而不是打电话请专业人士提供上门服务。这种自己动手解决问题的过程，是一种乐趣，更是对生活本身的热爱和尊重。

这之后不久的一天，家里的洗衣机橡胶圈漏水了。芦苇爹从网上买了原材料回来，花了一整天的时间研究、安装，终于完成了橡胶圈的更换工作（我当时对芦苇爹能够成功更换橡胶圈并没有抱多大希望，当他将洗衣机大卸八块的时候，我做的思想准备是这台洗衣机最后报废了）。

我和小芦苇都没有想到，换一个橡胶圈，竟然需要将整个洗衣机都拆开。更不可思议的是，洗衣机里竟然有几块像大石头一样的水泥块。

小芦苇很兴奋地看拆开后的洗衣机里面的各种"机关"，并对芦苇爹最后能够将它们复原很佩服。

你们还记得我在第 13 天的记录里写的一个朋友的故事吗？那个小男孩为了探究收音机为什么会发出声音，把家里的收音机全拆开了。他的父亲没有意识到这是孩子在探究科学，反而把他打了一顿，认为他在家里搞破坏，把好好的收音机弄坏了。这一顿打的一个直接后果就是，这个男孩对器械的兴趣被扼杀了，最后学习的专业也因此改变了。

今天我要分享的是——

对孩子兴趣的培养是多角度的，并且沉浸在生活的方方面面。在生活中遇到的一些需要动手解决的问题，可以鼓励孩子自己动手。不要害怕孩子在动手解决问题时会弄坏东西，也不用太担心孩子在动手的过程中受伤。

对孩子来说，动手的过程就是对未知领域的探索过程。在这个过程中，他们可以获得新的知识，以及对自身能力的肯定。孩子动手了，无论最终能否解决问题，都会是一种进步和收获。经常自己动手解决问题，还可以养成孩子遇事独立思考，遇到问题不回避的好习惯。

小事＝基石

Feb. 25th

29 从小事做起是做人有担当的开始

朋友圈记录

今天依然天气晴好，阳台上的长寿花已经开出了一点花团锦簇的态势。前几天剪掉的大蒜，又长了好几寸出来，算算再过几天又能炒鸡蛋了。

看古装肥皂剧，男女主角在忙碌的日常彼此的情感未曾显现。某日困于荒村古宅，打鸟劈柴为生，情感的小苗刷刷地就长出来了。看来，感情也好，植物也好，都是需要慢一点的节奏、静一点的心态，才能看出它们的好来。

和小芦苇闲谈，发现我们都已经非常习惯甚至依赖这种不出门的日子。待疫情结束，我们大概又要花一些时间去重新适应车水马龙、朝夕闻道的日子了。

我们的疫情的高峰期似乎已经过去了，可是担忧却在增加。一早看到疫情在国外蔓延的各种消息，意大利、韩国、日本、伊朗……仿佛仅仅是隔了时差，它们在我们走过的时光里，开始我们的故事。

很不喜欢一些人在这些消息里表现出来的某种“幸灾乐祸”的情绪，也不太舒服另一些人表现出来的自我优越感。病毒无国界，疫情蔓延，在任何地方，都是人类的灾难。

所以，想松的那一口气，一直松不下来。

继续祈祷，愿疫情快点结束，还地球宁静，还人类安康！

背后的故事

在我的记忆中，似乎是从这个时间点开始，国内的疫情开始好转，慢慢控制住了。而国外的情况，则开始一天天地严峻起来。

疫情的蔓延，进一步证明了人类是一个命运共同体。人类的文明和进步，需要每个人一点一滴地推动。

小芦苇今天的一个表现令我很满意。上完网课，她就在电脑上画图。我一开始以为她是在画画，后来才知道，她是在设计班级的标识，用于学校的线上课程。

我问她是不是老师交给她的任务，她说不是。

小芦苇说前几天班主任老师在班级群里说了，希望大家设计班级的标识，可是几天过去了，她发现并没有人设计。同时，她发现其他班级的标识已经挂上去了。

于是她决定为班级设计一个标识。

小芦苇说：“我觉得自己不太会设计标识，原打算让其他同学设计。现在没人设计，我们班不能没有标识，所以我就来设计一个，设计得不好也总比没有强。”

班主任老师收到小芦苇设计的班级标识后很高兴，第二天就将这个标识正式使用了。

这一天还有另外一件事情也是我记忆犹新的。

芦苇爹为了能够在一个安静的环境下录网课，选择了等我和小芦苇睡觉以后再录制课程。他录了整整一夜，早晨我起床时，发现他还在电脑前录制。

在第24天的记录中，我写到了我和心理学作者舒东老师一起策划制作《疫情下家庭与职场的心理和情绪调整》的心理学系列讲座的事。同样是在这一天，我和舒东老师沟通了很久，关于制作，关于如何参照其他出版社比较好的做法，等等。

这一天，我们一家三口，都在自己的能力范围内，将有意义的工作往前推进了一步。这种推进可能是微不足道的，但涓涓溪流可以汇成大海。

今天我要分享的是——

我们都希望孩子将来能够成为栋梁，成为一个有担当的人。栋梁和担当的起点其实很低，就是要从自己身边力所能及的小事做起。遇事不抱怨，遇到困难不退缩，在力所能及的范围内承担责任，解决问题。每一件被承担的小事，都会是构成孩子成为一个有担当的人的基石。

关注点替代
Feb. 26th

30 帮助孩子走出情绪低潮的方法

朋友圈记录

今天特别忙碌。原以为居家办公可以从容不迫，自由随心。不想今天早上往电脑前一坐，时间就像飞一样。在办公系统中处理各种编务事宜，中间又和作者沟通选题，竟然忙到分身乏术。

等到刺鼻的气味传过来，才发现灶上炖的菜已烧干烧焦。真是一心不能二用呀。

不出门的日子里，这种忙碌竟然有久违的欢喜。

希望这是一个好兆头。

背后的故事

这一天的朋友圈记录是最短的，最短的记录恰恰说明这是我最忙碌的一天。

单位去年使用了新的办公管理系统，书稿从选题申报到出版发行的全部过程都要通过这个系统实现。

因为是新系统，在使用过程中会出现这样那样的问题。在办公室办公时，某个环节出现问题了，可以随时找到相应的人，手动解决。

居家办公以后，遇到问题解决起来会稍微麻烦一点。

我在这一天里在系统中集中处理了几件事情：一本新书稿的选题立项申报、一本即将发行的书的新书资料填写、一本正在编辑过程中的书稿的二审意见的填写。中间遇到的问题之一是，如果前一个流程的人没有处理完毕，我这里就无法处理下一步。所以，我需要不断地和其他同事沟通。

这种沟通是忙碌的，也是愉快的。它仿佛是一张网，让我和我的工作、我和我的同事连成了一体。

这种沟通很容易忘记时间，所以我炖在锅里的菜烧焦了。

除了处理工作上的事，这一天还做了一件很有意义的事，那就是对一个因为压力过大而失去生活热情的孩子进行了心理指导和安慰。

这是一个正在上高中的女孩。她的父母告诉我，孩子觉得生活没有意思，每天都很“丧”。

我和这个孩子在电话中沟通了很久。我发现这个孩子需要一点一滴地发现生活中美好的小事情——学业的压力和焦虑让她暂时失去了发现生活中的美的能力。

我让孩子每天写一段生活记录给我，可以是一件小事、一个感想，但必须是真实的、正面的、积极的。比如早晨起来看到阳光很开心，走在路上碰见一个老朋友很高兴，等等。总之，每天在生活中找正面的让自己开心的小事情。

我对这个孩子说：“每天都要在自己的生活中找到一件（多了不限）让自己高兴的事情，能够表明自己进步的事情。哪怕是帮助了一只小动物，看到了花开，做出了一道难题。每天想正面的事情，做正面的事情。只要你愿意找，每天都会有不止一个欢喜。想积极的事情，发现积极的事情，记录积极的事情，就这么简单。”

这个孩子按照我说的去做了。在后来的日子里，她发过来的一些生活瞬间的记录还是让我很感动的。比如看见阳光照在院子里的小树上的那一瞬间，比如在整理旧物时忽然发现了一个小时候以为已经丢失的玩具，等等。

今天我要分享的是——

当孩子处于情绪低潮期的时候，不要一味地指责，而要积极地引导孩子走出低潮。

引导的方法可以是暂时避开引起孩子情绪低落的直接事件和原因，让孩子在他们认为的有些“丧”的生活中，每天努力寻找一件或者几件美好的、开心的小事情，并且把它们记录下来。

这种情绪转移和关注点替代的方法，一般只要坚持一段时间，孩子就会由被动发现生活的美变成主动发现，那些让他们觉得莫名失落的情绪也会在对美的追求和记录中，慢慢远去。

错觉＝美好

Feb. 27th

31 陪孩子做作业觉得是煎熬的深层原因

朋友圈记录

不知不觉，2 月份就要结束了。这一个多月，我觉得自己仿佛进入了一个加速世界，每天都过得飞快。以为有大把的时间可以消磨，以为有许多的无所事事。结果，每一天都快速流逝，无论是在焦虑、八卦、忧伤、愤怒中，还是在放松、勤勉、慵懒、感动中，时间都过得很快。

现在，我不仅白天只打一个盹的小目标实现了，甚至整个白天都不打盹了。但时间还是过得很快，快得让我难以置信。

对时间的错觉意味着什么呢？记得唯一一次做核磁共振，自己被推进机器里的时候，在里面竟然突然失去了对时间和空间的感知。那一刻，我感到非常奇妙。

另一次短暂失去对时间的感觉发生在荷兰。那个故事说起来太麻烦，今天就不写了。当然，那是一个温暖的故事。

今天我对疫情的关注集中在欧洲，特别是意大利。2018 年 3 月我曾深度游走在意大利。罗马的小巷，威尼斯的小桥，都深深印在那个三月的记忆里。今年年初，疫情开始的时候，我还一直在拿欧洲黑死病的情况做比较，想起佛罗伦萨的青石小巷，和小巷深处流淌的关于《十日谈》的故事。于是，一瞬间，我再次忧伤，再次迷失在对时间的记忆中。

背后的故事

前几年我右腿的膝盖区域出现了一些问题，莫名地疼。最厉害的时候，坐下来就站不起来。

去医院看骨科。医生帮我做了很多检查，都没有发现问题。吃了一些药，贴了一些膏药，疼痛的程度和面积虽有些缓解，但疼痛依然存在。

因为随后要陪小芦苇去美国参加一项数学比赛，之后我还规划了和小芦苇进行为期一周的美国中部自由行。小芦苇的比赛日程是固定的，我们的机票也早就订好了。如果到时候因为我的膝盖的问题不能出行，可就麻烦了。

我这样一而再、再而三地在医生面前唠叨，医生只好给我开了核磁共振的检查单，看看我的膝盖区域到底有没有病变。

于是我做了平生第一次核磁共振检查。

被推进机器中时，我闭上了眼睛。除了机器的振动声，周围所有的东西似乎都没有了。那一刻，我忽然有了非常奇妙的体验，时间和空间的概念忽然消失了，我仿佛变成了一根羽毛，轻轻地飘浮在太空中，没有时间长短，无问方位东西。那是一种伴有淡淡恐惧的愉悦感。

我的膝盖经过检查没有什么问题，后来的美国之行也没有遇到困难。从美国回来后的某一天，我膝盖区域的疼痛忽然消失了，这些都是后话。

时间是什么？这似乎是一个谜一样的话题。霍金的《时间简史》引起了很多人对于时间的讨论。我的一个朋友一直秉持“时间是不存在的”这一观点，那也是非常有趣的话题。

我和小芦苇讨论过不出门的日子里时间变快的问题。这当然是我们对时间的一个错觉。为什么会产生这样的错觉呢？我们觉得一个主要的原因就是我们每天都安排得很充实，并且过得很愉快，没有焦虑，也不无聊。

今天我要分享的是——

生活中我们常常会产生错觉，有些错觉其实是一种美好。

当家长觉得晚上陪孩子做作业很辛苦、周末等孩子补课很无聊的时候，不妨换个角度思考问题：为什么你会觉得时间那么难熬？为什么时间的流逝没有给你带来愉悦感？

深层剖析下来，我们会发现，那是因为我们没有全身心地投入到流逝的时间中，没有在孩子做作业、补课的时候，同样安排自我提升的活动。

和孩子共同成长的概念，并不是指你要和孩子学习相同的知识和技能，而是指在相同的时间段，你要做和孩子学习相同意义的事情。

和孩子共同成长，并不是指我们要和孩子长成相同的样子，而是我们要各自长成自己想要的样子。

借用舒婷《致橡树》中的诗句表达一下这种感觉——

根，紧握在地下；
叶，相触在云里。
每一阵风过，我们都互相致意，
但没有人，听懂我们的言语。

足够安静

Feb. 28th

32 家长常常会忽视孩子拥有的技能

朋友圈记录

今天的天气不太好，阴阴的。一般上午我是要到阳台上坐一会的，今天上午有些忙，没有时间去阳台小坐，阴天于我的心情也就没什么影响了。

上午忙什么呢？年前完成编审工作并送印厂的两本教材——《会计基础》和《证券投资学》，因为疫情的种种影响，因为大家克服疫情的种种努力，今天总算可以完工入库了。为了这两本春季教材可以顺利发货，我和同事们要通力合作，次第完成系统中的所有手续。这种空中合作的方式，值得记住。虽说开学延迟了，但能够让订购了教材的学校早日拿到新书，也是一件让人心生欢喜的事。

下午审读书稿《在北海道发现日本》，这是一本很有趣的书稿。我去过日本，但是没去过北海道，这本书稿于我算是提前做攻略了。看完关于札幌的部分，打算休息一下，却又从新闻中看到北海道宣布进入紧急状态的消息，一下子让我从梦想回归现实。疫情在国外的蔓延，让我有些迷茫。

小芦苇不像我这样对待疫情忽惊忽喜。她有条不紊地上课、娱乐，并按照老师的要求完成了 2020 年英国物理挑战赛（British Physics Olympiad，BPhO）初中组比赛的网上报名。

下午芦苇爹去小区门口取快递，回来竟然对着我和小芦苇说了一句诗情画意的话："告诉你们一个好消息，刚才在小区里，我隔着厚厚的口罩，竟然闻到了花香，一树花香。"

小芦苇惊诧于她那只会以 1 + 1 = 2 的方式说话的爹竟然冒出了这么文艺的话，愣愣地看了他好半天。

看来离乱出诗人。

不管怎么说，这是个好消息。春色满园关不住，春天来了，隔着口罩，我们都能闻到花香。所以，疫情结束的时候就要到了！

背后的故事

这一天小芦苇完成了英国物理挑战赛（BPhO）的网上报名工作。关于这场比赛的情况，我会在第 48 天的记录里详细说给大家听，那也是一次非常有趣的经历。

芦苇爹作为一个理科男，是一个对花开花谢并不是很关心的人。正因为如此，我和小芦苇才会对他出去取一趟快递忽然对花儿开放发生了感慨，表示隔着口罩竟然闻到了花香这一行为，感到很意外，同时也很欣慰。

我们经常说，这个世界上并不缺少美，而是缺少发现美的眼睛。

在可以出门的日子里，芦苇爹在小区里进进出出的时候，他一定闻到过无数次花香。为什么那时候他没有感慨呢？因为那时候他忙，忙着上班、下班，忙得没有时间感受花香，感受小区的春天。

疫情让我们暂时禁足，成为不出门的人，却也成全了我们的细腻和敏感。于是，匆忙的芦苇爹终于隔着厚厚的口罩都闻到了花香。

这让我想起了一个朋友和她儿子之间的故事。

有一天，这个朋友发了两篇她上初中的儿子的作文给我看，说："我从来没有想到他能够写出这么有深度的文字。我觉得自己似乎越来越不了解孩子的情况了，虽然天天和他在一起。"

那个孩子的两篇作文的确不错。语言简洁、遣词造句都很准确，更重要的是，里面有他自己对生活的观察和思考。

我对这位朋友说，孩子的这两篇作文的确写得不错，并不是他有很好的写作技巧，而是他写出了自己内心的想法，以及他对生活的思考。这些想法和思考，都是个性化的，与他的经历有关，与他的个性也有关。

其实，朋友孩子的作文，如同小区里的花香。花香一直有，只是芦苇爹恰恰在这个不能出门的日子里用心感受到了。孩子在作文中的思考一直很出色，只是孩子的妈妈恰恰在一个不经意的时间里发现了。

今天我要分享的是——

不管你是否相信，不管你是否发现，你的孩子一定在某一个方面是特别的，优秀的，让你动心的。当你觉得自己的孩子没有什么优点的时候，不妨静下心来好好观察，只要你足够安静、足够用心，你一定可以找到孩子的优点，或许还不止一个。

当你突然发现孩子拥有一项你从来都不知道的技能时，不要惊讶。那些技能，那些潜质，一直在那儿，只是你因为种种原因没有注意到而已。

大多数孩子可能都只是普通的娃，但每一个普通的娃，都会像春天的花——即使隔着口罩，你也能够闻到花香。

自律并不难

Feb. 29th

33 怎样让孩子成为一个自律的人

朋友圈记录

今天是2月29日，四年才能有一次的日子。早晨起来外面就在下雨，如果没有疫情，我是很喜欢这种淅淅沥沥的小雨的。

今天新闻中报道张文宏医生答记者问，我很意外的是，疫情发生后，国外根据相关数据进行模型推断，其结果竟然是上海将会有80万人感染，控制得好的情况下，也会有8万人感染。张文宏医生骄傲地说，结果是，我们只有300多人确诊，且出院率已经达到83%。

这真的是一件让人骄傲和开心的事！

春节节后返沪高峰的到来，也曾令我担心过。但是，上海度过了风险期。这也是我喜欢这座城市的原因，自律，然后才能有文明。

上海的疫情控制得比较好，全国很多地方的情况也越来越好。但是，疫情在其他国家蔓延的情况却不好。我很不喜欢一些人指责嘲笑别人，说人家连抄作业都不会。家家有本难念的经，国家也是这样的。张文宏关于少林派和武当派的比喻，深得我心。

我们掌握了开始，却没有办法预料到结局。想起席慕容的诗：“所有的故事都已成形，而结局尚未来临。”故事成形了，结局尚未知，何况，疫情尚处于高峰期呢？所以，静待花开，且慢莺歌燕舞。

今天在某群里看到母校两年前一位教授和另一位教授因争执而引起的伤害案的判决，心情很不好，为什么不能退一步呢？退一步海阔天空，世界这么大，人生这么短，悲伤的故事那么多，还是多一些宽容和珍惜吧。

背后的故事

我的一个远在异国的朋友看了我写在朋友圈的这句“自律，然后才有文明”后，深表赞同。我们分处东西方两个国际大都市，从华人、女性、母亲的角度切身体会不同国家的人在疫情面前的表现，以及身边的真实情况，更能对比出人性，以及人们面对困难时表现出的自制力和内心的善良。

我和小芦苇讨论的是朋友圈记录的教授伤害案。那位教授是我读书时很尊敬的老师，也很有才华，却因为在某个特定的场合下未能控制自己的情绪和多年形成的同事间的怨念，终成憾事。

我对小芦苇说，人的身上有很多品质和能力都是非常重要的，如果让我给它们排序，排在前三位的是：自律、宽容、才华。

小芦苇问：“为什么排在第一位的是自律？”

我答：“自律，然后才有文明。对一个群体是这样，对个人来说，也是这样。一个不懂得自律的人是没有办法做到真正宽容的。而一个缺少自律和宽容的人，即使才华横溢，也不会成为真正的大家。”

不出门的日子里，小芦苇表现出了很好的自我管理能力，无论是之前我同大家分享过的对于作息时间的安排，还是关于学习内容的管理，都一一透露出了她的自律。

不出门的日子结束后，孩子们重返校园。很多家长说家里变得鸡飞狗跳，因为孩子们自由散漫了几个月，一下子适应不了有序的校园生活。一个典型的表现就是晚上睡不着，早上起不来，上课时会控制不住地要打瞌睡。

5 月份返校上课后，小芦苇的老师还曾经就返校后部分孩子的学习状态不太理想，小芦苇作为“一直很自律，而且又是课业要求最高的学生”与此形成反差，同我进行过关于自律问题的沟通。简言之，在孩子的培养过程中，自律是前提。孩子只有先学会自律，才能学会更多的东西。

今天我要分享的是——

在培养孩子的过程中，家长与其花很多精力送孩子上各种学科补习班、才艺精进班，不如先和孩子一起学会自律。

有时候我们会有一个思维的误区，认为孩子小的时候，因为不懂事，不太懂得自律，长大了，明白事理了，就能够自律了。其实情况完全不是这样。自律是一种生活态度，也是一种生活习惯。孩子小的时候，更容易培养自律的习惯。这里的一个关键因素是，在培养孩子自律的同时，家长首先要自律，至少要学会和孩子一起自律。

普通人的自律其实没有那么难。合理安排自己的作息时间并执行，在有效的时间内完成设定的任务，在人前和人后都自觉遵守并不复杂的社会规则，这些都是自律的范围。换言之，像自己在人前说的或者对别人承诺的那样，做好生活中的每一件小事，完成学业或者工作中的每一项任务，展现自己真实善良的人生态度，这就是普通人的自律。

这些，孩子可以做到，家长更应该做到。

Part3

三月｜如果你家的厨房可以看见夕阳

阿姆斯特丹中央火车站
在运河的波光粼粼
和色彩的跳跃中
美成了维米尔的油画
日子在熔金的落日中细细流淌
如果你家的厨房可以看见夕阳

共振＋共享

Mar. 1st

34 我的家像一个“影视制作中心”

朋友圈记录

终于到了3月，这是一个让人心生向往的月份。尽管今天是阴天，但3月依然是希望的开始。

前些天策划的疫情期间心理调适的系列讲座舒东老师已加班加点录制完成。今天在家花了大半天时间下载。不要问我为什么下载这么慢，某网盘不是超级会员下载就是这么慢！5个视频，用了我近10个小时。

看完全部视频，写审读意见，到晚上10点多才提交完成。

接下来，有兴趣的朋友可以期待一下我发的链接了。

今天我的家像个“影视制作中心”。小芦苇为她的社团录视频、做节目，采编播一体的那种，她倒是表现出游刃有余的样子。芦苇爹知趣地去一个角落当十八线主播，我在这里“审核”系列视频。不出门的日子，大家都长本事了。这样一想，倒是充满希望了。

背后的故事

按照新闻出版的工作要求，那个疫情期间心理调适的视频完成后，我需要全片观看，审核内容并提交正式的审核报告。

讲座的视频太大了，网盘下载又不给力，结果我从早上一直忙到下午才完成下载。如果不是因为不能出门，我早就选择自己带着设备去拷贝了。看完所有的视频，写完审核报告已经是晚上10点多了，提交给总编辑时，他也依然在线工作着。

后来，总编辑还在对这个视频的评论中给出了诗一般的语言：

借助阅读的光线，
驱散心灵的阴影。
以一种微不足道的方式，
刻画一个特殊的时刻。

我在前几天的记录里写过，这个视频讲座的反响还是不错的。这让我更加体会到，不出门的日子里，每一项工作的推进，都需要更多的人合作和付出。

我们在日常生活中看到的周围的每一点变化，小区的景观花卉换了，街道增加了废旧物品回收柜，诸如此类的点点滴滴，都是团队合作和许多人付出的结果。

小芦苇这一天做的是一个科学视频，她全程都很熟练，撰写、录制、后期处理，做得有条不紊且轻松快乐。与之形成对比的是，芦苇爹的课程录制显得有些手忙脚乱，一会儿软件出问题，一会儿话筒出问题。

这一天我们家的整体氛围显得很特别，所以我开玩笑说我家成了“影视制作中心”。

这中间我和芦苇爹都曾就技术问题请教过小芦苇。在知识更替极快的时代，“闻道有先后，术业有专攻”也有了新的内涵。

今天我要分享的是——

我们经常说凝聚力，单位需要凝聚力，家庭也同样需要凝聚力。增强家庭凝聚力的一个方法就是，全家人同心协力做一件相同或者相似的事，比如一起打扫卫生，一起包饺子。又或者像我们这样，全家做一件与视频录制审核有关的事情。

在这个合作的过程中，家长和孩子可以共同体验劳动和工作的快乐，并在面临相同的问题时，通过相互间的鼓励和学习获得解决问题的方法。这种同频率、同氛围的工作和学习，会起到共振和共享的效果，让孩子在获得知识的同时，体会到父母给予的爱和家庭的温暖。

缜密思考

Mar. 2nd

35 让孩子养成做事精准的习惯

朋友圈记录

今天是上海市中小学生网上开学的日子，陪娃上课，创造条件让娃上课，成了今天朋友圈的主要话题之一。

感谢小芦苇没让我操心，自己安排参加开学典礼，自己上课。我唯一能做的，就是不看电视，看手机的时候戴上耳机。

其实也不好意思在她上课的时候看太长时间的手机。于是继续看那本关于北海道的书稿。书稿中提到了《追捕》，一下子让我回到了很久以前。

今天终于完成了这本书的审读，在系统中提交了复审意见，和同事约好了明天交接的时间，这趟关于北海道的旅行，似乎也结束了。

小芦苇终于完成了这两天做的科普视频的后期工作。晚饭后放给我看，我有点被惊到了。完全不敢相信这有模有样的东西，从头到尾都是她一个人在这不出门的日子里弄出来的。小芦苇对我表现出来的惊异不以为然，说她同学有比她做得更好的，这点技术，对大家来说不算什么。

好吧，向年轻人致敬！不是我退化得太快，而是他们成长得太迅速！

从年前开始，我机缘巧合地近距离接触了小芦苇的一些同学，发现这些孩子真是个个都很厉害。为孩子们祝福，他们才是未来和希望。同时也更明白了国家的良苦用心，再三强调在疫情解除前不能让孩子们返校——保护孩子，就是保存我们的力量、保护我们的未来。

背后的故事

小芦苇学校的开学典礼是在线上举行的。小芦苇严格按照学校的时间要求，很有仪式感地参加了线上开学典礼。

小芦苇的一个好朋友作为年级的学生代表，在开学典礼上发言。这个小姑娘学习成绩很好（是个数学小天才），也非常可爱。小姑娘有一个大她两岁的姐姐，姐妹俩都是优等生。

我摘录了一段这对姐妹的妈妈在开学典礼这一天发在朋友圈的记录：

> 开学第一天，俩娃分别作为10年级、8年级学生代表在开学典礼上发言。不出门的日子，发言以视频方式呈现。这之前，姐妹俩一前一后，把自己关进书房，各自录制讲话内容，效率杠杠的。
>
> 最近几周，大宝每天坚持在家锻炼，一天两次：有氧的，耐力的，体能的，拉伸的，一应俱全，气喘吁吁，小脸通红。
>
> 在姐姐挥汗如雨的影响下，二宝也站在瑜伽垫上练几个动作，嘴里不住地心疼自个儿：“哎哟，好累好累，今天就这样吧！”低头看看自己的肉腿，二宝一咬牙，睡前跟着 Keep 再比画几下。妈妈催促关灯睡觉，二宝不甘心，说：“我这连着好几天刚练完一条腿，你就张罗要睡觉，我会不会变得一条腿粗，一条腿细呀？”

这些孩子，是我对未来充满希望的原因所在，也是我不断鞭策自己要努力的动力之一。

这一天其实还有一个小感慨。看新闻的时候，发现新闻字幕中出现了一个非常让人受不了的错误，“×××，安徽省合肥市援鄂医务人员”竟然写成了“江苏省合肥市援鄂医务人员”。虽然对做新闻后期的工作人员的辛苦和超负荷工作是理解的，但是这种完全是由于工作不仔细造成的错误还是让我如鲠在喉。

和孩子们的认真负责比起来，我们在某些方面还有待提高。

精准，是一种工作态度，也是一份社会责任！

今天我要分享的是——

我们常常会听到一些家长抱怨：我的孩子什么都好，又聪明，又努力，可就是做题目的时候常常粗心大意，简单的题目最后的计算结果却是错的。

家长把孩子的这种表现归结为粗心大意，审题太快。其实这只是表面现象。本质上的原因是，孩子平时没有养成精准做事的习惯。

精准，即精炼、准确，是指非常准确、精确，通常指时间感念中、空间位置上精细练达的准确。它是一种处理问题的态度，它包含了全面考虑问题，不留漏洞，更代表了负责任的工作态度。让孩子从小养成做事精准的习惯，不仅可以让孩子在做作业的时候少出错，还可以训练孩子缜密思考的思维习惯，在未来成为一个工作严谨、作风踏实、做事有担当的人。

打开另一面

Mar. 3rd

36 你看到的其实并不是孩子真正的样子

朋友圈记录

不出门的日子，依然能够收到好的消息。

早晨刚起床，小芦苇就告诉我她收到邮件了，1 月中旬参加的国际数学建模挑战赛（IMMC），她们小组晋级国际赛了。

很快，小芦苇年轻美丽敬业的指导老师也在群里发布了这则好消息。

1 月 16 日至 20 日，小芦苇和她同年级的三个小姑娘组队，在 96 小时内完成了数学建模比赛中华地区赛。

昨天我说年前机缘巧合、近距离地接触了小芦苇的几个同学，也包括这几个小姑娘。

我会一直记住那 96 个小时。四个小姑娘在一间小屋里分工合作，完成建模任务。我有幸成为她们的勤务员，为她们安排餐食。我不止一次地看着她们工作时的样子，发现青春可以如此专注，如此美好！我沉迷在她们的青春中。

据老师说，她们是在全国几百支队伍中实现晋级的，这些队伍中有很多是高中生。四个初中小姑娘第一次参加数学建模，原以为只是体验一下，不想却在两轮盲审之后晋级国际比赛。

小姑娘们青春正好，努力正当时。没有一个春天不会来到，没有一份努力没有回报。

作为芦苇娘，我也不能倚老卖老，要学会老当益壮。今天我效率很高地完成了某案例中心委托的一篇商学案例的审读。这是一个关于某视频网站跨国并购失败的案例，从中我也发现了自己曾经经常使用的某个软件在资本运营中表现出来的另一面。

生活和学习，永远都有另一面。如同这疫情，不能出门的日子，也有另一面收获。

所以，打开自己的另一面，打开生活的另一面，也是一种快乐！

背后的故事

期末考试结束后，小芦苇先是如约参加了解放日报社 1 月 15 日的开放日活动，接着就进入数学建模比赛中华地区赛（IMMC）冬季赛的忙碌中。

这个比赛是要组队参加的。小芦苇和她同年级的三个女生组队，她们都是第一次参加数学建模比赛。比赛要求参赛学生在规定的时间内（96 个小时）就规定的题目用数学建模的方式找到解决实际问题的方法，并形成论文。

为了让四个小姑娘可以有更多的时间在一起建模，我和另外三位妈妈可是操了不少心。已经放寒假了，她们不能去学校准备。我们先是想在四个家庭所在位置的中间地点帮她们找一家咖啡馆，让她们每天在咖啡馆讨论。后来想想咖啡馆不是太安静，而且四个孩子天天在咖啡馆讨论，估计店家也有意见。后来想着给她们在宾馆开个房间，但又觉得宾馆的桌椅不够，灯光也不适合学习。有一个妈妈说实在不行就去她家，但是四个孩子连续四天打扰一个家庭也不太合适，并且一般的家庭都不可能有四张书桌提供。

后来我想到了我所在大学图书馆的学生共享空间。和图书馆的老师联系了，她跑前跑后地替我问了一圈，最后却因为学校已经放假，图书馆的共享空间也不方便用。

我又同某学院的老师联系。她那里倒是可以提供一间学生工作的办公室给孩子们使用，但是只能使用两天。

最后我想到我们单位的一间给女职工使用的小屋。虽然面积不大，但设施齐全，网络通畅。原打算只让她们在这间小屋里待两天，后面两天去学院的那间办公室。没想到后来小姑娘们都喜欢上了这个地方，所以整个建模都是在这间小屋中完成的。

16 日晚上比赛题目公布后，四个小姑娘选择了一道与企业保险有关的题目。后面几天，我借着端茶送水的机会进去打探，发现她们有模有样地在一起讨论，分工合作，完全不像我平时看到的模样。她们每天早上 9 点左右开始工作，一直忙到晚上 10 点以后。这一次的近距离接触，让我非常直观地感受到了后浪们身上的正能量。

总之，从 1 月 17 日到 20 日，我每天负责去地铁站分批接送她们，给她们叫外卖或者带她们去食堂吃饭，日子过得像飞一样。也是因为这样的忙碌，我几乎没有注意到有关疫情的消息。

正因为前面有这样的艰辛，所以，这天早上，收到晋级国际赛的消息后，老师、家长和孩子们都很开心。下面是孩子们的指导老师当天在朋友圈的记录：

半夜里躺在邮箱里的好消息！国际数学建模大赛，初中段六组优秀的娃从全国几百支高中生云集的队伍里脱颖而出。在双盲评审下，娃们的精力与付出，都有了“念念不忘，必有回响”的暖。

在这段特殊的日子，无畏困境，庸玉汝于成！

小芦苇在收到的邮件中被告知她们这支队伍将于3月10日至15日参加国际赛。国际赛原定在中国香港举行，现改成网上举行。关于国际赛的情况我会在后面的记录中为大家呈现。

这一天，小芦苇还收到了她之前由学校选拔进入的2020英国物理挑战赛（BPhO）将于3月15日如期举行的通知。这样，数学建模（IMMC）国际赛和英国物理挑战赛（BPhO）将会有一个时间上的冲突。小芦苇和她的一个队友，就是我在第35天的记录中提到的那个代表8年级学生发言的小姑娘，都将面临两场比赛时间冲突的问题。她们将如何解决这个问题呢？我先留个悬念吧。在后面的记录中，我会慢慢给你们讲。

今天我要分享的是——

我们每天看到的孩子，其实并不是他们真正的样子。孩子真正的样子，是他们和同学在一起时表现出来的样子。当孩子和同学一起作为一个团队共同完成一项任务时，他们所展现的样子才是最真实的。家长偶尔看到了孩子的这个真实样子，会觉得很惊奇，也会为孩子拥有自己所不知道的能力而感到骄傲。

并不是孩子成长得太快，也不是家长平时不够细心。在多元的世界里，孩子和家长，其实都是一个立体的多元的存在。家长要做的是，相信孩子在某个方面是最棒的，即使这个方面是我们尚未发现的。同时，尽可能寻找机会，和孩子一起打开生活的另一面。打开之后，家长和孩子会发现彼此不曾注意的那些让人意外、令人骄傲的地方。

承担＋严谨

Mar. 4th

37 仪式感是对事情本身的一种尊重

朋友圈记录

这几天天气都不是太好，上午没什么太阳。我也一天比一天忙，算起来，已经好几天没去阳台上晒太阳了。

长寿花倒是很热闹地开着，我在或者不在，花儿都在那里。

今天早上蹭了小芦苇的班会，感慨很多，真是很怀念有班主任“训话”的日子。为了省事，我建议小芦苇直接穿睡衣开网络班会——反正又不用打开视频。小芦苇不同意，不嫌麻烦地换了平日上学的衣服。仪式感有时候是对事情本身的一种尊重——看来她是对的。

今天完成了另一个案例的审读，关于京东和阿里巴巴的收入博弈。这两个我时时在用的购物平台，从商学的角度分析，还真是让我受益匪浅。另一面，有时候很迷人。

北海道的稿子复审结束，以为我的“审稿旅行”生活要暂告一段落。不想同事今天又拿来了这套旅行书的另一本让我复审。

打算从明天开始，半天看财经书稿，半天看旅行书稿。不出门的日子，依然像流水一样逝去。子在川上曰，逝者如斯夫。

疫期心理调适的视频已经推出两期了，也是很快的感觉。一分耕耘一分收获，我怎么觉得是十分耕耘半分收获？

背后的故事

小芦苇坚持穿学校的衣服开线上班会这件事，给我的启发还是蛮大的。前些天我同大家聊了要让孩子养成精准做事的习惯。除了精确，做事情的时候赋予其一定的仪式感也是很重要的。仪式感可以让我们从内心对某件事情产生一种尊重，让它变得和别的事情不一样。

同样是这一天，上海的流动商业区发生了一件有仪式感有温度的事情。南京西路的静安嘉里中心、陆家嘴的正大广场、淮海中路的环贸商场等八大流动商场，在同一个时间，不同的地点，完成同一件事——推出“无人值守爱心站”活动。

这些爱心站中有五星级酒店赠送的下午茶，有商场赠送的高档化妆品，甚至还有爱心人士直接下单的外卖餐。送快递的小哥给从来舍不得买贵一点的化妆品的妻子领到了一盒高档美肤用品，总是给别人送餐的外卖小哥领到了一份爱心人士为自己点的麦当劳。这样的瞬间，让人欢喜，令人难忘。

“惊喜的上海人，连爱心也那么精细。”“上海生活节奏快，但若换个角度你就能感受它的温度。”网友的这些留言也说中了我的感受。在不能出门的日子里，我对外卖小哥和快递小哥的依赖是无法言表的。几家商场推出的这个“无人值守爱心站”活动，可以说切中了我内心最柔软的地方。

我家小区门口的一家牛肉面店在疫情前也一直推出一项爱心活动：环卫人员中午可以免费去吃一碗牛肉面，整个白天可以随时进去喝茶休息。我之所以对这件事印象深刻，也是因为他们把这件事情做得特别有仪式感。店铺门口立了牌子，每天都放一个专供环卫人员使用的饮用开水桶。

这天唯一有点小情绪的是疫情调适的视频了。这天推出的是第二期，反响没有我想象的那么好。想到我和作者前期在时间和精力上的投入，有点小失落，于是发出了“十分耕耘半分收获”的感慨。视频作者给出了如下留言：

> 一篇好的网文可能只会火几天，但视频即使几年后也会有人回看，这就是视频的价值。这分耕耘会有收获的，请耐心等待。

后来事情果然如作者所言，随着时间的推移，这个系列讲座的视频得到了越来越多的人的肯定。

今天我要分享的是——

在孩子的学习和生活习惯的培养过程中，适当地引导孩子赋予一些事情以仪式感是非常重要的。可以让我们从内心对某件事情产生一种尊重，让它变得和别的事情不一样。如同《小王子》中所言：

> 它就是使某一天与其他日子不同，使某一时刻与其他时刻不同。

有了仪式感，孩子会因为尊重某一件事情、期待某一件事情，慢慢在内心深处养成某个习惯或者对某件事情的重视。它会让孩子把每一天都过成新的一天，它会在约束和期待中，让孩子慢慢学会承担和严谨。

上天的青睐

Mar. 5th

38 给予孩子学科知识的同时要种植爱

朋友圈记录

今天惊蛰，天气很好。上午在阳台上看稿，太阳暖暖的，晒在身上让人有一种岁月静好的错觉。

按照古人的智慧——“瘟疫始于大雪，发于冬至，生于小寒，弱于雨水，衰于惊蛰。”惊蛰到了，疫情该结束了。我们走过了一个冬天和半个春天，希望老天可以把剩下的半个春天留给我们。想起去年的3月，在离家不远的樱花步道上如梦如幻地走过，那个场景历历在目，却已是那年春天的那条路。

牺牲在一线的医护人员被追授了荣誉称号，这是今天的一个好消息，但想到他们与这个世界告别时的种种悲怆，到底意难平。假如我们可以拥抱2020年剩下的半个春天，我一定会在心底为他们留下一份悲伤。

日子永远是向前的。

今天的书稿中有一段话我很喜欢。大意是，幸福的人往往不说话。所以，不要自以为是，认为自己比别人生活得好，比别人幸福。你看到的只是表象，因为真正幸福的人，比你生活得好的人，没有说话。

由此我又想到了这几天疫情在国外的蔓延情况，以及此前的各种花式评论。所以，做好自己，并且宽容地期待别人吧。毕竟，疫情消失，人类安康，是地球村的共同心愿。

背后的故事

疫情衰于惊蛰！作为中国人，对传统的二十四节气总是充满了敬畏。所以在这一天的朋友圈里，很多人都在展示关于瘟疫“衰于惊蛰”的期待。

惊蛰过后，我们的疫情的确在一点点衰退，但是3月份以后，在世界其他地方，疫情却一步步呈蔓延之态。原因是多样的，但是，对自然缺少敬畏，对自己缺少约束，始终是原因之一。

我在这一天同小芦苇讨论中国古代的二十四节气的相关知识。小芦苇对这些节气的名称充满了兴趣，认为美得不得了。立春、惊蛰、清明、谷雨、芒种、夏至、春分、白露、霜降、大雪、小寒，她觉得这些名称读起来充满了诗情画意，每一个节气就是一幅生动的画。

也许是喜欢画画和影视制作的原因，小芦苇思考问题、构思文章的时候，首先出现在脑海中的大部分是画面。所以她对能够以画面的形式呈现的东西，特别喜欢。

我的二十四节气知识最早是我的父亲教给我的。父亲是位扎根基层的高级农艺师，他在大学里学的是植物保护，他的整个一生都献给了我家乡的山山水水。几十年的岁月中，他用自己的脚一步一步丈量了家乡的大部分土地，细致缜密地进行农业新技术的推广普及，结交了很多在农田耕作的朋友，获得了最新鲜的农业实证数据。

小芦苇读小学一二年级的时候，一直是外公接送她上学放学。在这个过程中，外公教给了她很多农业方面的知识，包括二十四节气知识。小芦苇上初中以后，对生物这个学科产生了很大的兴趣，并且取得了一定的成绩，这些，可能最早都是源于外公给她播下的知识和爱的种子。

父亲在小芦苇读小学四年级的时候因病离世。那是小芦苇第一次面对朝夕相处的亲人离去。她哭得很伤心。此后，她悄悄写了很多篇怀念和回忆外公的文章。有些文章她是在完成作文任务时写的，有些不是。有一次，我偶尔在她的一份小升初模拟试卷的背面，发现了一篇小芦苇写外公的文章，她用了一个笔名，叫“稀梦”。我问她是什么意思，她说：“古稀的外公已成梦。”还有一篇她是悄悄写在草稿纸上的，文章的题目叫《太阳里的外公》。我问她为什么称太阳里的外公，她说外公是温暖的人，他的灵魂升入天堂后，一定是在最温暖的地方。

在父亲的葬礼上，一位阿婆见小芦苇哭得特别伤心，明显区别于其他孩子，便对旁边的人说：“这个孩子教育得很好，她的心中是有爱的。”

今天我要分享的是——

在我们培养孩子对于学科知识的兴趣时，一定不要忘记同时对孩子进行爱的教育。知识的获得有时候可以突击完成，但有爱的心灵和有爱的人格，却需要从童年开始，一点点地滋养、完成。

一个心中有爱的孩子，在任何时候都会比那些心中缺少爱的孩子更容易获得社会的认可，也更容易接纳自然、敬畏生命。当他们面对困难的时候，心中的那份爱会给予他们面对困难的勇气和克服困难的力量。

心中有爱的孩子，会得到上天更多的青睐。家长在给予孩子学科知识的时候，要同时种植爱。

发现＋遗忘

Mar. 6th

39 怎样让孩子成为一个内心强大的人

朋友圈记录

作为一个专职厨娘，今天在阳台上看稿的时候，我竟然忘记了午餐时间。幸好一大早就炖了鸡汤，浓浓的温暖的香味一阵阵飘来，这才将我从遥远的墨西哥拉回现实——我的同事一再提醒我，这本《墨西哥谜局》可读性很强，确实如此。

年前，准确地说，是疫情发生前或者我知晓前，好几位亲友陆续给我带了农家土鸡过来，以致我都不知道今天炖的这只鸡是谁送的了。这些温暖的乡情我记录在一篇叫《冬月寒冷，唯美食可以带来故乡的气息》的文章里。可是现在想起这篇文章，竟然有恍如隔世的感觉。

昨天的一张夕阳图感动了很多人。上海援鄂医疗队的医生在送 87 岁的患者做 CT 检查的时候，遇见了最美的夕阳，于是 20 多岁的他陪伴 87 岁的他，共赏了几分钟武汉最美的夕阳。

我能够想象这美丽的夕阳给老人带来了怎样的回忆、共鸣和温暖。

想起当年父亲病危的时候。在 ICU，父亲昏迷着，他的床铺正好可以有阳光照到。我永远都不会忘记那个场景：我让护士拉开窗帘，自己握着父亲的手，看阳光照在他的脸上。虽然昏迷了很多天，父亲的脸色依然红润。满头白发的他在阳光的照耀下，显得慈祥又健康，像是在熟睡中。我相信，是阳光给了父亲能量。这个阳光照在脸上的瞬间，让我对父亲最后的记忆变得温暖、纯净。我的一位对佛学很有研究的朋友告诉我，父亲的那个样子是上天堂的样子。

因为有这样的记忆，所以这张看夕阳的照片特别打动我。

我对夕阳一直是有偏爱的。

那年在台湾，为了看夕阳，我硬是缩短其他行程，从台北跑了好几趟淡水。

那年在呼伦贝尔草原，为了看夕阳一点点落下，我连烤全羊席都没吃完。

还有阿姆斯特丹中央火车站，当年我几乎沉迷于它那古老的建筑沐浴在夕阳中的样子。隔着运河的波光粼粼看过去，美得像油画！

在这不出门的日子里，我之所以偏爱我的小阳台，也是因为阳光。日落的那一瞬间，我常常叫上小芦苇，我们一起立在阳台上看那稍纵即逝的美好！

《爱在黄昏日落时》，又一次想起这部老电影。某年为了写影评，将这个系列的电影看了好多遍。有爱的黄昏，能够看见日落的黄昏，是美丽的，也是会带来希望和新的生活的。

那么，让夕阳送疫情远去。

背后的故事

相信很多人和我一样，清楚地记得那张年轻的医生和87岁患者共看夕阳的照片。那是2020年3月5日傍晚，武汉处在疫情阴霾的笼罩下。上海复旦大学附属中山医院援鄂医疗队队员刘凯医生在武汉大学人民医院东院护送患者王欣做CT。回病房的路上，刘凯问王欣要不要看一眼落日，老人点点头。于是，刘凯停下脚步站在床旁，两人望向夕阳，手指着远方……

这张照片被网友称为“最治愈的瞬间”。

王欣曾是一位乐团小提琴手，2月9日入院。刚住院时，因为病情较重，他情绪低落，对所有的人都不理不睬，甚至拒接家人电话。

刘凯是中山医院第四批支援湖北医疗队队员，2月7日到达武汉后，在武汉大学人民医院东院负责救治重症及危重患者。王欣的家人住得很远，生活用品需要拿到相关证明才有可能送过来。于是，除了治疗外，医疗队还承包了老人的生活照料。

对于照片的“走红”，刘凯感到很意外。他说：“来武汉后基本待在病房，很少见到太阳。看到金色的夕阳时，自己被打动了，原本只想自己留个纪念。”

看夕阳的时候，刘凯拿出手机，让志愿者甘俊超帮忙拍照片做纪念。他刚好抓拍到那一瞬间。

半年之后，2020年9月4日，康复中的老人王欣和已经不需要穿防护服的刘凯在武汉大学人民医院东院重逢，两人深情拥抱，并且携手再次看夕阳。

“风雨已过，享受平凡的每一天。”这是刘凯医生与王欣老人重逢时的心情，我相信也代表了很多经历了那场风雨的人们那一刻的心情。

我在朋友圈记录里提到了自己曾几次从台北跑到淡水看夕阳。其实第二次看淡水夕阳的时候，我们乘坐的公交车出了交通事故。当时小芦苇也在车上，公交车和前车追尾，我们从车子的后面一下子被甩到了中部，吓得尖叫起来。好在没有人员受伤。

如果不是写这篇文章，我几乎都忘记了去淡水看夕阳时遇到的这场小小的交通事故。在我的记忆中，留下的只有淡水夕阳的美丽。

今天我要分享的是——

在对孩子情商的培养和情绪管理中，家长要注意和孩子一起学会发现和遗忘。

生活中我们总会遇到风雨、波折和意外，在种种不顺面前，家长要引领孩子学会面对风雨、处理意外、克服困难，并且在这个过程中努力遗忘负面的信息和情绪，发现与困难和阻碍相伴而生的温暖和美丽。比如重症患者在做检查的途中偶尔遇见的夕阳，比如在遭遇交通事故之后终于看到的淡水夕阳。

我们经常说，现在的一些孩子因为压力太大，心理承受能力很差，遇到一点挫折或者委屈就会崩溃，甚至付出生命的代价。其实，把这一切简单地归结为孩子心理承受能力差是不公平的。对孩子来说，心理和生理，都是一个慢慢成长、需要不断建设的过程。

在陪伴孩子成长的过程中，家长首先要学会成为一个身心健康的人，学会在困境中镇定，在逆境中乐观，在任何时候都懂得发现美好、感受美好、传递美好。

一个遇事喜欢抱怨、遇到困难就惊慌失措甚至万念俱灰的家长，是很难培养出乐观、善良、内心强大的孩子的。

所以，看见“夕阳无限好”的时候，不要想着“只是近黄昏”，而要坚信“美丽在黄昏”。

40 学会专注，孩子将来才会更加专业

朋友圈记录

说是不出门的日子，其实我今天出门了。自大年三十以来，我这是第一次出小区的门，算是“出国游”了一次。

我的目的地是银行。没有钱存，也没有钱取。小芦苇因为“工作需要”，微信要绑银行卡，绑银行卡就要手机信息验证，于是我上午进行了“出国游”——帮她去银行预留手机号码。

这是我春节后第一次去小区大门口。量体温，发出门证，很严格。

出门后发现路上的行人和车辆都不少。看见了一个没戴口罩的男人，还遇见了几个拉下口罩抽烟的男人。绕行，在公交站台附近又遇到一个流浪汉模样的人，没戴口罩，手舞足蹈。他那个位置正好在学校大门对面。原打算拍张校园大门的照片留作纪念的，不敢停留，只能作罢。

在银行门口要先测量体温，登记姓名和手机号码，然后才能进去。没有其他人，直接在柜台办业务。办理的时间很长，或许是代理的原因，又是拍

照又是签名，似乎很麻烦。而且第一趟还没办成功。我以为带着双方的证件就可以了，没想到还需要提供关系证明。想想也是，我得证明我是小芦苇的娘亲啊。于是打道回府，拿好关系证明再次出发。这中间当然又经历一次量体温、拿出门证，颇有点“原机遣返”的感觉。

折腾了这么久，银行的人态度还是很好的。拍照的时候工作人员让我摘下口罩，想想他们也是不容易，天天要面对短暂不戴口罩的人。

办好银行的事，决定继续走几步，去麦当劳给小芦苇买汉堡。这些日子，她对汉堡甚是想念。

麦当劳门口有登记顾客信息的本子和测量体温的枪，但没有人服务。不知道是暂时离开还是要自助服务。考虑到自己不会用那个体温枪，我径直上楼了。楼上基本上都是外卖员在等餐，到店自取的只有我一个人。

出了麦当劳，原打算去隔壁的面包房买点热的面包，被告知要出示健康码。不出门的日子久了，健康码因为不需要，一直没在手机上弄。临时弄当然可以，但想到手上戴了一次性手套，太麻烦，作罢。

这么七折腾八折腾，回家一看手机，今天竟然走了一万步，可喜可贺！

小芦苇终于吃上了想念已久的汉堡和薯条，这趟“国”出的还是值得的。

背后的故事

在可以随意出门的日子里是很难体会到我这一天的感受的。第一次出门，虽然只是去了离小区只有几百米远的银行和不到一公里远的麦当劳，还是有一种恍如隔世的感觉。

在给小芦苇的银行卡绑定手机号码的时候，银行工作人员需要我出示系统在办理过程中发到小芦苇手机上的验证码。我告诉银行工作人员我没带小芦苇的手机，因为此刻她正在使用。工作人员有些纳闷，一个孩子的手机，怎么会那么忙？我也顾不上解释。

和小芦苇通过电话沟通终于搞定了验证码。这才发现，戴着一次性手套拨号真的是太难了。

我去银行的时候，小芦苇正在用手机上少年宫的网课。当时她的电脑似乎在运行另一个程序。

当天的课程我觉得有必要同大家分享一下。那天少年宫的老师带大家讨论美国电影《当幸福来敲门》的一些拍摄技巧。

以下是小芦苇的课堂发言摘录：

> 我曾写过一篇关于《当幸福来敲门》的影评，但时隔一年光景，再看这部影片，我仍然觉得受益匪浅，感到它不愧为经典影片。
>
> 再次观影，我惊讶地发现，这部影片的开头，其实有很多可以探究的东西。开头的背景音乐创造了舒缓恬静的气氛，而后跳跃的旋律给人一种忙碌的感觉。在黑屏结束后，先是出现了《圣经》的部分内容，其中点出了追求幸福几个字，既点名了片名，又使从黑屏到人物的画面之间有了一个过渡，使得二者衔接不会太突兀。
>
> 一开始画面中是儿子一个人睡在床上，画面整体色调偏冷，没有光源，营造了夜晚寂静的气氛。随后父亲开门进来，镜头中迎来了第一束光。父亲的影子印在房间中的家具上。通过影子不停地抖动，让人感受到了父亲的忙碌，为宁静的镜头带来了一些动态。
>
> 父亲先是在儿子床边坐了一会儿，让人充分感受到了他想叫醒儿子却又不是很忍心——这是一份无声的爱。随后父亲打开了儿子床头的台灯，昏黄的光亮使画面变得温馨了起来。床头的闹钟显示才凌晨五点半，父亲就要叫儿子起床，使人明白了他们并非生活轻松的家庭。而儿子对此自然的反应又不禁让人会心一笑——这是每

个家庭里常见的情景。但是床前的闹钟却时刻提醒着观众，这对父子的生活有多么不易。

随后出现的便是片名。片名中的“happiness”被拼为“happyness”，并将y强调了——似乎是在提醒观众，这幸福中，始终有你没我，暗示了父子俩生活的坎坷。

之后的一组组城市风光的镜头，伴随着充满希望的背景音乐，营造了一个洋溢着幸福的环境。在此之后，一组组街上行人的镜头，让人感受到了一种忙碌的气息。而这些人，都是充实而幸福的。但是在这群人中，却有着不被幸福眷顾的人。他们有趴在地上动弹不得的老人，有在街头卖艺的人，有风尘仆仆的中年人，还有——男主角克里斯。这些人与周围的幸福气息格格不入，仿佛他们生来就不应处于幸福之中。这短短的开头，就已包含了如此之多的对追求幸福这一主题的暗示，让人对导演的功力十分钦佩。

你们是不是像我一样惊奇，小芦苇竟然即兴在手机上写了这么长的一段文字发言。更让我不敢相信的是，小小的一个影片开头，竟然有这么多可以分析和挖掘的东西。

以下是少年宫老师当时对小芦苇的发言的回复：

看到你分享的开头部分真棒！

这部影片从开头就运用了第三者（普通人）和上帝的视角相互对望，看到被高楼大厦中遮挡的一部分金门大桥，似乎预示着需要突破和开拓才能看到通往幸福之桥……因为这是一个美国追梦的故事，所以影片有基督教文化的嵌入……多元文化向来是美国文化的主线，而且对宗教信仰极为包容，然而基督教文化始终是美国的主流文化。其本质就是只有不断地努力改变现状，上帝才有可能帮到你。

看了老师的回复，你们是不是像我一样，对小芦苇能够在即兴发言中写出那么长的文字找到了答案？正是因为老师的专业引导，小芦苇才会一步步成为一个在影视评论、编导和创作方面不断进步的孩子。

影视方面，特别是微电影摄制，是小芦苇的兴趣爱好所在。做这些作业的时候，她几乎可以做到忘我，效率也特别高。就在这节课的前一天，老师让他们写一个有悬念的影视故事，小芦苇竟然在一天时间里写了一万字的悬念故事《一张录取通知书》。故事好不好咱们另说，这效率的确称得上高。

2020年8月，小芦苇还花了一整天的时间，请她的两个女同学友情出演，自编自导，用她的破手机拍了一个微视频。这个微视频后来在上海教育电视台的中学生微视频评比中得了一个小奖。

今天我要分享的是——

每个孩子都有学习特别投入、特别专注的时候。家长要做的，是及时发现孩子专注学习的领域，及时引导孩子向这个领域的更深处探索，包括为孩子寻找这个领域的好老师。在这个过程中，家长要注意摒弃一些固有的观念，因为有时候孩子专注的领域不一定是与家长期待的升学等指标直接挂钩的。其实，只要是健康的兴趣爱好，孩子专注学习之后，一定会有家长意想不到的综合素质的提高。

学会专注，孩子将来才会更加专业。

学会退让

Mar. 8th

41 觉得孩子做得不够好的真实原因

朋友圈记录

今天是女神节。一大早就和朋友们谈美容、养生及职场竞争。但是，无论怎样强颜欢笑，都不能回避这是一个有些特殊的节日。姹紫嫣红，都在远处独自摇曳。春天来了，但拥抱还需要等待！

十八线主播的手机在多日超负荷工作后，于今晨突然无疾而终。作为录课的重要辅助工具，以及每日健康申报的唯一工具，失去手机的十八线主播体会到了什么叫绝望。什么叫巾帼不让须眉？什么叫女子能顶半边天？就是，当同事催着十八线主播快点在系统中申报当日健康状况，而十八线主播无所适从时，我冷静地找出了备用一年之久的旧手机。

疫情期间，居家办公的你，需要善待你的旧手机。旧爱，往往承载了真情。你记得或者不记得，旧手机都在那里。

愿各位在不出门的日子里，一点一滴地体会爱的平淡与温暖。

背后的故事

我在单位还有一个小头衔——妇女小组组长。这个组长，可以说是我最喜欢的职务了。每年三八妇女节或者年底，我们妇女小组都会搞一些活动，比如陶罐彩绘、欧式插花、诗歌朗诵、环保袋制作、健美操表演，等等。所以，每年的三八妇女节，都是我们最快乐的日子。

因为疫情，2020年的三八妇女节变成了不出门日子。因为是朋友圈记录，所以我并不掩饰自己情绪上的小小失落。

几年前，我曾经为全国妇联主办的《中国女性》杂志专门做过一期关于女性电影的思考专题——《面对面，看女人最真的样子》——作为“女神节”的特别策划。在那个专题里，我分析了三部关于女性的纪录片。在文章的开头，我这样写道：

> 像越来越重的雾霾慢慢包围了我们的生活一样，职场的高压与快节奏、生活的繁杂与琐碎、情感的失落与多变，让女人的面目变得越来越模糊。不仅仅是男人，很多时候，连女人自己都不能准确地描述自己内心的真实想法。
>
> 那么，就在忙碌和拥挤中找出一点点的空闲和思绪飞扬的空间吧。在三月的明媚阳光下，让三部经典的纪录片，带我们一起走进女人最真实的世界中，面对面，看女人最真的样子。

在文章中，我对纪录片中16岁的制衣厂女工的生活有这样的思考：

> 我更喜欢影片所讲述的故事本身，喜欢那个来自四川的农村女

孩小莉和她卑微却不失美丽的梦想……

影片结尾展示的是小莉的梦想。她在自己生产的牛仔裤里夹了一封给牛仔裤未来主人的信。有人认为这个细节是导演特意安排的，我却觉得在那样的环境下，它是一个有梦想、爱写作的16岁女孩最自然的表现——这是小莉的可爱之处，也是她在卑微的处境中能够顽强生长的原因所在。她在生活的最底层，她被工作压榨到了生理的极限，她的生活环境混乱又嘈杂。影片的画面很粗糙，很多镜头摇摆不定，但是，我却在这样的纷杂中，看到了清新和梦想。16岁的女孩，在恶劣的环境中，也会像洁白的山茶花一样，灿烂开放。我以为，这应该是影片最真实也是最积极的地方。

2020年的三八妇女节，我就是在这样的一些情绪里起伏着。

小芦苇让我看到了更阳光的东西。这一天，她在他们的“学生科学院”的公众号上推出了自己的第一篇科普文章。从时间上来说，这是一种巧合，但是，她的科学道路上的探索却表现出了年轻人的朝气和活力。

今天我要分享的是——

随着孩子的慢慢长大，做家长的一定要意识到无论是思维方式、动手能力，还是对新生事物的态度、对新技术的掌握，我们都远远比不上孩子的速度。家长要学会退让、观望，不要总是用自己认为正确的方式去指导孩子、纠正孩子。很多时候，我们觉得孩子做得不够好，并不是他们真的做得不够好，而是我们根本没有弄明白他们在做什么、想什么。

像我们喜欢沉迷于往事和回忆中一样，放手让孩子沉迷于他们对未来的感知、设计和探索中，无论结果如何，这个过程中都是孩子成长过程中的养分，会带给他们愉快和力量，如同往事带给我们的慰藉。

正面的力量

Mar. 9th

42 以发现问题解决问题为驱动力

朋友圈记录

很不喜欢今天这样的天气，不阴不阳，索性下点雨倒还有些情趣。

疫情的消息看得让人有些疲倦。从国内数字上看，离结束似乎近了。钟南山院士说结束要到 6 月，这可能是结合了全球的情况。但是，到底让人读着忧伤。

意大利公布的数据竟然直接是日增的死亡人数，让人猝不及防。看一篇从伊朗撤回的人写的经历，又让人回到疫情之初的恐惧。心理学家说，未来，当我们回归正常生活状态以后，还会在某一刻突然回到这种忧伤中。

今天看到一篇文章，说人到中年，很多人都活成了刘姥姥。为了生活，不得不揣着明白装糊涂，牺牲尊严，接受嘲弄，只为那一点维持生计的银两。这话虽然有些偏激，但是，中年人面临的生活重压和艰难，却是真的。

以上的话有些消极，所以选了一张去年拍的玫瑰。送人玫瑰手有余香，愿大家生活如花！

背后的故事

不出门的日子里，总会有情绪低落的时候。这一天，因为是阴天，又看到了疫情在国外慢慢变得严峻起来，心中的担忧和感慨不免多了一些，想到中年人面临的生活压力，想到不能复工对普通人生活的影响。

情绪低落的时候，看到我的一位生活在加拿大的同学在朋友圈写的生活记录：

> 春天来了，看天气预报时看到的太阳天也越来越多，不由得神清气爽！新冠肺炎闹腾得满世界胆战心惊，尚未完全解封回复正常的国内友人已然在为海外的我们担心。
>
> 我们也是有点担心，密切关注发展动向，但其实真的感觉还好。口罩是没什么人戴，不同的理念孰是孰非且拭目以待吧。别信网上说的什么恐慌抢购之类的报道，尤其是那些图片，我觉得是真的少假的多。什么口罩、洗手液抢购一空，那些在国内疫情消息传出后已经没了好吧，爱心捐赠国内、关爱家人和想趁机赚一把的人应该都有吧。
>
> 其实据说很多药房还是有卖的，只不过不上架了，等你去问并且限购。这也是被逼的。Costco 的消毒湿巾脱销还可以理解，可是厕纸售罄到底是什么鬼？还有那些搬十几袋大米的人，是准备吃一两年还是计划喂养老鼠啊？不过我还是借机提醒女儿：厕纸省着点用啊，Costco 都售空了！也不知道会不会趁此让她改掉浪费的毛病。
>
> 下午去女王公园逛了逛，出去走走，享受阳光。

这则反映同学在国外的真实生活的记录让我的情绪从低落慢慢回到正常状态。这个体验也让我明白了信息的准确是多么重要。

我很欣赏同学对待疫情的态度，防范，但并不慌张。透过现象，看到问题的本质，同时不忘在有些盲目的厕纸的抢购潮中，教育女儿学会节约。

小芦苇平时用面巾纸也有浪费的习惯，一张纸擦了一点点就扔，一盒抽纸常常用不了多久就没了。因此，我总是会在抽纸搞活动的时候买很多回来——我家现在用的纸就是“双 11”的时候囤的。

受同学的启发，我也同小芦苇探讨起节约用纸的问题，并商定了初步行动方案——比如将面巾纸改成小规格的，厕纸剪成小块使用。倒不是担心买不到家用面巾纸和厕纸，而是经此疫情，觉得人与自然需要进一步和谐，节约资源，要从生活的每一个微小细节做起。

今天我要分享的是——

所有的困难都有背面。在生活中出现困难的局面时，家长要学会从海量信息中抽丝剥茧，找出真实精确的信息，调整自己的情绪，努力从困境和负面信息中，找到正面的力量。

找到隐藏在困难背面的正向力量后，家长要和孩子一起分析，引导孩子学会在困境中成长——这种以发现问题解决问题为驱动力的成长，会让孩子变得细致又坚韧。

重复劳动

Mar. 10th

43 重新开始也是解决问题的方法

朋友圈记录

今天实在是无法言说的一天。

早上起来就在看各种关于疫情的消息，似乎处于头脑风暴中。

好容易看完了朋友圈的所有信息，想到自己不过是昨天说过的活成刘姥姥的中年人当中的一员，既不能齐好家，更没本事平天下。于是老老实实地去电脑前工作，希望可以多收个三五斗。

也许是生存压力所致，今天工作得特别勤奋。除了当厨娘，就一直端坐在电脑前。好容易拼到晚上 10 点，终于完成了今天设定的任务。

其时，小芦苇恰好也开完了她和小组同学的“工作会议”。我打算显摆一下自己一天的工作给她看，却发现几分钟前还在的文件，此刻竟然“上穷碧落下黄泉，两处茫茫皆不见”。

我只知道宇宙中有黑洞，难道我的电脑里也有黑洞？我腰酸背痛、头晕眼花搞了一天的文件呀，你们去哪里了呢？是去了大观园吗？

希望明天打开电脑时，文件又回来了，我只是虚惊一场。

梦想还是要有的，万一实现了呢？

背后的故事

很多人可能都有过我和类似的经历。居家办公以后，大家停留在电脑前的时间变得更长了，操作的失误或者电脑本身的硬件、软件问题，有时候会给我们的工作带来一些不大不小的损失。

我这辛辛苦苦工作了一天的文件就是在这种情况下无端消失的。很多天以后，我都找不出来文件消失的原因，这时候便很想念在办公室办公的日子。对于我这样的电脑盲来说，离开同事的帮助，几乎就没有办法处理任何来自电脑的问题。

几年前我也遇到过一次电脑文件消失的问题。那一次的问题和这一次的有点儿不一样，文件夹在，但是里面的文件不见了。

我的一个女同事，就是之前我提到过的那位和女儿一起读《黑骏马》的妈妈，坐到我的电脑前，鼓捣了十来分钟，我的文件便神奇地“复活”了。

小芦苇得知我工作了一天的文件消失后也很懊恼，她想了一些可能的原因，但还是没能解决问题。小芦苇有些抱歉地说：“我要是选修了IT课就好了，那样没准可以帮到你。”

芦苇爹那边，我根本就没想过要请他帮忙解决。一来我觉得他也不一定能解决，二来他会把我的电脑整得七零八落。再说他已经被网课这个新事物搞得疲惫不堪，我也不想增加他的负担。

我对无可挽回的事情一般不会纠结很久。小芦苇还在想办法的时候，我主动放弃了，说：“算了，明天也许就好了。”

我把这个事情记录到朋友圈以后，果然遇到了和我持相同看法的人，说："估计它太累了，罢工一下。也许休息一晚明天就出来了。"

事实上这份消失的文件后来并没有神奇地出现，但是因为有这样的期待，当天晚上我倒是睡得很踏实。

第二天上午打开电脑，发现文件并没有出现。小芦苇说："你只能重做一遍了，这次操作的时候细心一点。"

第二天我休息了一天，没有碰电脑，算是情绪的自我修复。

第三天，我把丢失的文件重新做了一遍。

重做一遍并没有让我的心情变得糟糕。因为之前做过，所以这一遍速度快了很多，到下午3点钟就完成了。

和小芦苇喝下午茶的时候，我们说起这件事，一致认为，遇到无法解决的问题时，与其抱怨懊恼，不如开开心心地面对，另辟蹊径，重新开始。

今天我要分享的是——

家长遇到不能解决的问题时，可以和孩子一起讨论。探索问题出现的原因和解决的办法。在这个过程中，家长要有不怕暴露自己的弱点甚至知识、技能盲区的精神，和孩子一起分析出现问题的原因，实事求是地承认自己对问题的产生所应当承担的责任。

如果在这个探索过程中，问题产生的原因被找到，并且解决了问题，孩子和家长都会在探索的过程中获得提高。

如果问题没有得到解决，家长要和孩子一起学会接受和面对，以实际行动告诉孩子，不是所有的问题都能找原因、得到解决。在这种情况下，放弃问题、重新开始是最好的办法。重复劳动不仅是对困难的接受，也是解决问题的方法之一。在这个探索、放弃、重新开始的过程中，孩子学会的东西会远远超过解决问题本身。

顺应规律

Mar. 11th

44 经历严寒，成为配得上春天的郁金香

朋友圈记录

昨天电脑上消失的文件到底没有再出现，很多时候，梦想就是梦想，万一或者万万一都不会实现的。

有失便有得。

疫情刚开始的时候，网上爱心助农，我订了两束玫瑰花。后来疫情的消息铺天盖地而来，便忘了这件事。

今天竟然收到了一大盒鲜花，打开一看，不是玫瑰，是郁金香。这才后知后觉地发现，卖家早就通知我了，说现在这时间，玫瑰已经达不到鲜花标准，所以改寄郁金香。真是让人惊喜的郁金香！小芦苇开心地说：“这真是良心商家，似乎知道我们更喜欢郁金香。”

今天还有一个消息也是正向的。一个朋友，美国人，在上海工作。春节前回美国，之后又去俄罗斯出差。今天告诉我，她前天回到上海。她发现浦东机场的防疫工作做得特别好，从下飞机开始，防疫人员工作了 8 个小时，

将机上人员检测分类。她是情况最好的，可以回家居住隔离。朋友说，她觉得现在的上海是世界上最安全的城市。

我也是这样认为的。有时候我在想，这个疫情如果最早发生在上海，可能不会是这样的走向。上海的医院一定会在最初就有严谨的防护和管理，同时重视医者和患者的损伤。这是人文关怀，更是人生智慧。

那么，做一束配得上春天的郁金香！

背后的故事

我对郁金香的喜爱是从荷兰开始的。在此之前我一直以为郁金香是一种很名贵的花，至少我那时候觉得不是很常见。

到了荷兰以后，我才发现郁金香到处都是，而且随处生长，墙脚边、运河旁，随便一片有土的地方，就能够蓬勃地长成一片。颜色也多，让人眼花缭乱。微风吹过，它们轻轻摇摆，说不出的风情万种。

乍暖还寒的早春，我沿着运河漫步，走几步就能发现一簇簇露出嫩绿枝叶的郁金香。某天打开窗户，发现角落里，各种颜色的郁金香已经怒放。荷兰的春天，就是这样伴随着郁金香的成长和盛开，一步步向我走来的。

后来我去了荷兰最大的郁金香公园库肯豪夫，才发现郁金香的颜色比我想象得更多。也是在那个公园里，我第一次见到了黑色郁金香。小时候，母亲曾经带我去小城的电影院看过一部法国电影《黑郁金香》，是由克里斯蒂安·雅克执导、阿兰·德龙主演的。我在荷兰遇见黑色郁金香的时候，母亲已经离开我很多年了。她没能看到我毕业时的场景，没能看到我去了郁金香的国度，没能看到小芦苇的来临。遇见黑色郁金香的时候，我很自然地想起母亲。但那一刻并没有太多的伤感。春天的郁金香，适合回忆，但不会让人伤感。

小芦苇也很喜欢郁金香。小学二年级的时候，她写过一篇关于郁金香的作文。她眼中的郁金香与我看到的不一样。她说郁金香的花朵像高脚酒杯，每朵花都是独立的，但它们又是成片生长的，既独立又团结。这篇文章后来被她的语文老师推荐发表在学校的《摇篮》校刊上——我竟然是通过校刊第一次读到她关于郁金香的感悟。

有一年我和小芦苇去欧洲，从阿姆斯特丹飞回上海的时候，我在机场买了一大袋郁金香的球茎。回来后按照图示种植，发现郁金香的球茎是要经过冬天的寒冷才能在春天开放出美丽的花。我把球茎放进冰箱，冻了很多天。

小芦苇和我一起处理球茎、种植郁金香。那一年春天，我家阳台上开出了很多美丽的郁金香。

今天我要分享的是——

春天我们总会想起桃红柳绿。其实，每个人对春天都有属于自己的记忆。有的人的春天记忆是和郁金香联系在一起的，也有人的春天记忆是和映山红分不开的。

春天是这样，孩子也是这样。我们平时看到的那些学霸、牛娃的报道，如同桃红柳绿，是我们在某种观念引导下的对于春天的整体印象。而我们自己的孩子，如同郁金香、映山红，是我们心目中真正的个性化的春天。

家长如同园丁，面对自己的孩子，一定要像对待郁金香一样，不要试图通过各种努力让它长成桃红柳绿的样子，而是要在冬天让它经历严寒，在春天让它自由生长，顺应郁金香的生长规律，让它在春天长成自己的样子。而这个样子，会是它最美的样子，也是春天里不可或缺的风景。

忘掉秘诀

Mar. 12th

45 国际数学建模挑战赛

朋友圈记录

越来越不想过多地关注疫情新闻，但一些消息还是会切中心底的痛。

比如说泉州那个宾馆的倒塌。今天看到那个在倒塌中去世的一家五口的视频，特别是那三个在床上用枕头做碉堡玩游戏的孩子，心里一阵酸楚。

这几天小芦苇和她的队友们开始了新一轮的数学建模，就是我前些天说过的晋级后的国际赛。四个小姑娘以网络会议的形式进行沟通讨论。每次我都会被她们的工作效率打动，她们还是孩子，可是工作起来却比成年人还专注。她们早上 9 点开始工作，直到晚上 10 点半后才收工。中间还不耽误上学校的网课。这样的少年群体，让我看到了明天和希望。

所以，我相信，我们的未来会越来越好。这一代年轻人，不仅超越了我们，也将走在世界的前列。

我今天下楼取快递时拍了一张小区里茶花的照片，红白相间，非常漂亮。想起中学时读到的课文中的一句话："童子面茶花开了！"

背后的故事

美国在这一天实行欧洲旅行禁令。这个消息当时给我们的感觉是，欧洲的疫情比美国要严重很多。可是，几个月后，美国却成了感染和死亡人数都位于前列的国家。疫情的变化和发展是谁都无法预料的，人类在战胜疾病和瘟疫的道路上，可谓路漫漫其修远兮。

越是有很多未知的领域需要挑战，我就越关心年轻人的思想和动态。小芦苇和她的队友们在这个时间点上参加数学建模挑战赛的国际赛，对我来说，是一种安慰，更是一种鼓励。

关于这个国际数学建模挑战赛（IMMC），我在第 1 天和第 36 天的记录里都提到过。简言之，2020 年 1 月初，在不出门的日子之前，小芦苇和她的几个同学——四个 8 年级的小姑娘，组队参加了初赛。她们花了 96 个小时，在一间屋子里共同合作，完成了一篇关于保险问题的数学建模论文。

不出门的日子里，她们收到了晋级国际赛的消息。于是，从这天晚上 8 点开始，她们连续工作 120 个小时，再次完成指定内容的数学建模论文。

因为是不出门的日子，四个小姑娘无法像初赛那样在一间屋子里面对面地交流。于是她们以视频会议的方式工作，每天从早上 9 点忙到晚上 10 点多，充分讨论，分工合作。我在旁边看下来，她们工作时的样子，一点都不像是初中生，倒像是大公司的技术人员。认真、严谨、效率极高。

建模的最后一天下午，小芦苇和另一个小姑娘要参加物理挑战赛（BPhO），只能在物理比赛开始前 20 分钟临时退出建模的视频，让另外两个小姑娘继续工作，她俩则进入物理比赛的线上考场。

物理挑战赛是小芦苇第一次参加线上比赛（具体情况我会在第 48 天的记录里详细写给大家），中间还遇到了一些问题。

小芦苇结束物理比赛后，立马回到建模视频中。四个小姑娘抓紧最后的时间修改论文。时间变得特别紧张，最后，在离截止时间还有几分钟的时候，她们提交了论文。

提交完论文，小芦苇一下瘫倒在椅子上。这种高强度的劳动，我在旁边看着都心惊肉跳。虽然很心疼小芦苇的超强度工作，但我的心中还是很欣慰的。

之前接触过小芦苇的几个同学，我很为这群十几岁的孩子骄傲。在他们身上，我不仅看到了青春，还看到了自律和顽强奋斗的精神。

我在疫情期间有过情绪起伏和犹疑，让我真正对自己和国家的未来有信心，其力量的来源之一正是这些孩子。他们像纯净的阳光，照亮了我心中落有灰尘的地方。他们的自律和自强，让我看到了民族的未来和希望。

我引用的那句“童子面茶花开了”，被我的同学评为“神来之笔”。

顺便说一下这两次比赛的结果，虽然结果并不重要。

国际建模比赛，小芦苇他们四个初中小姑娘的队伍，在和众多高中生组队的队伍比拼中，获得了中华赛区特等奖入围奖。物理挑战赛，小芦苇获得了金奖，那个和她一起建模的小姑娘获得了银奖。

今天我要分享的是——

不要认为“为中华之崛起而读书”只是一句名人名言。一个国家，一个民族，要想真正强大，靠的就是知识和科技。让孩子从小树立远大的理想，努力学习，掌握真正的知识、技术，激发孩子投身科学、探索未知的热情，是对孩子最好的关爱。

忘掉猜题秘诀，忘掉作文应试技巧，忘掉一些教育机构提供的所谓名师宝典，让孩子自主学习，让孩子和孩子在一起探索新知识，是最好的也是最有效的学习方法之一。

深入内心

Mar. 13th

46 改变从发自内心的认同开始

朋友圈记录

今天似乎有点乱。境外的累计确诊人数已经超过 5 万了，增长的速度让人有点无所适从。我在德国的同学说，有些留学生的家长已经在考虑包机接孩子回国。美国的一些高校也已经开始上网课了。早上看到一条消息，未知真假。说是哈佛大学要求学生离校，回家上网课。一名亚拉巴马州的学生陷入苦恼中，他家地处偏远地区，最近的有网络的地方是离家有些距离的星巴克。这个消息让我有些意外，如若不实，就算我是在抒发爱国情感吧。

今天我自己是游走在科学与“迷信”之间。上午做了件与“迷信”有关的事情，下午做了件与科学有关的事情。科学的事情我过两天再说，因为过两天会有科学的事情的后半部分。这里单说“迷信”的事情吧。

从朋友处学得了一些周易风水的皮毛，发现自己很有些悟性。今天研究了一下，觉得知识都是触类旁通的，所以，我已经可以简单地看看房屋的风水了。比如，经研究，我发现自己在经济上一直比较拮据的原因是，我在家里的财位上放了一个不合适的东西。当然，今天我已经改放旺财的东西了，是否会发财，你们可以拭目以待！

艺不压身。他日若失去工作，我打算做一个游走四方的人——一边看风光，一边看风水；一边讨饭，一边写字。

疫情太悲伤，以上权当是笑话。希望大家在不出门的日子里，依然可以保持好心情。

背后的故事

这则朋友圈记录是疫情期间和朋友们开的一个小玩笑。因为是实录，所以我也不打算修改了，就这样原文照搬放上去。

很多人可能会和我一样，在不出门的日子里，去看一些忙碌的日子里没有时间看的书，或者去研究一些平时感兴趣却没有时间研究的问题。

我的这个朋友是心理学家，也算是公益吧，他给几个相熟的朋友开了一节网上课程，普及周易的基础知识，以及居家摆设的一些小知识。

周易博大精深，当然不是一次网课就可以讲完的。但这种专业的扫盲式的讲解，对于让年轻人回归到对传统文化的正面教育上还是很有意义的。

讲课的过程中，朋友谈到了传统说法中关于财位摆设的一些禁忌。大家听得很带劲，都以为按照朋友说的方法做，财运会好起来。不想他最后却说："改变摆设并不能彻底改变结果。""这个世界上改变命运的方法只有一个，就是行善积德，爱自己，爱他人。"

你们肯定很好奇我在朋友圈记录中说的那个能旺财的东西的是什么，说出来你们会觉得很好笑的，我在靠窗的桌子上放了两瓶咖啡饮料——我的理论是水代表财富，咖啡是很浓的水，代表很多的财富。

小芦苇对我在桌子上放咖啡饮料很不以为然，说："你就直接说自己分分秒秒都离不开咖啡算了——即使是在不喝咖啡的时候，也要时时看到它们！”

知母莫若女。

关于财富，我的理论是，喜欢喝咖啡的人可以在财位上放杯咖啡，喜欢喝茶的人可以在财位上放杯茶，喜欢喝酒的人可以在财位上放杯酒，总之喜欢什么就放什么。这样看着也欢喜，心中一欢喜，精气神也就足了，干活自然也更有力气了。在这种情况下，什么样的财富创造不出来呢？

其实，风水也罢，财运也罢，都是身外之物。在这个世界上，真正起作用的是人本身。自己变得更好更强大了，周围的世界自然会跟着改变，机遇和好运也自然会来。

今天我要分享的是——

所有的改变都来自我们的内心。当我们想改变自己和孩子的某些状况的时候，首先要解决的问题是内心对改变的认同。

我们常常会听到一些家长抱怨，说自己的孩子总是改不了一些坏习惯，比如喜欢躺着看书，总是在课本上画小人头，上网课的时候偷偷玩手机等。

家长在处理这些问题时，往往采取的是简单粗暴的强行中止法，比如命令孩子坐到书桌前看书，禁止孩子在书上画小人头，没收孩子的手机。这种处理方式的结果是，孩子并没有真正改变这些习惯，依然会偷偷地做这些事情。于是家长认为孩子屡教不改，与孩子之间的关系也因此慢慢对立。

这种情况的出现，最根本的原因就是我们没有能够深入孩子的内心，并不知道他们这样做的真正原因所在，快乐所在。我们没有找到让孩子发自内心改变这些状况的动力，却以简单粗暴的方式强行要求孩子改变，结果自然是适得其反。

谨言慎行

Mar. 14th

47 孩子每天都在接受家长的沉浸式教育

朋友圈记录

今天说说快递那些事。

从来没有像现在这样依赖快递。从不出门的日子开始，吃喝问题几乎都是在靠快递和骑手解决。如果选疫情中最感激的人，我的第一票投给医护人员，第二票投给各快递公司的快递小哥，以及叮咚、盒马这类公司的配送小哥。

小区封闭管理后，门口设了货架，小哥们将东西送到后，放在货架上，然后打电话让我们去门口自取，称为无接触配送。这原本是一件极好的事情。

起初，因为要省口罩，同时也为了少一些来来回回换衣服的麻烦，总是等几个快递都到了才一起去取，基本上一天取一趟就可以了。

大约是从上周开始，快递小哥到了以后会发信息或者打电话给我，说东西已经放在架子上，让我尽快去取，因为小区里快递丢失的情况较多。再后来，快递小哥将本小区的东西放好后，并不敢离去，干脆在快递旁边守一个小时，让我们尽量一小时内去取，说快递丢失的情况太严重了。

就这样，无接触配送变成了有接触配送。

有一天去取快递时，听到旁边两个小哥在聊天，说人一走东西就会丢失，只好在这里守一个小时。这样下来，一天送货的数量一下子少了很多。

原以为只有我们小区有这个情况。昨天看到一则新闻，说一对男女开着车去别人的小区取别人的快递，一次就取了 20 多件。

真是什么样的人都有！即便不同情我们这些以食为天的平民，好歹也可怜可怜那些风里来雨里去的快递小哥吧。东西丢了，他们怎么向公司交代呢？工作也不知道能不能保住。他们冒着被感染的风险终日奔走，不过是为了挣点养家的碎银，为什么要为难他们呢？

虽然到目前为止，我还没有丢过快递，但今天我还是要说狠话：偷快递的人，祝你连病毒一起偷回家！

背后的故事

我一般不大在朋友圈骂人的，但是偷快递这件事实在让我太愤怒了，忍不住在最后骂了一句。

没想到一些朋友对我这最后一骂很支持，留言说：“最后一句骂得好！”

可见偷快递这事，令很多人都愤怒。

其实关于疫情期间偷快递的事情还有很多。有的人直接在做饭前去快递架上随便拿几袋别人买的菜，如同从自家的冰箱里取食材，每天几次，很有规律。被人抓住了还不服气，说自己偷的只是几元钱十几元钱的菜，金额很小，不算犯罪。

还有高级白领，月薪数万元，一身名牌，却天天偷小区里别人几元钱几十元钱买的某宝上的东西——这个应该是有心理疾病了。

不出门的日子结束后，我的一位朋友还讲了她的另一种快递物品丢失的遭遇。别人给她寄了大闸蟹，结果快递员看错了楼，送到别人家去了。那家人不仅收了，当快递员再去找他们时，他们竟然说送到他们家就是他们的，坚决不退。

这让我想起了在荷兰收邮件的经历。

十几年前，我在荷兰住的公寓是有着百年历史的老房子。没有电梯，只有窄窄的楼梯。房子一共只有四层，一梯一户。四户人家共用一个楼道邮箱。所以大多数时候，有人开了邮箱，会把别人的信件整齐地放在一楼的楼梯上，大家回来的时候，顺便拿走。

荷兰的许多账单、文件都是以信件的形式寄过来的，寄给我家的各种文件和账单，我基本上都是在一楼的楼梯上取的，从来没有丢失过。

小芦苇出生前，我收到过两个大纸箱。一个是我同学从加拿大寄给小芦苇的礼物，有衣物和相册等。另一个是保险公司寄来的新妈妈用品，里面还有一个给小芦苇的玩具。这两个大纸箱我也是在楼梯上取到的，不知道是哪个好心的邻居帮我搬进来的。

还是回到我们小区丢快递的事情上吧。后来听快递员说，偷我们小区快递的就是那么一两个人——显然他已经认出了他们。

知道快递被偷的消息后，我很为那些偷快递的人的孩子担心。家长的一言一行，孩子都看在眼里，并且会不自觉地模仿，甚至会因此形成错误的价值观。那个天天取别人的菜回来烧的人，那个“误领”别人大闸蟹的人，他们的孩子吃了这些菜以后，会怎么想呢？

想起一件趣事。我的《爱情疯长的阿姆斯特丹》出版的时候，小芦苇才5岁。有一天，她在五角场的上海书城里看到我的书摆在那里，很高兴，把放在那里的5本书都拿到手里，要带走。我对她说，这是书店里的书，没有付钱是不能带走的。小芦苇说：“可是这是你写的书呀，我妈妈的书，我为什么不能拿走?”

我记得就是蹲在那堆书前面，我第一次跟小芦苇说物品的所有权和价值交换问题。小芦苇也是从那时候开始就知道了，即使是自己的东西，如果所有权不属于自己，也不能拿。

今天我要分享的是——

我们经常说沉浸式教育，其实，孩子每天都在接受家长的沉浸式教育。家长对孩子的引导和教育，并不仅限于家长教给孩子知识、给孩子讲道理的那一刻。更多的时候，孩子是从家长的一言一行中体验家长慢慢帮他们树立的世界观和价值观的。因此，家长平时应该谨言慎行，从小处严格要求自己，让自己成为一个值得孩子学习和模仿的人。

如果家长因为私利放纵自己的言行，给孩子带来的将是极为负面的影响。这种不好的后果，是家长用再多的亲子陪伴、苦口婆心的说教和补习班学习都无法挽回和改变的。

比赛过程

Mar. 15th

48 2020年英国物理挑战赛

朋友圈记录

疫情以来，小芦苇取消或延迟了几场比赛，但这场英国物理挑战赛（BPhO）倒是选择如期，也就是今天举行。

今天不谈这考试是否重要，也不去想小芦苇考得如何，只给大家说说疫情下考试形式的改变。

没错，考试是在网上进行的，小芦苇端坐家中，进入“云考场”。具体细节不敢多说，因为我没什么文化，不知轻重。

总之，需要几台设备几个摄像头，全方位无死角地对着小芦苇本人，小芦苇的书桌（不准放与考试无关的东西），小芦苇的电脑屏幕。进入考试平台后屏幕是不能切换的，到时间系统会自动关闭。

就这样几天前大赛主办方还是让家长签了承诺书，并封了家长一个监考官的头衔。不要以为我这个监考官有啥权力，不过是保证家里网络通畅，保证对着小芦苇的设备角度没有问题，保证让真正的监考老师能清楚明白地看清小芦苇的一举一动，包括挠头皱眉。

前天大赛主办方做了考试设备测试。为了让拍小芦苇的设备放置角度符合要求，可怜我用自拍杆绑着设备，坐在小马扎上举了一个小时。小芦苇说若是我在面前放个破碗，完全可以乞讨一两个铜板了。

科技改变生活。那天设备测试时十八线主播在学庄生梦蝶，没有参与。今天考试前，十八线主播找了个物件绑自拍杆，终于让设备可以直立行走。

解放出双手的我今天还是有些腔调的，拿把椅子坐在设备后面，旁边放杯茶，眼睛盯着设备里的画面——可以看见小芦苇，也可以看见其他几个考生的一举一动，顺便还可以看看人家的书桌和窗户。电视导演是不是都是这派头？可惜我没有助理可以使唤。

还记得我说小芦苇和小伙伴们数学建模的事吧，建模论文也是今天交。四个小姑娘中有两个要参加今天这比赛。我也真是佩服这帮孩子。比赛前20分钟还在讨论建模，比赛一结束不带休息地又去建模（那两个不参加比赛的则一直在工作），并且，紧赶慢赶，在截止时间前几分钟提交了论文，搞得老师家长都心惊肉跳。

这下算是轻松了。对了，这就是前天我说的那件与科学有关的事情。简言之，举自拍杆就是我的科学行为。是不是和那个撬动地球的杠杆有点差不多？

背后的故事

2020年英国物理挑战赛是疫情前报名的，比赛时间为2020年3月15日14：00—15：00。

疫情发生后，小芦苇的好几场比赛都取消或延迟了。这个物理挑战赛原以为也会取消或者延迟，所以小芦苇也没怎么准备。

后来接到通知，比赛如期举行，只是改为线上进行。

这场比赛是小芦苇第一次参加线上比赛，所以我们有些手忙脚乱。

我在第46天的记录中写了，这天上午我做了一件与科学有关的事情，其实就是和小芦苇一起配合大赛主办方进行线上比赛的网络测试工作。

需要三台设备。一台是考试时使用的电脑，考试时进入比赛系统，之后便不能切换界面，考试结束系统会自动关闭。电脑的要求是必须开着摄像头，摄像头要能清楚地看到考生的脸和手。

第二台设备可以是平板电脑也可以是手机，放在考生的侧面，打开摄像头，摄像头要能够清楚地看到考生的电脑、考生及考生的书桌，桌子上不能有与考试无关的物品，镜头中不能出现其他人，考生全程不能离开书桌。

第三台设备是考生的手机，要放在电脑旁边且第二台设备可以看见的地方。这个手机的功能是，考试结束后，考生在摄像头的监控下，拍下主观题的答题纸，上传给大赛主办方。

测试那天，我的主要功能是举着第二台设备，在老师的指导下不断调整位置，直到符合要求。因为考生多，我整整举了一个小时，觉得自己又傻又累。

我的一个老同学看到我在朋友圈的这段描述后，更是笑得直不起腰来，说："哈哈哈，我笑喷了！那个举着自拍杆有点可怜样的大妈的画面感太强太搞笑了！然而一转眼大妈又摇身一变，成了假模假样的自封导演。封城时期，顺便封自己一个新职业，太棒了！"

真正考试这天，芦苇爹固定了第二台设备，我倒是轻松了很多。于是坐在第二台设备后面，边喝茶边看，从镜头中可以看见小芦苇和其他几个考生的画面。我很有些兴奋，一会儿看看人家孩子的书桌样式，一会儿看看别人家的窗帘颜色。

考试开始后，因为网络压力太大，很多考生进不了系统。大赛主办方紧急处理，家长们在一旁急得要命，我从镜头中看，孩子们倒是很淡定，各自坐在书桌旁发呆。

将近一个小时以后，系统才恢复正常。考试时间自然顺延。

小芦苇和另一个小姑娘是很着急的。她俩是从数学建模“现场”赶过来的，她们的两名队友还在忙着建模的收尾工作。这一天的晚上8点是提交论文的最后截止时间。

这真是大数据时代，秀才不出门，“战场”却已辗转千里。

下午4点，物理比赛一结束，小芦苇就和另一个小姑娘不带喘气地赶回建模现场，饭也顾不上吃，争分夺秒地完成最后的工作。

论文提交前那半小时，指导老师也急了，不停地在群里催。孩子们来不及回复，我们几个妈妈轮流汇报情况：快了，快了，马上就好。

回想起这一幕，现在还觉得心惊肉跳。

小芦苇的这个物理挑战赛得了个金奖，这个成绩不是最好的，她有同学不仅获得了金奖，而且几乎是满分。不过我还是很意外，因为她基本上是“裸考”。

这场比赛中，我最大的收获是全程观看了小芦苇处理比赛的情况，并且亲身参与到小芦苇的比赛过程中。这是线下比赛所不能给予的。从这个角度来说，疫情下这种无奈的考试方式，也有它的好处。

今天我要分享的是——

在孩子成长的过程中，会遇到许多次比赛。相比比赛结果，家长更应该看到的，是孩子在比赛中的表现，在比赛出现状况时的心态。如果家长能够参与到孩子的比赛过程中，会是一种极大幸运，它能够让你看到孩子面对竞争和处理危机的态度，让你学会更好地了解孩子、提升自我。

更好的自己

Mar. 16th

49 成为更好的自己

朋友圈记录

又是忙碌的一天。几个工作任务要完成，前几天丢失的文件又必须重做。好在，此刻，总算都做完了。在重做的过程中我思考了一下文件莫名丢失的原因，似乎找到了一点线索。总之，似乎不是我的原因，也不是电脑的原因。2020 年，许多事故的发生都是这么奇怪。

今天我的同学群里有点热闹，同窗情深，大家纷纷安慰、指导处于世界疫情中心的同学，很有干货地指点其如何准备疫情期间的食物。特殊时期，有人牵挂你总是温暖的。

看了几张国外机场排队的图片，真是令人不安。希望上海的机场，可以一如既往地优秀，守好这道平安门。听说意大利的逝者已经被停放在教堂里了——医院实在放不下了。

翻出一张写有 1876 几个字的照片，这是春节前有一天下班走路回家的路上拍的。我在想，1876 年的时候，这里是什么样子呢？

昨天拿快递的时候，发现放快递的架子已经移到小区大门里面了。我问快递小哥（其实是一个满脸沧桑的大叔）放在里面是不是就没人偷了，他坐在摊在面前的一堆快递旁边，叹了口气，说："还是会丢的，所以必须守着。"我说："在里面也会丢，是不是就是住在里面的人拿的？"他犹豫了一下，轻声说："拿别人快递的，就那一两个人。"

他的神情告诉我，他可能知道是谁拿走了他送的快递，但他不敢说，或者没有证据说。我忽然有些共鸣。很多时候，很多事情，我们常常都是这样，心里清楚，却不能说。也许再好的人生，都会有这样的苍凉时分。

春天来了，等待初夏。

背后的故事

朋友圈记录中说的那张照片是在老站创意园拍的，上面有"1876"几个字。这个创意园离我的单位并不远，但以前我从不经过那里，所以并不知道。有一天我改走路回家，恰好就遇到了，当时有一种时光倒流的感觉。

5月份，居家办公结束后，为了环保，更为了安全，我选择步行上下班。从那时开始到现在，工作日我几乎天天都要经过这个创意园。这个1876老站创意园位于原淞沪铁路始发站——江湾站旧址。1876年，中国第一条营运铁路淞沪铁路开通，当时海运来沪的物资就是从吴淞口经由淞沪铁路运往市区的。如今，铁轨两边设立了很多小店铺，老式火车改成了车厢餐厅。

只要时间不赶，我每次走到这里，都会停留几分钟，随手拍张照片，看看店铺里的新品。有两个地方我印象特别深。一个是在一家小食店的外墙上，盛开着一丛极其茂盛的金银花，花瓣是红色的，我是第一次见到红色的金银花。随手拍了张图片放到朋友圈，引来一些朋友的极大兴趣。另一个是一个像童话里的小屋一样的建筑——当年的碉堡，陈旧的水泥墙壁上爬满绿藤，小小的窗户恰似两只眼睛。“小屋”前面放着一张破旧的木椅，小屋上写有 1876 的字样。这简直就像时空穿梭的物证。

拍了几次小屋的照片后，终于有一次，我拿它做了我的一篇文章的配图，那篇文章讲的是一个发生在老式办公楼里的故事。

后来乘公交车上下班已经很安全了，我还是选择步行。很多人认为我是为了健身，其实他们不知道，更主要的原因是，我对这个充满怀旧色彩的老式火车站旧址充满了爱恋。

作为朝九晚五的职业女性，作为整日操劳的中年老母亲，在忙碌的一天里，能够有那么短短的一刻是完全属于自己的，不需要想工作上的事，不需要想孩子的事情，只在旧时光中沉迷，在老物件中回忆，这应该是一种很好的养心方式吧。

今天我要分享的是——

养娃如同观景，不仅需要时间，还需要心境。在这个快节奏、容易鸡血的养娃时代，做家长的首先要学会调整自己的心态，学会放松自己。

每一个家长都会有一地鸡毛的时候。在每天忙碌的 24 小时里，稍微挤出那么几分钟，让自己的心宁静，让自己从工作、家庭、孩子和种种俗事中走开，看自己想看的东西，想自己愿意想的事，回忆自己喜欢回忆的时光。这是养身，更是养心。这是最好的“鸡血”，它可以让我们消除疲惫、校正心态、平复情绪，成为更好的自己。

只有成为更好的自己，才能教养出更好的孩子！

切换模式

Mar. 17th

50 不要预设孩子的学习模式

朋友圈记录

这两朵小小的映山红是在复旦大学校门口拍的。今天去小区门口拿到网上买的菜以后，想到自己武装整齐，外面又春光无限，为了不负口罩不负春天，决定出去走走，看看上海财经大学的校门，看看复旦大学的校门。

沿途发现大约有一半的小食店都开业了。几家理发店也开门了。“Tony老师”都戴着口罩，被“Tony 老师”服务的人有的戴着口罩，有的没有。我下意识地摸摸乱如稻草的头发，想不出来戴着口罩怎么修剪。

小超市也是开门的。从外面看过去，里面似乎没什么人，于是进去逛了一圈。发现里面的东西很多，卫生纸就不用说了，消毒液也放了很多。我买了果汁、熟的花生，还有向往已久的泡面。本来还想买自嗨锅的，想想太多了，不好拿。

超市旁边的大饼油条店是我想念很久的，可惜没开门。

为了中午不当厨娘，我又走到麦当劳买了汉堡和薯条，再去隔壁的面包房买了好多面包，还有凤梨酥。麦当劳这次有人量体温，面包房要出示健康码才能进。

在复旦大学门口看了一下盛开的樱花，又意外地碰到这两朵映山红，觉得特别满足。回去的路上，发现一家小小的卤品店也开业了，买了一堆鸭翅、鸭脖。

终于体会到了《甲方乙方》里那个把全村人的鸡都吃完了的人的心理渴求。50多天未出门，我也是恨不得把所有看见的食物都买下来。

总之，外面春光正好，复工似乎在有序进行中。

下午一个朋友跟我说她为在美留学的孩子买回国机票的种种艰辛，忍不住想，此刻的上海，是一座很有幸福力的城市。

珍惜，并且祈祷！

背后的故事

这是我在不出门的日子里第二次出远门——走出小区，走到离小区几百米远麦当劳买吃的。

同样是在这一天，我看到了欧洲各国封锁边境的消息。

每天经过熟悉的地方不觉得，不出门的日子开始以后，春光下在小区和小区附近走走竟然成了一件极其幸福的事。这种体验，未经历过不出门的日子是无法真切感知的。

在可以出门的日子里，我一向是控制小芦苇吃汉堡这类高热量食品的，在这特殊时期，它竟然成了我们向往的美食。我记得我买了好几份汉堡，除了当天吃，还留了一份第二天早上给小芦苇当早餐。

卤品也是这样，鸭翅、鸭脖虽然一直都喜欢吃，但是在可以出门的日子里，这些都和汉堡一样，在我家属于不健康食品，要控制吃。

因为汉堡和卤鸭翅、鸭脖，这一天的午餐和晚餐我们吃得非常幸福。

小芦苇在这一天调整了一下学习安排。学校的网课是录播的，内容在小芦苇看来也不是太难。于是她把网课放到下午和晚上，上午用来学习自己喜欢的内容，比如英文阅读，比如生物。

放在从前，我可能会干涉她，要求她先完成学校的功课，再做自己感兴趣的事。经过不出门的日子的磨炼，我已经学会了接受和换角度看问题。

对于学校网课的体验，我相信小芦苇是最有发言权的。只要她能够按时并且保证质量地完成学校的功课，在这特殊的日子里，我完全不用考虑具体执行的细节。这同我选择将汉堡和卤味作为这一天的美食道理是相同的。

后来的事实也证明我尊重小芦苇的选择是对。返校上课以后，老师多次同我提到，小芦苇在居家上网课期间的表现是出色的。她的英文老师也告诉我，她的英文阅读水平有了很大的提升。在后来的脑科学比赛中，她也拿到了全国二等奖。

今天我要分享的是——

孩子的学习模式与做数学题不一样，它们没有唯一正确的答案，而是有很多种答案。当一些客观条件发生变化时，特别是处于特殊阶段时，孩子的学习方式和学习习惯都会发生改变。做家长的不要轻易否定或者推翻这些改变，要明白适合的才是最好的。并不是所有的孩子都会遵从同一种学习模式，事实上，我们也不希望培养出和其他孩子完全一样的孩子。

给孩子以自由，让他们自主选择和切换适合自己的学习模式。家长可以观察过程，期待结果，但千万不要预设孩子的学习模式。孩子不是洗衣机和电饭煲，不会按照我们的预设模式工作并且呈现出我们想要的结果。

厨房＋夕阳

Mar. 18th

51 培养孩子也要“接地气”

朋友圈记录

家有余粮，日子不慌。昨天买了卤菜和面包，今天我这个专职厨娘的日子好过多了，简单弄弄就对付过去了。小芦苇父女对卤菜情有独钟，明显是催我再去采买的节奏。民以食为天，眉间心上放不下的东西，往往敌不过嘴里十分想念的味道。

所以，说几句和心灵老鸡汤相对立的话吧。年轻的姑娘们，等你们长大了就明白了，和你执手看夕阳的男人，不一定可以和你牵手一生。而那个为你做晚餐的男人，很可能会和你共度余生。你看你的夕阳，他做他的晚餐，两不相干，日子细水长流。你要是觉得有点失望，那我还有更失望的东西要告诉你。那就是，等你成了辣妈，厨房也是你的啦。如果你家的厨房里可以看到夕阳，那么，恭喜你，鱼和熊掌，你都有了！

今天全球的累计感染人数已经突破 20 万了，连格陵兰岛都不能幸免。真真假假的信息已经满天飞了，回国潮似乎也随之汹涌而来。信息越多，就越需要分析。你相信假信息，如果不是不聪明，那就一定是你愿意相信，甚至期待那条假信息——你可能在做一个决定，又不想自己担责任，于是想要那条假信息支撑你。

回国潮来了，不过回国的路也不一定好走，假如你有过于聪明的想法的话。一些人聪明我们是知道的，但大家也不傻。那个被开除的拜耳员工，那个精致利己的黎某，都是坏在聪明反被聪明误上面。我忽然想开一堂情商课了，就叫“笨妈妈的情商”(开个玩笑，别当真哦。我天天要做饭拖地洗衣服，很忙的)。

上海的部分援鄂医疗队员回来了。宝贝们完好归来，真是让人开心。上海这次也干得漂亮，不仅给了他们奖章证书，还在淀山湖的园林酒店给他们安排了隔离的场所，并安排五星大厨为他们做美食。更重要的是，在他们离开时，还会给每人备一份精美的年夜饭，让他们带回去和亲人们补吃除夕团圆饭。

这才是真正的关爱和尊重。吃饭的事情都搞不好，何以齐家治国平天下？为这个出主意提供年夜饭的人点个赞！

背后的故事

上海援鄂医疗队的部分队员平安回来了，这个消息在这一天相当让我兴奋。兴奋的原因有两个，一是他们无一人感染，说明有效防护是可以避免风险的。二是上海的相关部门为他们安排了贴心的隔离期间的饭菜，并在隔离结束后为他们的家人准备一份年夜饭，让他们有机会同家人补过传统的大年夜。我在闺蜜的微信朋友圈看到他们隔离十四天的菜单时，既羡慕又欣慰。

作为一个养娃娃的中年笨妈，厨房一直是我重要的工作阵地之一。虽然厨艺不高，但贵在天天坚持，以数量取胜。从小芦苇可以吃辅食时制作水果蔬菜泥，到目前隔三岔五地为她做红烧肉、煮茶叶蛋，我的许多美好时光都是在料理一日三餐中流逝的。

所以，对于粮食，对于食品，我有一种发自心底的喜欢。评价政策的制定者也好，看男人也好，我往往会看他们是如何处理粮食和美食问题的。我不太喜欢不下厨的男人，更不赞成“君子远庖厨”的说法，同时，我也一直建议女孩子要学会做简单的饭菜，至少可以照顾自己。

2020年10月，诺贝尔奖基金会将2020年诺贝尔和平奖授予联合国世界粮食计划署（WFP），以表彰其“在对抗饥饿问题上所做的努力、为改善遭受冲突影响地区的和平条件所做的贡献，以及其在防止将饥饿问题作为战争和冲突的武器方面，发挥的推动作用”。看来，我的看法也并非完全是妇人之见。

有时候我会同小芦苇讨论未来。说起小芦苇将来如果去国外留学，要做哪些技能准备的时候，我列在第一条的就是，学会做饭。会煮饭，会做几道自己喜欢吃的菜。

不出门的日子里，小芦苇真的花了一段时间学做菜。虽然做得不怎么样，但是流程开始慢慢熟悉了。我记得返校上课以后，她还做了一道“槐花炒鸡蛋”作为作业交上去了。

今天我要分享的是——

做家长的有时候会有一种误区，认为孩子只要好好读书就行了，其他的都不用管。这个想法虽然是好的，但是对孩子是很不利的。孩子将来要面对的，不仅是好好读书，用自己学到的知识处理工作，还要面对生活。

让孩子在学习学科知识、培养艺术修养的同时，适当面对柴米油盐的生活，可以让孩子更真实，更接地气，也更容易与别人相处。

那些在童年和少年时期被家人在生活上照顾得太好的孩子，往往会在成年以后出现生活自理能力弱、心理承受能力不强、处理问题容易出现较大偏差的情况。

懂得自律

Mar. 19th

52 避免让孩子成为一个不受别人欢迎的人

朋友圈记录

说点中年妇女关心的孩子问题吧。

这几天，关于留学生回国还是不回国的问题，似乎成了新的热点。作为一名胸无大志的笨妈，我是很理解妈妈们的心情的。儿行千里母担忧。孩子在外念书，现在外面又是病毒又是停课，当妈妈的自然是希望孩子能够回到自己的身边。祖国母亲咱们暂且不说，祖国欢迎你咱们也暂不讨论。自家的老母亲，自家的小窝，总是盼着在风雨来临时给娃一个拥抱，一份温暖的。

我用了“小窝”这个词，你们应该知道我讨论的“归不归人群”里是不包括那些“官二代”“富二代”，以及类似的二代的。条件所限，我这个笨妈基本上接触不到那个层次的人。我说的是普妈——有着普通身份过着普通生活需要自己养娃带娃的中年老母亲。

今天看到一个消息，一个孩子在英国读书的妈妈几乎急疯了，说学校要求孩子搬出宿舍，回家上网课。可是，买不到机票，又找不到寄宿家庭。一个 13 岁的孩子，能怎么办？

也有孩子可能不一定到这种山穷水尽的地步，但是当妈妈的还是想让其回来。有一种冷叫你妈觉得你冷，有一种归叫你妈叫你归。

其实，作为只有“小窝”的普妈，想闯过购机票这一关也非易事，更不要说后面面临的签证等一系列问题了。所以，当普妈，实在是太难了，且对她们多一些理解吧。

回到妈妈身边固然好，但规则总是要遵守的。对那些要纯净水不得就冲岗的孩子们，回家后当妈妈的真是要好好教育一下。

我不大理解的是，明明是在讨论疫情下娃们该不该回国的事，回与不回，都会有道理，都有难处。可是，一些人却偏要把主题带偏，说留学生上半场为了帮助大家，在外辛苦奔波。现在外面疫情严重了，却不让他们回来——搞得好像我们都是白眼狼一样。包括留学生在内的海外华人华侨的贡献，咱都看在眼里记在心里。可这是两件事好吧，做贡献和回家的时候守规则，一点都不矛盾！况且，我是不大相信那些非纯净水不喝、吃饭要人示范的孩子，上半场会打得多么精彩。

总之，该回家想办法回家，不守规则该骂就骂。一家人，不必弄那么多虚礼。学好本领，自己成材了，你好，家好，大家都好！嗯，这也算是我的笨妈妈的情商课吧。

背后的故事

因为关注海外留学生的回国问题，这一天我顺便看到了一则国外的新闻。说是阿根廷圣地亚哥德尔埃斯特罗州小城塞尔瓦的一名男子去科尔多瓦出差，遇见了自己的少年时的情人。这名女子已经结婚了，且刚刚从疫情比较严重的西班牙旅游回来。虽然当时该女子的身体已经出现不适，两人还是旧情复燃，如胶似漆。

男子与少年情人亲密接触后，回到塞尔瓦又与20多人聚会，喝酒吹牛，分享自己与旧情人相遇的爱情故事。结果，几天后，圣地亚哥德尔埃斯特罗州州长萨莫拉在网上发布了空无一人的塞尔瓦大街图片，写道："这就是今天的塞尔瓦市，处于绝对隔离状态，禁止人员出入，所有活动暂停，居民全都只能待在自己家中。这都是因为有两个人在科尔多瓦市违反了强制自我隔离措施导致的。"

小城一共有2500多人，因为两个不懂得自律的人的激情燃烧，2500人赔上了可以出门的日子。

后疫情时代来临以后，我们很容易发现，自律和遵守规则对一个国家、一个城市、一个家庭有多么重要。当我们从居家办公一步步走到复工复学的时候，欧美的一些国家却面临疫情的严重局面。

所有的美好都是来之不易的，需要耕耘，需要自律，需要合作！

今天我要分享的是——

要让孩子从小就学会合作和自律。当人类命运成为一个共同体时，没有一朵花可以独自摇曳。没有规矩不成方圆，不懂得自律的人往往会首先破坏规则。破坏规则的后果不仅让整个团队受损，更会让别人在未来的团队组建中，选择远离你，抛弃你。

遵守规则从懂得自律开始。让孩子从小学会遵守规则、信守承诺，这不仅能让孩子在未来成为一个受人欢迎的人，更会让孩子在未来构建自身美的空间时，具备坚实的基础。

阅读＋观察

Mar. 20th

53 不要让孩子的写作陷入任何模式

朋友圈记录

这几天书信体的东西似乎比较流行。因为没什么文化，我基本上不去费脑子分析这些信件背后的玄机，只走马观花，乐呵一下。即便如此，我还是发现了一个问题。就是这种书信体的东西比较喜欢用“我妈妈告诉我”“我妈妈从小教育我”这类话，似乎妈妈一出山，问题就迎刃而解了。

我虽为笨妈一枚，在这名利面前，禁不住也想入非非起来——小芦苇从小到现在，我对她说过什么有意义的话呢？

做早餐的时候想，取快递的时候想，做午餐的时候还在想。可是，硬是没想出来。

午饭后，趁着小芦苇心情好，我厚着脸皮问她：“你还记得小时候妈妈给你讲过什么做人的道理吗？”小芦苇茫然地看着我。我又加了一句话：“就是很正能量的，可以影响你一生的那种话。”小芦苇一下子懂了，说：“名人名言吗？可是，你又不是名人！”

算了，即便晓以利害，诱敌深入，估计也没办法找到我想要的东西。

想想也是，除了管她穿衣吃饭，我还真没有对她说过什么高大上的话，甚至朴实无华中蕴含哲理的话也没有。她小的时候，我拿她当玩具；她大了，我拿她当闺蜜。每天除了说些无厘头的话，做些上不得台面的事，还真没有其他了。

真是对不起小芦苇了，万一哪天她要写作文论述自己的观点，会发现自己少了一个有力的论据——我妈妈告诉我/教育我……

江山易改，本性难移。我也不打算改了。小芦苇，人生很短，不妨让自己快乐一点。

且慢，我忽然发现，这，也可以算是妈妈告诉你的话哦。

真是踏破铁鞋无觅处，得来全不费功夫！

背后的故事

那些天网上流行的书信体文章，让我想起了心灵鸡汤类文章的公式化写法，以及一些培训机构开设的作文培训班对写作的数学化教育。

写作数学化是我自创的一个概念，我也给不出一个具体的定义。总之，就是把写作拆分为几个部分，开头要怎么写，然后要怎么往下接，再怎么转折，怎么推出思考，最后怎么得出结论或者提升主题。像一个开发好的程序，一个层层推进的数学公式。记住了套路，写出来的东西就一定不会跑题、失去基准分。

我曾经在电视上看到过一位“私塾”老师推广其观察和写作技巧：推开窗户，会先看见山峦，再看见天空，然后看见树，看见鸟和船，最后会遐思无限。

真的是这样吗？我不大相信每个人都会按照这个顺序开窗观景。也许有人第一眼看见的根本不是远处的山峦，而是看见窗台上新爬出的藤蔓；也许人有第一眼看见的是船上的船夫；也许有人直接就看窗外的鸟去了，根本没注意到还有船和山。面对此情此景，也许有人会有深刻的思考，但我相信更多的人只是觉得这是一个很美的早晨，天空很蓝，空气很好。

虽然是半个写字匠，但我从来没有教过小芦苇怎么写文章。诗言志，言为心声。让孩子自由地把自己听到的看到的想到的东西用文字记录下来，比什么套路都好。

写作是一种个性化的行为，成为一名优秀的写作者还需要一点天分。不是每个人都能够成为作家，更不要期待自己的孩子能够写出像大作家一样深刻的文章。事实上，如果每个人都成为作家了，这个世界可能会让人非常不能适应，甚至无法继续下去。

今天我要分享的是——

一些家长总想提高孩子的写作能力，并认为让孩子拜一位名师，接受专门的写作训练就能够达到目标。这实在是一个认识的误区。且不说孩子千差万别，一个名师是否可以把完全不一样的孩子训练到同样的写作水准，仅从结果来看，如果每个孩子都达到了名师的要求，熟练掌握了名师传授的写作方法和技巧，至多不过是成为名师的复制品或仿制品。这样的写作，是没有太大的意义的。

提高孩子写作能力最好的方式是让孩子多阅读，多观察，多用口头语言描述自己的所见所闻所感所思，然后再把这些口头表述转化成文字。最后，让孩子每隔一段时间自己修改从前写的文字。每一次修改，对孩子都是一种提高。有一天，你会发现，你的孩子已经慢慢形成了自己的文字风格。就像一朵花，开在百花园里，有自己的形状和风姿，独自摇曳，与众不同。

接受变化

Mar. 21st

54 自责和抱怨会让孩子形成有缺陷的人格

朋友圈记录

今天一早，我的一个朋友就在微信上给我留了长长的一段话。相比疫情，她更纠结的是即将到来的幼升小问题。

毫无疑问，这又是一个普妈。上海的普妈其实是很不容易的。像我的这个朋友，晚婚晚育，父母公婆都在外地且年事已高，从买房到生娃，从养娃到拼学区，全靠自己。一路下来，滴滴答答都是泪。

她跟我讨论今年的民办小学摇号政策，说自己让娃努力了几年，没想到到头来连个面试的机会都没有，一切靠摇号。她心中既不踏实，也不甘心。

我也没什么好招，只能没啥作用地从心理学的角度缓解一下她的焦虑。

因为小芦苇，好多朋友遇到育儿问题的时候总是喜欢同我讨论一二。说起来，我是真没啥技巧。小芦苇一路走到现在，不过是像我家阳台上的薄荷，完全靠着自身的生命力，我只是浇浇水而已。

小芦苇上小学的时候，作业家长是要签字的。老师让家长签字的目的应该是让家长监督捡查一下的，可我每次都是小芦苇指哪儿就签哪儿。有一天小芦苇做完语文卷子，我签好字后她就放进书包里了。第二天小芦苇交上去后，语文老师“大怒”，因为卷子的反面一题都没做！老师问我：“她看不到反面，您老人家也不看吗?”——实际上我连她做的是模拟卷都不知道!

古人云，父母之爱子女，则为其计深远。这一点，从过去到现在再到未来，我大约都做不到。我把责任推卸为自己是普妈。倘若我位高权重，或者富可敌国，别说为小芦苇计深远了，计宇宙都可以。

这两天讨论留学生回不回来的事，小芦苇说：“如果我现在国外，你让不让我回来?”我想了想，说：“可能不会。不是因为顾全大局，而是，为娘可能没本事帮你买到回国的机票，当然，没钱（舍不得钱）也是实际问题。”小芦苇对我的回答很满意，说：“至少能够实话实说，不错。”

很多事情，不是不爱，是生活有些无奈。

不能为子女计深远，就做一个诚实的人吧。疫情中的普妈，孩子留学在外的普妈，孩子面临幼升小、小升初、中考、高考的普妈们，咱们努力了，娃会知道的。一起放松心情，快乐起来吧。

疫情已不易，何必再用计深远来为难自己。我们的父母当年也没本事为我们计深远，我们不也活得好好的嘛。

所以，普妈们，咱们且放宽心，悠着点。

背后的故事

我的这个为孩子操碎了心的普妈朋友在疫情前就曾经就孩子未来幼升小的问题同我聊过很久。那时候上海还没有确定摇号的升学方式，想择校，想进自己认为理想的民办学校，就要凭考试。为此，孩子在读幼儿园的时候，至少在读幼儿园大班的时候，就要去外面的培训机构学习很多知识，英语、拼音、思维训练，等等。所以很多年轻的妈妈都处于焦虑中，每天忙完工作后，重心都放在孩子身上，进各种各样的群，赶场子一样送孩子进各种各样的培训班，学知识的、学艺术的，不一而足。

这位普妈朋友这样艰苦奔波了几年，觉得孩子已经被训练得足以考进她理想中的那所民办小学了。这时候，她突然得知今年开始民办小学不再通过考试录取新生了，而是摇号。

她给我写了长长的微信留言，问我她该怎么做，该填报什么学校。我真的没有答案给她，但却非常能够理解她的焦急和茫然。

不出门的日子结束后，这位普妈又专门找我，同我聊了孩子的最后录取情况。她一见到我就哭了，说孩子最后没有能够摇号成功，没有能够被她向往的那所学校录取，她觉得特别心酸，特别对不起孩子。这几年，孩子为了准备进入那所学校，付出了那么多，几乎没有时间好好玩。她说："我剥夺了孩子童年的快乐，让他拼命学习，只为能够考进理想的小学。结果，他连考试的机会都没有。如果孩子去考了，没有考上，我的心情也会好受点。我真是一个不好的妈妈，我太对不起孩子了。"

如果当时不是在办公室，我真的想好好拥抱一下这位普妈。我特别能够理解她的失望和自责。我对她说："你那么爱孩子，你要相信自己是一个爱孩子的好妈妈。"

我结合小芦苇的成长经历，劝这位普妈接受现实，并在今后的日子里试着对孩子少一些规划，多一些放手，让孩子有更多的自由生长的空间。

"放手之后，你会发现自己轻松很多，快乐很多。而孩子的优点和特长，也会明显很多，你会发现孩子比你规划中的更棒，他会时时带给你成长的惊喜。"我这样对这位普妈说。

我们路途遥远地去上了个民办（小学），放弃了家门口很不错的九年制（学校），现在一样摇号。虽然有点气愤，但想想客观的

东西我们无能为力，能做的就是让自己淡定些，让孩子从容些。

这是我的另一位普妈朋友在看了这天的朋友圈记录后给我的留言。这位普妈平时很注重养生和身心平衡，所以面对摇号带来的失去竞争后的失落，情绪调整得比较快。

今天我要分享的是——

“父母之爱子女，则为其计深远。”古人的这句话并没有错。但是，很多时候，条件会发生变化，面对变化了的环境和条件，父母往往失去了为孩子“计深远”的能力。

在陪伴孩子成长的过程中，我们总会遇到各种各样的问题和意外。尤其是对于身份地位和经济能力处于一般水准的家长，这种问题和意外出现的频率会更高一些。

这时候，家长的心态调整会显得特别重要。适时放弃过去为孩子计的“深远”，坦然接受现实，适时调整自己的计划，和孩子一起接受新的变化、新的环境，在新的条件下，努力为孩子营造一片自由生长的空间，这是家长首先要做的事情。

如果家长不能调整规划、接受现实，而是整日自责和抱怨，对孩子的成长是十分不利的。这些自责和抱怨会让孩子认为自己不够好，是父母的负担，他们会陷入自卑，对自我进行否定，同时也会对社会产生负面认识，所有这一切，都会成为孩子未来形成有缺陷的人格的潜在风险。

心有美好

Mar. 22nd

55 学会在阴晴圆缺的日子里发现美好

朋友圈记录

这几天关于国外的疫情的消息似乎越来越不好。鉴于信息太多，真假难辨，我一般选择相信我的同学和朋友们传递的日常信息。如同他们看我每日的朋友圈流水账可以确定我们生活的样子——谈不上多好，但也不差。岁月静好未必，但日子安稳是真的。

从这样的个体化角度看下来，加拿大的情况是不错的——至少我看到我同学拍出来的温哥华的超市并不像传说中的那样货架都空了。相反，我看着倒很想去逛逛。

意大利的情况从一开始就很让人揪心。某地的火葬场已经准备停业几天了——不是不工作，而是暂停收遗体，以集中精力完成现有的任务。这个，太让人伤感！

再说一下那里的医生。救死扶伤原本是医生的天职，现在却变成了要让他们去判断救谁，弃谁。这样的伤痕，我相信很多年以后仍会被刺痛。今天看到一个在伦巴第大区读书的孩子的笔记，因为这份记录，我不得不相信这种悲伤的事情正在发生。

下午在做书稿《欧洲央行非常规货币政策》的收尾工作。看到金融危机对货币政策的影响这一段时，竟然有些深陷其中。不知道这一轮疫情过后，世界会有怎样的变化？而我们在这样的变化中，又会有怎样的生活？如同在去年的那场大火中失去容颜的巴黎圣母院，我们内心必定会有一些东西埋葬在这个春天里。

但春天，依然会一个接一个地到来。

背后的故事

我在疫情期间的生活相对来说是安稳平和的，除了不能随意出门，其他都很好，衣食无忧，工作也不耽误。可是越是这样，我的心中越会产生忧虑，不知道疫情什么时候才结束，不知道疫情会给世界带来怎样的变化，不知道疫情之后，每个人的心里会有怎样的伤痛。

我的一个朋友在这天的朋友圈下面留言：

> 记得以前读过一个联合国难民署官员的日记，她的工作就是从濒临死亡的难民儿童中甄别出哪些还有救。她的脚步在哪个孩子的面前停下来，哪个孩子就可能活下来，她的心理每天都承受着巨大的压力，随时可能崩溃。

这段留言让我读起来觉得特别酸楚。每天看着全球感染人数和死亡人数的上升，便会想起大火中失去容颜的巴黎圣母院。

小芦苇经常会羡慕我重访巴黎圣母院时的果决。2018 年春天，芦苇爹不知道走了一个什么运，竟然在一次商业抽奖活动中中了个特等奖——欧洲十日游。电话打过来的时候，我们以为是骗局。

后来几天，抽奖活动的主办方和旅行社的相关部门又相继通知，我们这才相信天上真的掉馅饼了。这趟旅行是团队游，全国各地的中奖者统一从北京出发，先飞罗马，再去巴黎。我虽然在欧洲待了好几年，但是意大利并没有深度游过，巴黎也一直希望重访。因为正值三月，小芦苇和芦苇爹都请不了假。为了不辜负这意外得来的好运气，最后我克服了种种困难，终于化不可能为可能地给自己安排了这趟重访欧洲的旅行。

我在巴黎的大部分时间都是自己走街串巷，再有就是隔着十多年的时光重访巴黎圣母院。当我在夕阳中向巴黎圣母院挥手的时候，我一点儿都没有想到，那竟然是最后的告别。我后来写过一篇文章，题目就是《世间的美好像巴黎圣母院一样，不会一直在那儿等你》。

我和小芦苇一致认为，生活中有很多美好，这些美好是动态的，不会一直不变，更不会一直在那儿等你。因此，要珍惜当下，珍惜每一个藏着美好瞬间的日子。

今天我要分享的是——

在陪伴孩子成长的过程中，遇到天灾的情况是难免的，比如因为疫情而不出门的日子。如何在困难面前保持镇定，是我们需要面对的问题。在克服困难的过程中，勇气和信心固然是不可少的，但是，对于美好生活的向往，对于隐藏在平凡生活中的每一个美好瞬间的珍惜，也是非常重要的。

心有美好，余生不悲。让孩子时时刻刻都保持对美的感受和向往，在阴晴圆缺的日子里，都能够发现美好、难忘、值得珍惜的东西，这将是孩子将来在风雨人生路上前行时最温暖强大的力量。

学会感恩

Mar. 23rd

56 在顺境和逆境中都要保持一颗感恩之心

朋友圈记录

我的一个好朋友，同时也是一个孩子留学在外的普妈，今天对我说：“我要是把我这两个月的心路历程告诉你，足够你写一部小说了。”

一点不假。除了普妈这个身份，她还是一名普通医生的妻子。

当然，我不会随便在这里写她的故事的。但有两件小事可以同大家分享一下。疫情开始时，作为医生家属，她竟然也像我一样，没有口罩，继而买到“假口罩”。我的“假口罩”其实是真口罩，只不过不适合防疫情。她的，是货真价实的“假口罩”。

另一件事情是给孩子买机票。她好不容易夜半时分抢到一张经第三国转机的下个月的机票，早上醒来，却发现第三国禁止外国人入境了。

电视剧中会有很多祸不单行的戏剧冲突，其实，生活中，这样的冲突和无奈有时候就是一种日常式的存在。所以，不要轻易地去对别人说的话或者选择的生活指指点点。

午餐时，小芦苇说，我们现在能够在这个城市的家中边吃饭边看电视，是不是很多人正在努力争取的生活场景？我答：从某种意义上来说，是的。

上天有好生之德，疫情肯定会过去的。天行健，君子以自强不息。

背后的故事

正是因为听到我的这位孩子留学在外的普妈的抢票经历，小芦苇在吃午饭时才会发出那样的感慨。

随着疫情的发展，很多人群都因为观点不一致而出现撕裂现象。同样在这一天，我的一个同学群里也发生了这种情况。一个已经是外籍华人的同学依据其十多年前离开家乡时对身边环境的认识，以及其通过网络间接认识的其从前的祖国，在群里发表了一些高高在上且片面的看法。虽然也有个别同学迎合附和她，但更多的同学则表现出了反对和愤怒。

这名疫情早期在群里很活跃的同学，在美国的疫情日益严重，特别是后来又出现了“黑命贵”的冲突后，在群里再也没有声音了。后来美国总统大选成为热门话题，直到国会山冲突出现时，也未见她在群里发言。

我的另一个同学不愿意看群里的那些言论，开始同我私聊。这个同学的孩子也在美国，她说：“前天和儿子交流，他谈到八九十年代赴美的那批人还以老观念看国内，反而他们这批90后，经历了国家的飞速发展，更能客观理智地看问题。”

我答：“现在这一代年轻人，才是真的把地球看成村。”

我对小芦苇说，当一件事情发生后，观念上的冲突和受事件影响而处于无奈中的情况其实是一种日常式的存在。这时候，我们需要关注的不是冲突带来的愤怒和无奈带来的伤感，而是对冲突的鉴别——选择正确的观点，坚持正确的观点，直至云开雾散，清心月明。

今天我要分享的是——

“一粥一饭，当思来处不易；半丝半缕，恒念物力维艰。”这是明末清初的理学家朱柏庐写在《朱子家训》中的句子，说的是勤俭和感恩。

越是在复杂的局面前，越是在困难的情况下，越要让孩子学会鉴别，学会感恩。如果说顺境中的感恩体现的是一种修养的话，那么在困境中的感恩表现的则是发自内心的善良。

孩子从牙牙学语开始，做家长的就开始教他们说谢谢。听到孩子说谢谢的时候，我们的第一感觉是，这是一个有礼貌的孩子，却很少会认为他们是一个懂得感恩的人。我们之所以会产生这样的感觉，是因为孩子的谢谢是来自他们从小受到的教育和修养，而不是发自心灵深处的感恩。

让孩子把感谢变成感恩，在顺境和逆境中，都以善良之心保持对周围的人和事的感恩之心，这不仅会让孩子成为一个有修养的人，更会让孩子成为一个有内涵的人。

平淡守候

Mar. 24th

57 把简单的日子过成流金岁月

朋友圈记录

我们做排版的同事还是蛮辛苦的。居家办公期间，她要一一安排时间去各位编辑处取稿、送稿。

下午和排版的同事约了在学校大门口见面，我把要改的稿子交给她，她把打印出来的新稿交给我。春节假期开始，这是第一次直接见到同事。我们戴着口罩，都捂得有些严实，但还是远远地就认出了彼此。那一刻，真是有一种想拥抱的冲动。

交代完稿子，我们没能多交谈，因为她还要一路赶着去另外几个同事处。这些天，统筹方法和路线安排，估计她都非常熟练了。看她骑着电瓶车远去的身影，我在想，这也是这个春天里的平凡与美丽吧？

交换好稿子，我顺便去了学校对面的小超市。超市里的东西似乎更多了，米面粮油、菜肉水果都有，和平日已无差别。

路上的行人也多了。如果不是戴着口罩，几乎感觉不到这还是疫情期间。说起来，口罩现在大概是真不缺了。上午居委会通知可以去药店买第四批口罩了，好多人都放弃了，说自己家的口罩够了，把购买机会留给更需要的人。药店门口也贴了告示，说口罩已到货。人生没有过不去的坎，最艰难的日子，就这样扛过去了。

前几天突然很想念湘菜。网上找了一家在长沙的店，订了一些半成品。订完又有些担心，怕路上会坏掉。没想到前天下的订单，今天上午就收到了。封得严严实实的泡沫箱，打开后里面的冰袋还是硬邦邦的。买了什么好吃的我就不说了，免得大家馋了。这次成功的食品网购，说明商家和快递都很给力。正常的生活秩序，正在一天天地向我靠近。

我不太明白某些人为什么对我们病例减少和复工的情况表示怀疑。我天天待在家里，不大了解天下事。但是，我知道，我自己的生活越来越方便了。食品丰富了，物流变快了，口罩好买了，这就够了。我想，能够出门的日子应该近了。等我接到单位结束居家办公的通知，我的这些流水账就不再记了。

在去见同事的路上拍了一张垂丝海棠的图片。希望由居家办公变为去办公室办公的时候，海棠依旧。

背后的故事

我的一个在中学当老师的朋友在这则朋友圈下面留言，说她也是每天都在等学校的开学通知。生活就是这样，上班的时候，上学的时候，因为忙碌和压力，常常会有感慨甚至抱怨，希望有一天能够不用去单位上班，不用去学校上学。

这一天真的来临以后，情况又往往与期待的正相反。从进入三月开始，看着窗外日益明媚的春天，想上班，想看看春日的校园和校园中的办公楼的想法，像野草一样，在我的心头生长。小芦苇也有这样的感慨，说很久没有和同学在一起了，她非常想念和同学一起去食堂午餐，在教室里说笑的日子。同时她还很想念教学楼前的二月兰，还有小卖部的小食。

我在这一天的记录中明确说了，这“不出门的日子”流水账会记到单位通知我回办公室上班的那一天。这样写的时候，我的心中一点预期都没有，不知道哪天会接到通知，不知道这个记录会写了多少篇停止。也许是一种巧合，这个记录后来竟然正好停在第 100 篇。这也算是一种意外的圆满吧。

当我们谈论当下的时候，往往会觉得那不是诗，不是我们想要的生活，我们想要的美好和浪漫属于远方。正因为如此，“生活不仅有眼前的苟且，还有诗和远方”这句话才会流传得那么广。

其实，每一个被我们认为是平凡的不值得记住的过往，每一个眼前的苟且，恰恰在一点点地堆积着我们的诗和远方。

今天我要分享的是——

在不能出门的日子里，做家长的与其坐在那里遐想诗和远方，不如和孩子一起记住每一个流水般逝去的日子。和孩子一起读书、游戏、想单纯的问题、过删繁就简的日子。把简单的日子过充实了，过完整了，当一切都结束之后，你会惊奇地发现，平凡简单的日子竟然变成了流金岁月，而诗和远方，竟然就在这平淡的守候中，不经意地来临了。

慈悲之心

Mar. 25th

58 让智慧与慈悲同行

朋友圈记录

此刻窗外传来滴滴答答的雨声。想起杜甫的《春夜喜雨》。如果不是疫情，明天倒是可以看一下红湿处了。换个角度想，那些红湿处也许并不欢迎我们去围观。封城之后，水也清了，天也蓝了。估计这些山山水水平日早已烦透了我们的骚扰，如同我们烦透了家里的“神兽”。

每天都能看到国外的政要、名人检测出阳性的消息。今天的四个人让我有些意外。首先是哈佛大学的校长夫妇。“我们现在的任务是将我们最好的品格和行为带进这个复杂和困惑的世界。”劳伦斯·巴科校长的这段话，让我看到了一个干净、智慧的灵魂。我有些不切实际地想，如果我们的大学校长都有这样的情怀，我们的未来会怎样？

另一个是被誉为“病毒猎手”的美国传染病专家利普金教授。一开始我不大明白病毒猎手为何也会被感染，但仔细一想就明白了。希望勇敢的猎手可以早点好起来。

最后一个是查尔斯王子。因为黛安娜王妃的关系，我一直对查尔斯没什么好的印象。估计好多中年妇女都和我一样，在不了解的情况下，莫名地不喜欢一个人。但是看到他也被感染的消息，却莫名地有些悲凉。他守候了大半辈子，没能等来王冠，却等来了新冠。人生可能就是如此：你想要的，永远在远方；你不想要的，会猝不及防。那么，还是祝他快点好起来吧。

下午和小芦苇讨论一个问题，似乎有点意思。按理说现在她在家上课我在家上班，省了通勤时间，应该会轻松很多。但是，为什么我们每天都觉得这么累呢？有人有同感吗？

小芦苇分析下来是，在学校，上课的时候可以和老师开玩笑，下课了可以和同学打闹。我分析下来是，在家上班，我一日要做三顿饭、洗三次碗、发三次火。

忽然想到一个无厘头的问题，如果我现在自疫区回国，我一定选择去指定地点隔离，而不是居家隔离。饭来张口、衣来伸手，隔离个一年半载我都愿意！

“他守候了大半辈子，没能等来王冠，却等来了新冠。”学校“贝叶香”女性读书会的一位老师觉得我在朋友圈记录中的这句话很有意思。这句话当时还真是我的原创，写到查尔斯的时候就想起了他对王冠的等候。后来这句话在很多地方都可以看见了，不知道是英雄所见略同，还是其他的原因。总之，对查尔斯王子来说，这是一个忧伤的故事。

其实这一天里我最感动同时也是受益最深的一段话是来自哈佛大学校长劳伦斯・巴科在 3 月 13 日写给全校师生的一封信。劳伦斯・巴科校长是哈佛大学首例新冠病毒确诊者。

我们还是一起来看看信的原文吧：

No one knows what we will face in the weeks ahead, but everyone knows enough to understand that COVID－19 will test our capacities to be kind and generous, and to see beyond ourselves and our own interests. Our task now is to bring the best of who we are and what we do to a world that is more complex and more confused than any of us would like it to be. May we all proceed with wisdom and grace.

译文：没有人知道我们在接下来的几周将会面临什么，但是，每个人都要清楚地知道，COVID－19 病毒将会考验我们在患难时刻显示出来的善良和慷慨，并且会超越自我及自身利益。我们现在的任务是将我们最好的品格和行为带进这个复杂和困惑的世界。愿我们的智慧与慈悲同行。

今天我要分享的是——

当我们期待孩子能够考上名校的时候，我们首先应该培养的是孩子的品格和慈悲之心。优秀的品格会让孩子在面对复杂世界的时候，能够采取正确的积极的行动；慈悲之心可以让孩子在面对困惑的时候，懂得超越自我及自身的利益，从更客观更善良的角度看待世界、解决问题。所以，请和孩子一起记住劳伦斯·巴科校长的话，让智慧与慈悲同行。

经常夸奖

Mar. 26th

59 正向分享孩子的成长过程

朋友圈记录

昨天我抱怨了一下不出门的日子，说自己一日要做三顿饭洗三次碗。没想到竟然有朋友开始“点播”，要求我今天写写疫情期间的家务活。真是越来越好玩了！

本来今天是想站在某个高度关注一下国内、国际形势的，但朋友既然点了，作为厨娘的我便不能推辞，那就说说家务活吧。

作为一名财经编辑出身的厨娘，在谈家务活之前，先要给大家搞清楚一个概念，就是所有权问题。我不知道你们家的家务活是怎么划分的，反正我家的家务活所有权是属于我的。所以，即便芦苇爹炒个菜，小芦苇收拾一下碗筷，他们都会很有礼貌地提醒我一句：“我帮你弄吧。”“我帮你把碗洗好了！”

这个所有权问题是由来已久的，与疫情无关。总之，从我们这个家诞生之日起，我一直都是我家各类家务活的所有者。

疫情期间，我这个家务活主人的地位得到了进一步巩固和提高，因为没有外卖没有饭局没有大排档了！

不出门的日子刚开始时，芦苇爹主动承担了外事活动，隔三岔五地去小区门口取快递。所谓男主外女主内，人家冒着生命危险帮我把食材取回来了，自然不会再帮我进厨房。再说，君子不都远庖厨嘛。于是我就开始了一日三餐一人动手全家不饿的生活。

其实芦苇爹的厨艺比我好，并很有几道可以沿街叫卖的拿手好菜。但他对食材的要求很高，若无大鱼大肉，便不会动手。疫情期间什么都要省着点，我只好天天算计着以萝卜青菜保平安的方式度日。小芦苇刚开始也学着做了几道菜，但很快便以课业繁重为由退出厨房。

于是，厨房成为我一个人的“军机重地”。

这两个人不劳而吃便罢了，还经常提出各种要求。“老妈，你可以做蛋糕吗？我看人家妈妈做的蛋糕好漂亮。”“孩她娘，家里面粉挺多的，要不你网上学学，给我们做点馒头炸点油条？”

这个如同大国外交，对不同的人，我的答复也是不一样的。回小芦苇：“为娘不会做蛋糕，明天给你做面包如何？我们可以一起改良配方。”回芦苇爹：“不会！要吃自己做，武大郎还会做炊饼呢！”

做饭的事情是这个情形，洗衣拖地就更不用说了。总之，我的主权无人动摇。

但也有一件家务活是我喜欢的，那就是煮咖啡。我这个人饭菜做得一般，咖啡煮得似乎还行。上班的时候，我天天下午帮同办公室的同事煮咖啡，喝了我的咖啡，他们就知道快下班了。

不出门的日子里，每天下午煮一壶咖啡，是一天当中最美好的时光。小芦苇会把甜点摆出可爱的造型。我们一起喝下午茶，在咖啡的醇香中，忘记疫情、担忧和抱怨，让岁月暂时静好。

对我来说，没有什么烦恼是一杯咖啡不能解决的。如果不能，那就两杯。

好想早点回办公室为同事们煮咖啡！

背后的故事

在朋友圈留言要求我写疫情期间家务活的老师有一个和我的网名类似的名字。我沿用多年的微信和QQ的名字叫“天天快乐”，而这位老师的微信名字则叫“天天”。天天老师是一位热爱艺术的人，同时也是学校的义务摄影家。在学校的很多场合都有她的身影，以及她用镜头为那些活动留下的精彩瞬间。我的“不出门的日子”流水账开始以后，她每天第一时间阅读、留言、点赞，声称自己是我的“铁粉”。

我的流水账开始以后，有很多朋友都是这样支持、鼓励我的。外语学院有一位教授，是学校从其他地方人才引进过来的，平时的工作特别忙。但是，不管我的流水账更新得多晚，他总是第一时间回应。还有一位重点高中的语文老师，经常会在自己的朋友圈转载我的流水账。我的一位在政府部门担任领导工作的同学，甚至在单位的职工大会上将我的这些流水账与其他作家的作品进行对比，鼓励员工在疫情期间积极工作、拥有家国情怀。

这样的例子实在是太多了，我一时无法一一列出。正是因为这些关爱、支持和鼓励，才使我在不出门的日子里，日日坚持记录我和小芦苇成长的点点滴滴。亲爱的读者朋友，今天，当我的文字以真实、琐碎的方式呈现在你们面前的时候，希望你们也能像这些朋友一样，不因为它未经修饰而嫌弃，像喜欢一个人真实的成长过程一样，关心它，爱护它，包容它。

今天我要分享的是——

一些家长认为成长是孩子自己的事，不愿意同别人分享孩子成长的原生态过程，认为那会影响孩子的生长空间。其实这种担心是没有必要的。大数据时代，我们的很多数据都已经成为大家公开掌握的资料，孩子成长的过程早已经不是秘密。将孩子“养在深闺”的年代已经过去了。

一朵花寂寞地开开在山谷里，和开放在有人经过并且夸奖的地方，结果是不一样的。有人做过实验，植物也是需要夸奖的，经常被夸奖的植物，会长得更好，花儿也会开得更加艳丽。

和好朋友一起分享孩子的成长过程，不仅对孩子是一种鼓励，能给孩子带来正向的力量，更会让我们在对孩子成长方向的引领上，得到更多的指导和帮助，从而更少出现失误。

向孩子示爱

Mar. 27th

60 为什么有的孩子会成为巨婴

朋友圈记录

今天有一个很好的消息。下午在网上下单买菜，算着时间看着 App 等着送菜小哥打电话让我去小区门口取菜。结果却等来了门铃声。原来，小哥今天可以进小区送菜上门了——疫情好转的消息就这样在衣食住行中一步步向我靠近。

但是国外传来的消息依然一天比一天严峻。昨天其实有两个消息是让我很难过的。一个是一对意大利医护夫妇在救治了 134 名患者后双双感染离世，他们在医院大厅的那张最后的合影美得让人窒息。另一个是名重症监护室的护士，34 岁的她在自己被感染后选择了自杀。这个国家已经有近万名医护人员被感染，这是怎样的一种痛！

在这样的背景下，回国成为很多孩子和父母眉间心上的忧愁。在外读书的孩子和有家有口生活在异国多年的华人华侨不一样，他们更需要帮助。大使先生在给“张男神”的亲笔信中写道，只要留学生在，他绝不离开。这句话我很感动。希望求学在外的孩子们，平平安安，顺顺利利！

最近有一个观点叫新冠分裂了我们的朋友圈。我也切身体会到了。最近我在的某几个群里似乎争论不断，甚而有人愤然退群。我对这些事情一贯是比较平和的，但这两天也为某些人的言行生气。

还是编个故事来说明我的想法吧。

一个姑娘在农村的大家庭长大，小时候可能也受过家里一些旧观念的气（比如父母重男轻女）。后来姑娘努力奋斗去了城里，嫁了个城里人，住上了楼房。

乡下家里的蔬菜庄稼熟了，父母和兄弟会寄一些给她，她很喜欢。乡下家里的兄弟结婚或者父母生病，她也会寄个三五十元钱回去，父母很高兴，认为她孝顺。

可是，这姑娘就是不愿意在城里的公婆丈夫面前承认自己和乡下的家人是同一个血脉。公婆丈夫其实也没少给她气受，但是，她就是觉得城里人素质高，乡下人素质低。

她离开家乡已经很多年了，她不知道她乡下的家已经有了变化。她兄弟家的房子比她城里的房子还大，她八十岁的老母亲将智能手机上的App用得很溜，她的小侄女的城里话说得比她说得还好，她的侄儿甚至已经在另一个比她生活的城市更大的地方工作。每次打电话，她依然会用高高在上的语调对乡下的兄弟说："我真是为你们操碎了心，你们且提高点素质、学点文化吧！否则不仅我的丈夫公婆看不起你们，整个城里人都看不起你们！你们天天生活在那个小地方，完全不知道外面的世界有多先进！"

示爱也要有原则和正确的方法，也要有发展的眼光，否则会伤人伤己。

背后的故事

其实我在这一天的朋友圈记录中提到的那对意大利医护夫妇，后来网上又说照片并不是拍自疫情期间，而是另一个时间拍的另一对情侣。我不打算去辨别了，那张照片或者只是一个载体，它承载的是我们对疫情期间舍命工作的医护人员的敬意。

疫情以来，我以一个普通人的视角，一点一滴地感受着自己身边的变化，从小区封闭管理到居家办公，从外卖快递不能进入小区到可以再次送货上门，从店铺关门到重新开门，从口罩难求到可以随时买到，点点滴滴的进步，折射了我身边疫情的好转和医护及多方管理人员的努力。

也正是因为这个原因，我对朋友圈的分裂还是不能完全放下的。

读中学的时候，我记得有一次看三毛的文章，其中一篇说到爱之深忧之切，内容主要是说一些中国人在国外的不太好的表现。读完我觉得热血沸腾。后来又看了柏杨的《丑陋的中国人》，越发觉得写得深刻。

待我自己亲身去了国外，特别是在欧洲待了几年以后，又觉得问题其实是双向的。一方面我们的少数同胞在外旅游的时候的确有一些不太好的表现，但是另一方面，也并不是每一个外国人都是高素质、对人友好的。从那时开始，我的心态就发生了变化，慢慢学会了以更客观的态度来看待和评价一些人、一些事。

回到上海以后，也许是我个人所处的环境的原因，也许是因为对国内国外的情况都有切身体验的原因，我越来越觉得上海这座城市比世界上其他很多城市更先进、更让我喜欢。

我有很多同学和朋友如今依然侨居在国外，他们当中的很多人都是令我欣赏的。他们自身很努力，同时又通过自己的努力，在其他国度为中国人树立了很好的形象。

但是，不和谐的音符总是有的。我记得有一次我和小芦苇去一位嫁给外国人的朋友家做客，女主人很热情地接待了我们，但后面的谈话却令我们并不愉快。小芦苇同她说起自己完成的一项学校的社会实践作业，她马上对中国的教育进行了大力度的抨击。谈到最后，她甚至对中国人吃米饭的习惯都进行了彻底否定，说大米是一个特别不好的东西——我这才知道她嫁给外国人以后，已经不再吃大米了。其精神也很可嘉，人到中年了，自己来自鱼米之乡，最后却嫁夫随夫，改掉了吃大米的习惯，这样的爱情或许是令人感动的。后来，她的外国先生不在家的时候，她给自己端出了一碟豆腐乳——她到底还是不能完全忘却家乡的饮食习惯的。

有点扯远了。总之，疫情开始以后，因为很多不确定的因素限制了我们的判断，一些片面的观点便不断地在网络上蔓延，直至分裂我们的朋友圈。

朋友圈特别是同学群的分裂在我看来还有一个特点，就是往往会以爱的名义出发。但是，即使是示爱，也要讲究原则和方法，没有人会愿意接受一个高高在上或者因循守旧的观点，尤其是这个观点可能还是错误的。

今天我要分享的是——

向孩子示爱是一门学问，多了不行，太多的爱对孩子来说往往会是一种负担。少了更不行，缺乏爱的滋养的孩子是苦难的。

家长向孩子示爱，要注意三点。一是不要高高在上。要让爱发自心底，是感情的自然流露。二是不要想着回报。爱如流水，付出了就是付出了，没有回报，也不需要回报。草木吸收山川日月精华，进而茁壮成长。有一天草木长成奇树异草，是草木的事情，山川日月并不需要它们的回报。三是要有发展的眼光。孩子在一天天成长，孩子需要的爱也要不断提升。为什么有的孩子会成为巨婴，就是因为做家长的在孩子已经慢慢长大以后，依然给予他们婴儿般的关爱。

留住岁月

Mar. 28th

61 让孩子学会用文字记录生活

朋友圈记录

今天第一次去单位值班，这也是我不出门的日子里第一次正式出门，并且是出“远门”。所以一定要记一下。

疫情期间能够进校园是很不容易的，一周前就要申请，还要经过层层批准——都是为了校园安全着想。

早上7点半，我的手机上就收到学校微信公众号发过来的信息提醒：“您今天的进校二维码已生成。”这条消息一下子让我的这一天与其他的一天不一样了。这就是小王子说的仪式感。

之前想过要在一个春光明媚的日子里去单位值班，这样可以在午休的时候在校园的阳光下走几步，或许还可以遇到落英缤纷。倘若由此误入桃花源，秦人邀我至其家，设酒杀鸡作食，并问今是何世，乃不知有非典，无论新冠，那将是最大的收获。

但是今天下雨，早晨的时候还不是小雨。所以，千万不能特别想一件事情，越想越得不到。

向门卫出示进校二维码，他扫描后，前方的大屏幕上出现了我的信息。门卫检查无误后放行。大屏幕立在蓝色材料搭建的临时走廊中，摄像头和测温仪高高地立着。迎着摄像头，穿过短廊，便进入美丽的校园了。穿廊的那一刻，我很有些错觉，觉得自己正任职于某机要处。

今天单位只有两个人值班，另一个人是财务处的老师。我们各占一整层楼，我能听得见她上楼的声音，却未照面，应了一句古语。

办公室是我春节前离开时的样子。虽说居家也可以办公，但有些事情还是必须在办公室里处理的。这两个月来积攒了很多这样的事情，所以上午的时间像飞一样。

楼上的同事在午餐时间戴着口罩过来同我打招呼。我们保持社交距离说了几句话，又各自忙去了。这是疫情期间特有的现象吧。

我带了便当，但一直拖到下午三点才吃。本来想煮点咖啡的，但一个人在办公室喝咖啡有些不习惯——原来这些年来，我已经习惯了办公室咖啡时间的热闹了。以前是盼着下班，今天是到了下班时间根本不想离开。这种感觉很奇妙。

中午抽空拍了一张今天的雨中校园。校园里只有几个没有离校的留学生，余下的便是这满园春色。晚上回来，发现有一个重要的东西忘在办公室了。也许这是潜意识中的故意吧，为了明天还可以近观校园春色。

那么，明天见！

背后的故事

值班前的那天晚上，我在手机上记录了18条备忘事宜，都是第二天值班时要处理的事情。上班这件事，在我，从来没有这么隆重过。

其实不仅是我，我的很多同事，都把疫情后第一次去单位值班弄得很有仪式感。平凡日子中藏着的美好，就这样一点点地透露出来。

我在雨中拍了张平常上班的日子里日日走过的草坪和留学生楼的照片，觉得有一种久别重逢的亲切。

我在第59天的记录中提到的那位天天老师，那些天在她的朋友圈里做了一个疫情期间的微纪实专题连载，用图片和文字反映疫情期间各行各业的人和事。这一天恰好是她的微纪实连载的第8天，她专门为我的这个“不出门的日子”的流水账做了一个纪录。

2020年纪实《特别的日子特别的你》(8)

文字可以回答人们仰首提出的疑问。对于作家来说，他们只要知道于空间中蕴藏深厚的时间，会立即领悟自己的使命……作者离阿拉最近，平平静静坚持写那“不出门的日子”已到了六十天，记录的都是阿拉上海人的点点滴滴。确实，我们的族群需要这种箴言浸润，然后稍微闪出一抹精神的灵光。人之为人，还是需要有挺立的思想做支撑……

在这些文字下面，她放了一些我最近的朋友圈文字的截图。

除了这样的纪实，天天老师在疫情期间还坚持在朋友圈发她的系列铅笔画，主人公是两只小猪，题材都是与日常生活相关的。我会在最后一天向大家展示天天老师专门为我的流水账画的小猪动漫画。

总之，特殊时期，我和天天老师一起，以这种自娱自乐且图文并茂的方式，感受并记录着生活中的点点美好，以一种微不足道的方式，致敬一段难忘的岁月。关于天天老师的这段记录，我在第66天的朋友圈记录里还有呈现。

不出门的日子结束后，有一天，我的一位老同学，同时也是一位颇有些建树的书法家，在同我聊到一地鸡毛、鸡零狗碎的生活时，发出一句感慨：

“你把平常的日子过得美好，是因为你用文字让自己的生活充满了诗意。”

这当然是老同学的谬赞。但是文字的力量，文字润泽心灵的力量，的确是巨大的。所以，在小芦苇很小的时候，我就鼓励她写日记，用文字记录自己生活。记得她小时候我第一次带她去台湾旅行，她就带了个小本子，用图画和文字记录了一些她的旅游见闻。有一天晚上，在高雄的一家酒店的自助餐厅里，我一边喝咖啡一边等着洗衣机里的衣服（洗衣间连着餐厅），小芦苇刚刚洗完澡，披散着头发坐在餐厅的桌子旁边“画”她的旅行日记。那个场景我记得好清晰，如在昨天。我记得小芦苇的那个本子上后来还盖了好多旅游打卡点的章。

可惜后来小芦苇的学业越来越忙，这种自娱自乐的记录生活的文字越来越少了。

今天我要分享的是——

生活会像流水一样过去，转眼间孩子就会长大。留住岁月的方式有很多种，文字和图画是其中最好也是最简单的方式。家长与其让孩子报很多作文训练班，不如让孩子学会用文字和图画表述自己的思想，记录自己日常生活的点点滴滴。这些稚嫩的不成体系的文字和图画，会在未来的岁月中，成为孩子最宝贵的财富和值得珍爱一生的东西。

需要提醒家长们注意的是，除非孩子邀请，否则，千万不要尝试用任何方式去阅读孩子的这些文字和图画。这不仅是对孩子的尊重，也是对自己的尊重。

更见风致

Mar. 29th

62 以独立坚毅的态度遵守规则

朋友圈记录

先说一下昨天忘了东西在办公室的事。今天我是进不了校园的，但是可以走到围墙边。隔着铁栅栏，将我的门禁卡递给今天值班的同事。她去我办公室取了东西，再从栅栏递给我。

随手拍了张爬满绿色藤蔓的校园栅栏，它在微雨中充满了生机。或许，我今天过来，只是为了多看它一眼，在这特别的日子里。疫情让世界“停摆”，却也让我们有机会更仔细地观察周围，审视内心。

从昨天开始，我的心一直为一个叫纽约蓝蓝（张兰）的策展人的遭遇纠结。这个出生于中国贵州的女子一步步走到北美，有成功的事业，幸福的家庭。疫情在美国开始以后，她每天的记录——《疫情中的纽约人》吸引了很多人。但这份朴素又真实的关于纽约人疫情生活的记录，停止在 3 月 26 日。一场车祸夺去了她 50 岁刚出头的生命。她原计划疫情结束后参加大女儿的婚礼，她的小女儿还在普林斯顿大学读书。没有来得及留下一句话。幸好，她留下了那些记录，那些记录曾宽慰了很多焦虑中的人。这便是文字的力量了。文字让我们靠近，认识她，记得她，想念她。

疫情以来，我每天会花大量的时间在浏览新闻上，为此连微信读书都停下来了。虽然我每天都很忙，但这个浏览时间的付出依然是值得的，它让我看到世间万象，分析背后的信息，然后得出自己的结论。而这个结论，将影响、指导我自己的生活。所以，我喜欢像纽约蓝蓝这样的华人写作者，在描述自己熟悉的生活中，让我们看见世界真实的样子。我很想对那些努力在网络上传播自己的主张的人说一句，不要告诉我应该怎么做，告诉我你生活的样子，传递你的气息，我自然就会知道你的样子，世界的样子。

我今天传递的信息就是这充满生机、爬满绿色藤蔓的校园栅栏。

背后的故事

世界按下暂停键，每个人都静下心来重新审视自己。

那些对别人影响最大的人，恰恰是做得多说得少的人。

我的另外几个身居国外的朋友，也在疫情在国外蔓延的初期在自己的公众号上推出了某地抗疫日记等系列文章，但是，坚持了一段时间后，便不再推出了。由此可见，在一个比较长的并且是不确定的时间段里，坚持做一件事，是不容易的。也正因为不容易，所以便显得很有意义。日子过去了就没了，艰难也罢，快乐也罢，都会逝者如斯夫。但是，原生态记录每一个日子，每一段感受，没有修饰，没有挑选，便显得很难得。让我欣慰的是，在朋友们的鼓励下，不出门的日子里，我能够坚持每天晚上都记录下自己一天的经历和感受，并且和朋友们实时分享。坚持是一种美德，更是一种面对困难的态度。

这一天，还有一件事情是让我感动的。小芦苇学校的一位家长，在微信群里分享了一个从国外回来的孩子拍的回国视频，并且附上这么一段话：

> 分享小王同学的故事。他目前是康奈尔大学二年级学生，前晚小王同学历经49小时回到祖国怀抱，自己制作了令人非常动容的四分钟视频来记录回国之路……这一代留学生的遇事冷静、独立坚毅、遵守规则、赤子情怀都在视频中有美好体现。
>
> 视频最后他写道："三个国家、四段航程、五个机场、九个口罩、四十九个小时、一个祖国、无数个更辛苦的一线人员、一份无以言表的敬意。""如果宅在海外，也请像个英雄一样照顾好自己，请相信这个世界一定会好起来的。"

看了这段话和这个视频，我忍不住要为这个小王同学喝彩。

如同我在朋友圈里经常说的，这一代年轻人，是真正的世界公民。他们有才智，不狭隘，不卑不亢。他们不仅超过了我们，也必将走在世界的前列。他们让我看到了民族的希望。

今天我要分享的是——

在和时间奔跑的路上，家长永远是跟在孩子后面的。家长永远不要试图用自己的阅历和经验去指导孩子，更不要用自己的见识去规划孩子的未来。孩子是小树，虽然暂时看上去比我们矮小、娇嫩，但是，小树每天都在以我们无法想象的速度成长。

疾风知劲草。有一天，当狂风暴雨袭来时，你会发现，能够抗击风雨的，不仅有自己这棵饱经风霜的老树，还有茁壮成长中的小树——我们的孩子。风雨过后的老树有时候会有些疲惫，而小树，却会更见风致！

要有价值

Mar. 30th

63 做一个术业有专攻的善良人

朋友圈记录

早晨看到的第一条消息是德国黑森州的财长卧轨自杀了，54 岁。据说是不堪重负。记得疫情开始时，日本也有一个负责撤侨的官员自杀了。疫情考验着每一个人。这一刻，忽然觉得自己作为一个普通人，是一件幸福的事。太平盛世，人们为了很多欲望而活着。这时候，包括我在内的一些普通人常常会觉得自己活得很憋屈，很卑微，很不甘。疫情期间，更多人意识到要为了活着本身而活着。这时候，身心健康地活着便是幸福。

新冠病毒目前可以说是满世界横行。病毒被控制前，没有人可以保证自己可以高枕无忧、幸免于难。此刻，嘲笑、挖苦、指责、谩骂都是毫无意义的，世界是一个整体，没有人是一座孤岛。两个月前，我们没有想到世界会变成今天这个样子，多处封城、封国、大部分国家进入灾难或紧急状态。我们同样无法预知两个月后世界的样子。我们无法预料，疫情过后，世界是否会进入大萧条时期，你和我，生活会受到怎样的影响。

所以，此刻，保持心态平和，心地善良，让自己健康，身体和心理都健康，是最低和最高的要求。我们的老祖宗说过，留得青山在，不怕没柴烧！

作为一个普通人，我做不了什么。如果你有走不出的情绪，解不开的心结，可以找我倾诉。我不一定能够帮到你，但肯定可以让你舒缓焦虑。

背后的故事

不能出门的日子里，很多家庭矛盾会进一步显现，很多平时压抑或者忽略的情绪也慢慢聚拢。据说有很多夫妻因为每天24小时相处而让彼此的包容心变小，甚至出现家暴，闹起了离婚。

想起秦观的词：“两情若是久时，又岂在朝朝暮暮。”其实，正是因为不需要朝朝暮暮，两情才能久长。相忘于江湖很容易，相濡以沫却很难。

我在疫情期间劝解过好几个人。我在劝解的时候，常常会听到一句话：“我对他/她已经很包容了，但他/她还是那么作。”这样的话我一般是不赞成的。我说：“你肯定没有真正做到包容，因为真正的包容里面是有爱的。你确定你这样说的时候，心中对他/她是有爱的？”

指责别人是一件很容易的事，并且毫不费力地就能找到货真价实的证据。但包容却不一样，包容别人不仅要有宽容的内心，还要有不怕摩擦、可以忍受疼痛的勇气。

我的一个朋友很喜欢用石头作画。为了打磨那些石头，她买了一台打磨石头的机器。她把那些磨得很光滑的石头拿给我看，告诉我这些石头在她的机器里打磨了三天到一周时间，机器24小时运转，很吵的。

我同情每一个抗不住压力最后选择毁灭自己的人，但我更愿意成为能够帮助别人拿掉最后一根压垮他的稻草的人。我的一个朋友在这一天的朋友圈记录下面留言，说我是一个善良的人。

其实善良是一件很容易的事，帮助别人也是很容易的事。真正有意义的帮助，往往是轻而易举并且会在事后带给自己长久快乐的。

由这个德国黑森州财长自杀的事件，我和小芦苇说起自己曾经几次救助别人的事。一次是一个20来岁的女孩，多年来一直从杂志上读到我的文章，很喜欢我的文字。后来她在生活中遇到了一些不幸，她怀疑自己得到绝症，男友又弃她而去。她打算自杀。

在跳海自杀前，她买了火车票来到我所在的城市找我，希望可以在结束生命前看到这个她喜欢的写文章的姐姐（那时候我也只有20多岁）。

我为她在我生活的城市的酒店里开了一个房间，陪了她整整一个星期。离开的时候，她放弃了轻生的打算，在酒店里给我写了一封长长的信，亲切地称我为“啸天姐姐”。

有一天我把这件事情当成一个案例说给我的心理学家朋友听。他告诉我，送人玫瑰手有余香，所有的帮助都是相互的，我挽救了女孩的生命，而女孩让我进一步认识到了文字的力量，并且在慈悲的路上走得更远。这位朋友每天都关注我的朋友圈记录，他说我的文字“像泉水般清澈”。

今天我要分享的是——

善有善报的真正含义是，你的善良必须是有价值的，是能够帮助别人同时又不损伤自己或者他人的。善良是一种品质，但有价值的善良需要能力去支撑。我们在告诉孩子要成为一个善良的人的同时，要告诉他们，从善良到用善良帮助别人，是需要知识和能力来支撑的。让孩子做一个术业有专攻的善良人，是我们对孩子的爱的具体化，是真正的爱的教育。

去过度培训

Mar. 31st

64 尽可能立体地接触艺术作品

朋友圈记录

今天是一个三月里的小雨淅淅沥沥下个不停的日子，但是不幸的消息却来自一场大火。

凉山州西昌市的森林大火，在今天凌晨夺去了19个年轻的生命，他们是18名草原救援队队员和1名向导。而在去年的今天，同样是这个地方，同样是森林大火，夺去了31名消防战士的生命。时间地点的重合，让人惊异。

2019年下半年，我们学校少数民族的学生和老师，曾经以31位牺牲的战士中的一位战士的故事为背景，创作了一个感人的情境朗诵作品。该作品获得了特等奖。我以为舞台会定格那一刻，没想到悲剧会在一周年的时候再次发生。人与自然之间，还有多少误会没有解开？还需要多少努力和对话？

另一件事情则是发生在人与人之间。昨天凌晨，梵高的一幅作品在荷兰阿姆斯特丹附近的辛格拉伦博物馆被盗。疫情期间，博物馆闭馆，但是这幅《1884年春天纽南的牧师花园》还是在凌晨被人破窗盗走了。这幅画是格罗宁根博物馆的永久藏品，辛格拉伦博物馆是租借来的。

蹊跷的是，该博物馆昨天只有这一幅画被盗。而昨天，也正是梵高的生日。这个在世时一幅画都没有卖掉（唯一卖过的一幅画是他兄弟买的），在凄凉与困顿中走完一生的荷兰画家可能没有想到，百年后，他的画作会一次次被盗，甚至在疫情席卷全球的时候也不例外。如果我是他，这一刻，应该会有一点点欢喜的，虽然这欢喜是画在悲伤的画布上。

这个春天实在是太魔幻了。新冠，大火……现在，连梵高的“春天”都被偷走了。我们的春天会怎么样呢？

所以，还是要做些什么，在时间流逝的春天里，留下一点点痕迹。

背后的故事

我在荷兰生活了四年多，对梵高自然是非常关注的。也许是因为艺术家太多了，他们的作品和痕迹又很容易遇见，我在荷兰对梵高的重视程度反而没有在国内的时候高。因为在阿姆斯特丹街头，很容易就能遇见一位艺术家的故居或者作品。我初到荷兰的时候，有一次在王宫门口的达姆广场逛，然后沿着运河慢慢走回我的公寓。在道路旁边一栋旧旧的建筑门口，我看见一扇绿色的门。本来没怎么太注意，后来见有游客过来，才发现牌子上写的竟然是伦勃朗的故居。伦勃朗是荷兰最伟大的画家之一，他的《夜巡》应该和梵高的《向日葵》一样让中国读者耳熟能详。

另一位我很喜欢的荷兰画家叫约翰内斯·维米尔，他的代表作也是大家十分熟悉的，那就是《戴珍珠耳环的少女》。维米尔长期居住在荷兰小城代尔夫特，那是一个宁静的以陶瓷著称的城市，那陶瓷源自中国景德镇，后来成为荷兰王室的珍爱，称为代尔夫特蓝陶。

小芦苇读小学的时候，我送了一本美国女作家特蕾西·雪佛兰（Tracy

Chevalier）的同名小说《戴珍珠耳环的少女》给她，后来又和她一起看了同名电影。很少有一部画作可以同时立体拥有小说和电影，并且都很美。

小芦苇说她写作文的时候，脑子里总是先有画面，可能图文总是相通的吧。所以很多时候我都有些惋惜，现在的孩子课业任务那么重，家长为了提高他们的水平，还经常送他们去各种补习班，包括作文班。如果能把这些时间还给孩子多好，让他们看看画展，读读自己喜欢的书。来自生活的立体熏陶一定会比培训机构推出的所谓小班教育、沉浸式教育、融入式教育更好。

我的一位在金融领域工作的作者对我这一天的朋友圈记录评价颇高，认为它“充满人文情怀，文笔自然优美，促人思考，引人向上”。

如果这是真的，我相信那也一定不是我的力量，而是艺术的力量。我上面提到的三位荷兰画家——梵高、伦勃朗和维米尔，都曾穷困潦倒，生活在无限悲哀当中，但他们却给我们留下了无法估量的艺术瑰宝。那些闪耀着炽热光芒和美到极致的艺术作品中，交织着他们或短暂或凄凉或卑微的一生，以及对生活的无限热爱，对生命的无限渴望。

今天我要分享的是——

旅游的时候，我们会回避人造景观，更愿意看自然景观和人文景观。对孩子阅读和写作能力的培养也是这样。做家长的一定要注意，不要对孩子的阅读和写作能力进行过度培训，更不能进行统一标准的内容分析和技巧运用。

在梵高的《向日葵》、伦勃朗的《夜巡》和维米尔的《戴珍珠耳环的少女》面前，每个孩子的感受都是不一样的。即使是同样的春天，每个孩子眼中看到的东西也是不一样的。我们不能要求孩子在同一幅画面前表现出相同的体验，更不能要求不同的孩子对阅读的书籍产生相同的联想，写出结构和主题类似的读后感。

Part 4

四月｜看见飞鸟的翅膀和荒野的小花

不仅要记住无边的风沙和寂寞
更要发现飞鸟掠过天空的霞光
以及断垣残壁中开出的美丽的花
它们让荒野充满生机
照亮我们的眼睛

超越自我

Apr. 1st

65 让孩子有一颗能够容忍瑕疵的心

朋友圈记录

下午同事给我送稿子，约了在小区门口见面。等同事的时候，我发现小区门口的“爱回收”已经开始工作了。这个24小时自动回收物品的机器自春节放假开始，一直停止工作。屏幕上写着：疫情影响，延迟开工。

为了试试其工作是否正常，我顺手将一个空纸盒压扁了投进去，发现一切OK。

这是生活进一步正常化的表现。上次去单位值班，我就发现出小区的时候已经不需要从门卫手上取出入证了。现在除了进小区时需要量体温，没有其他要求。门口放快递和外卖的架子，也都撤了好几天了。

国内国外似乎还是有很多猜测，透露出对彼此信息的不信任。外面的情况我不知道，就我自己而言，生活是越来越正常化了。我身边的疫情肯定是在好转。

无症状感染者是这几天大家关心的，不过我觉得只要注意防护和个人卫生，它还是没有那么可怕。那么艰难的日子都过去了，真的没有什么好怕的。

今天看到一个好奇怪的观点，说西方人现在大规模感染其实是他们的一种策略，几个月后会获得群体免疫。到时候，我们这些没有感染过的东方人就惨了。我一时理解不了这个理论。难不成我几个月来小心翼翼地不让自己被感染，还是一个错误？西方人现在是不是在大规模感染我不知道，但我相信，每一个被感染的人，都不是主观故意的。谁愿意被病毒感染呢？想不明白。大概是我太笨了。

病毒的事情还是让科学家去研究吧，只有他们，并且唯有他们，才能得出科学的结论。我希望这个结论，特别是解决的办法，可以早一点出来。

我们要做的，是听医生的话（嗯，在上海的我其实是听张文宏医生的话），保护好自己。

再就是，少听闲言碎语，好好过日子。穷则独善其身。

今天在小区楼下拍了绣球花。真是春已过半了！

背后的故事

我的一位家住闵行区的同学告诉我，她们小区连测温都没有了，只有检测棚依旧坚守岗位，大概是备用。

经过长长的冬天和早春，仲春之际，终于看到了疫情一天天好起来的迹象。当然，这只限于我的身边。

“爱回收”可以恢复工作的消息让我和小芦苇都很兴奋。几个月来，我们储存了很多快递包装。那些纸板箱我们一向是压扁了送到“爱回收”里面的。

昨天的记录里我说了，我在荷兰生活过四年多。这四年多的时间里我最大的一个改变是爱上了环保，不介意用二手物品。

初到荷兰时，我很惊奇阿姆斯特丹竟然有那么多的二手市场，而一年一度的女王节（现在叫国王节了）更是一个全国人都参与的二手物品交换的狂欢节。我写过一篇《荷兰女王节练摊记》，里面详细记录了我当时的感受。

我在荷兰公寓里的许多物品都是从二手市场买的，或者从路边捡的。比如小芦苇的婴儿床，比如一整套的书橱。在阿姆斯特丹的运河边，我不仅捡到过整套的书橱，还捡到过很漂亮的西餐桌和藤制茶几，它的旧主人连茶几上的圆玻璃都完整地放在那里，似乎只等着我捡回家使用。这些有趣的经历我在《星期二的拾荒梦》中有记录。我在荷兰经常使用的一只大的收录机，可以放光盘和磁带、听收音机的那种，也是学院的秘书送给芦苇爹的二手物品。我初到荷兰时经常用这台收录机听英语，小芦苇出生后则用它听儿歌。

我们离开荷兰的时候，我将从二手市场买的婴儿床拆好包装好，放在楼下，期待有需要的人可以捡回去继续使用。

我们刚回到上海的时候，住的是学校的公寓，里面有很多像我们一样刚刚从国外回来的人，所以会有一些国外生活的痕迹留在那里。有一次我打开门，发现门口放了厚厚一摞童书，中英文的都有，整整齐齐、干干净净。我想，这一定是某个邻居知道我们家有小孩，特意将这些他们不用的童书分享给小芦苇。

因为这些原因，后来小区里慢慢有了旧衣物回收箱和“爱回收”以后，我和小芦苇都特别欢喜。我们经常把旧衣物洗净叠好投到旧衣回收箱里。有了“爱回收”以后，我们可以投递的东西更多了，快递盒也有了好去处。

芦苇爹对我们经常将快递盒压扁后堆放在阳台上很不满意，但我们对他的意见置若罔闻，乐此不疲地整理废旧物品，陆陆续续地送到“爱回收”里去。

都说女儿要富养，在这一点上我做得实在是很不好。由于我从婴儿床开始给小芦苇使用的就是二手物品，小芦苇怎么也娇贵不起来，从小对衣服就不挑剔，只要穿着舒服合身、看上去不夸张就行。这倒是让我省了不少银子。

今天我要分享的是——

所谓富养孩子，并不是简单地指让孩子吃得好、穿得好、用的东西好、玩的地方好。有条件并且自己有偏好的，让孩子的物质生活品质提高一点档次当然是无可厚非的，但是像某些明星大腕那样，让小小的孩子全身上下都是名牌、满世界高消费就有些过分精致了。

让孩子从小养成节约的习惯，学会物尽其用，学会和别人一起分享自己的物品，或者使用别人分享的二手物品，会让孩子有一颗更容易接纳别人和外面世界的心。

让孩子在精神层面超越自我，有一颗愿意包容别人、能够容忍瑕疵、喜欢与别人分享的心，这才是我们能够给孩子的真正财富，是真正的富养。

66 共同成长的一个简单有效果的方法

朋友圈记录

这个网名天天（比我的少两个字）的老师，是我几年前在我们学校的“贝叶香”读书会认识的。我们一见如故，又发现彼此网名相连，遂有缘分天定之感。

天天老师活跃在校内校外的很多活动现场。她是一名极好的摄影师，一个新锐漫画家，一个极有创意的人。时光若能倒流，我一定会邀请她回到我的 20 多岁，和我一起创办杂志。说不定一切都会是另一个样子。

疫情发生后，她像一个新闻战士一样，活跃在朋友圈。一会儿发来超市物品供应的图文，一会儿又是爱心机构打包援鄂物资的图片，甚至还有市政府各类举措的最新消息。她的朋友圈，充满干货，充满人间烟火味。

前些天她又有了新的创意，做了一组《特别的日子特别的你》纪实报道，将她在朋友圈看到的各种疫情生活的原创作品分门别类地进行展示。今天已经展示到第 13 组了。有抗疫医护人员的一手画像，有居家隔离的众生相，有各种戴口罩的面孔，有居家体育运动，总之太多了！甚至总统的电视“带货”都成为她报道的主题之一。

我这“不出门的日子”也占了一组。经她一总结，我都觉得自己的这个流水账记得更有意义了。

所谓正能量，应该就是这样的行为吧，踏踏实实做点自己喜欢的事，不焦虑愁闷，不怨天尤人，爱自己，爱家人，爱朋友，爱这五彩缤纷的世界！

背后的故事

我和天天老师是在读书会的一次活动上认识的。我记得那一期的活动主题是告别，向那一年里离开我们的大师告别。活动是在大学路上的一家名为“荒岛”的书店进行的。天天老师当时是我们活动的摄影师。如今，那家书店已经不在那个地方了，但是难忘的记忆却永远留下来了。

后来我的一位作者在读书会上为大家做了一场讲座，天天老师全程跟踪拍摄。活动结束的时候，我和她一起送作者离校。在学校后门口，门卫拿了一束花过来，说是有人送给天天老师的。天天老师大概经常收到粉丝的献花，竟然不知道是谁送的，于是把那一大束花送给了我。那束花在我的客厅里开放了很多天，我对天天老师的喜爱也像鲜花一样慢慢盛开。

此后，我们经常在朋友圈互动，发现彼此在很多问题的看法上是相似的。

天天老师是一个很有创意并且行动迅速的人。在简单的生活中，她常常会有出其不意的想法，并且尽可能付诸行动。

由于我的惰性，有两件与我有关的计划，她没有能够实施。

有一段时间，我需要每天坐近一个小时的地铁上班。那段坐地铁的日子里，我阅读了很多本纸质书，我把它称为“地铁上的阅读时光”。天天老师知道后，表示要跟拍我一天，记录我的地铁阅读。我是不大习惯这种跟拍的，便以一拖再拖的方式让她放弃了。

另一次是小芦苇和同学一起拍学校的课本剧。天天老师知道后表示要去现场观看拍摄。可是，由于非家长进小芦苇的校园有困难，这个事情最后也没有做成。

我的这个“不出门的日子”流水账结束的时候，她特意为我画了一幅铅笔画，画中的“人物”是两只小猪，这两只小猪也是她的系列铅笔画中的主人公。促使我最终决定把实时发在朋友圈的记录整理成一本亲子教育的书，与更多的读者分享我和小芦苇在特殊时期的生活和体会，有很多因素，天天老师的这幅画是因素之一。

今天我要分享的是——

和孩子在一起的时光，每一段都是非常有意义的。它们会以简单平淡甚至焦虑不安的方式呈现。如果你想记住孩子的成长，并在孩子的成长过程中发现并提升自我，一个比较好的方式是，赋予它一定的仪式感。这种仪式感并不需要浓墨重彩，只需要你和孩子一起做，和好朋友一起分享。

有一天，当你回望这些由一个个小仪式堆积而成的日子时，你会发现“特别的日子特别的你”——你和孩子在共同成长。如果你们之间存在问题，你也会从这些仪式中找到最真实的原因和最好的解决的办法。

艺术再创造

Apr. 3rd

67 寓教于乐是最好的教育方式

朋友圈记录

小芦苇的语文课一向是生动活泼的，因为老师经常会让他们分成几个小组演课本剧。这些富有想象力的孩子们往往把课本剧演绎成了欢乐喜剧人——这是他们过去在校园里上课时的情形，我也是道听途说，未曾亲见。

现在是网上上课，原以为课本剧演不了了。不想，今天他们依然在 zoom 上演课本剧——从而我得以旁观。

演的是《鲁提辖拳打镇关西》。我看了三个还是四个小组的表演。孩子们隔着屏幕，各自在家中，竟然可以相互配合，完整演绎。有旁白，有人物扮演，有剧情，有冲突，有台词，嗯，还是同期声。

几个小组的演绎快把我笑死了。有帅气逼人、温文尔雅的鲁提辖，有几乎是笑星出场的镇关西，有操着港台腔的金翠莲，真是青春逼人的轻喜剧。用小芦苇的话说，是“十个泪点九个笑，还有一个是狂笑”。

有的镇关西很卖力气，用笔敲桌子模仿出剁肉的声音，还用颜料把自己弄得头破血流。这是疫情以来我笑得最开心的一次!

小芦苇今天演的是鲁提辖。

因为观剧，上午我没来得及下单，下午赶紧打开小蓝杯 App 买咖啡。之前他们搞活动，买二送一，我的账户上还存了 3 张咖啡券。早上听说小程序下单死机了，我还有些担心。不过我下单很顺利，没有卡。一小时后，两杯美式咖啡和一杯奶茶就送过来了。不知道小蓝杯今后是否还有机会续杯?

金融方面的事情今天就不讨论了。其实一周前，我刚看完该咖啡的商务案例。当然，我只是一个财经编辑，略知皮毛而已。

今天有一个词我很喜欢，叫“向前同行”。这是美国驻华大使特里·布兰斯塔德（Terry Branstad）说的。他今天写了一封公开信，题目叫“Moving Forward Together”，中文直译就是“向前同行”。

疫情如此严重，所有人都应该放下成见，携手，向前同行!

背后的故事

小芦苇的课本剧一直是我特别向往的。以前他们是在学校演，我没有办法看到现场，只是通过她的准备工作看到一些侧面。印象最深的有三次。一次是小芦苇和同学们一起在学校拍一个以古希腊为背景的故事，他们自己凑钱在网上买了质量很不好的希腊服装，穿在身上薄如蝉翼，稍不留神就会弄破。就是靠着这些质量很差的服装，他们利用课余时间穿行在校园的各个角落，硬是拍了一部看上去很有点古希腊风格的短片。

我特别记得他们在学校亭子里拍的那场戏。一个现代化的普通的亭子，最后被他们处理成了有白色大理石雕塑感的古希腊神庙。这个课本剧他们还有一个特别的创意，就是让拍摄小组里的唯一男生演了剧里面的唯一女性角色，让我脑洞大开。

另一次是拍一个悬疑剧。小芦苇要演一个开场不久就被杀害的老太太。她在我的衣柜里找了一件我刚买的尚未穿过的风衣和一条我弃置多年的连衣裙。我正为自己新入手的风衣可以当道具高兴，不想她却告诉我，他们要在这衣服上泼上红色颜料，假装是老太太的血。这件血衣，是破案的线索之一。

最后一次是他们拍余华的作品《活着》——当然是只拍一个小片段。小芦苇他们小组选的是福贵的儿子有庆在医院给县长太太输血，最后因失血过多死去那场戏。小芦苇是编剧和导演，并且在里面演福贵。他们再次凑钱从网上买了戏服，小芦苇穿上那套对襟盘扣的农家老汉的衣服后，我都快笑得岔气了，眼前不自觉地晃动着葛优在戏里的形象。

我当然看不到他们拍摄的过程。不过小芦苇在后期处理时，发现需要补拍一组月光下福贵去有庆坟头的镜头。那天晚上，她让我用手机当光源，和她一起在我们小区的一个车库入口处拍，那儿有一簇植物和一条小路，晚上看上去很符合她的镜头要求。

月光惨白地照在那条小路上，我作为助理，陪小芦苇拍了半个多小时。从那以后，我对那条小径有了心理阴影，有月光的晚上总是回避从那儿经过，因为我总觉得会听到福贵的呼喊："有庆，爹带你回家了！"

这个短片小芦苇的技术处理我也印象深刻。从开始到结束，她穿插了几个黑屏，以及福贵沧桑的独白，让我在看成片的时候觉得有点忧伤。

在这个剧中演有庆的是小芦苇的一个女同学，这个小姑娘是我在前面的记录中说过的和小芦苇一起进行数学建模的四个小姑娘中的一个。一月初，她们在我单位的一间小屋里奋战四天进行数学建模的时候，我经常要去地铁站或者学校门口去接她们。每次接这个演有庆的小姑娘时，我就对小芦苇说："我去接你家有庆了。"可见这个剧给我留下的印象还是很深的。

小芦苇和同学一起演课本剧的事情，让我想起了古罗马诗人、文艺理论家贺拉斯在《诗艺》中提出的寓教于乐的观点。他说："一首诗仅仅具有美是不够的，还必须有魅力。”贺拉斯与维吉尔、奥维德一起被称为“古罗马三大诗人”，在古罗马文学史上占据着非常重要的地位。“寓教于乐”思想对18世纪启蒙运动以及古典主义的文艺理论和文艺创作产生了深远的影响。

今天我要分享的是——

寓教于乐，通过艺术和美的形式对孩子进行教育和知识传递，让孩子的学习充满乐趣，让孩子对学习产生浓厚的兴趣，并在学习的过程中学会创造、学会探索美，这是让孩子快乐学习的方法之一。

当孩子用娱乐的方式来学习知识、进行艺术再创造的时候，家长千万不要认为孩子是在不务正业或者浪费时间。家长不仅要支持孩子的这种行为，还要积极参与其中，分享孩子的乐趣和成果。

当孩子把知识的积累变成了艺术再创造和探寻美的真谛的时候，也正是孩子收获知识、提升素养的时候，如同植物从泥土中吸收了养分，并把它变成枝头的蓓蕾。

懂得悲伤

Apr. 4th

68 懂得悲伤的孩子会更有同理心

朋友圈记录

清明时节雨纷纷。可是今天没有下雨，是一个晴朗的春日。

但是悲伤却无边无际。今天，到处都是悲伤的话语，悲伤的故事，悲伤的屏幕。上午 10 点，我和小芦苇立在阳台上，听远处的鸣笛，划过蓝色的天空。

想起很多人，很多事。

不想在朋友圈放悲伤的图片。前几天在小区里拍了两种花——映山红和绣球花。

映山红是母亲最爱的。20 多年过去了，映山红年年红遍山岭，红在母亲的身边。绣球花的名字是父亲告诉我的。父亲最后一次住在我家的时候，楼下的绣球花开得正欢。四年了，每次绣球花开的时候，总能想起父亲立在绣球花旁瘦瘦高高的身影，以及那满头的白发。我下班的时候，父亲总喜欢站在绣球花下等我。

父母长眠的地方，山清水秀。杜鹃娇艳，芍药盛开，波光粼粼，松涛阵阵。生活中总会有许多坎坷，但悲伤不会再逆流成河。

当疫情终于过去，我们的爱将和思念一起，化为春天的花，夏天的树，秋天的风，冬天的雪。

我们会记得所有的人，所有的事，所有的感动和悲伤。

背后的故事

庚子年的清明是格外令人难忘的。

上午 10 点，窗外传来鸣笛声，所有的生者向疫情中逝去的人表示哀悼，他们当中有患者，有医护人员，有志愿者，有无数为战胜疫情默默奉献的人。他们没有能够等到春天，没有能够等到映山红开遍山野，他们留在冬天，留在我们的记忆中，留在忧伤的岁月的河中。

我和小芦苇立在阳台上的时候，心中涌起的是无限的悲伤。

我的母亲在我读书的时候就离开我了，她走的时候还很年轻。母亲是一个爱花的人，她特别喜欢映山红。每年春天，她总会在家里插几枝映山红。那些花，大多数是父亲去田间对农民们进行农技推广或者教授栽桑养蚕的知识时，在归途中从弯弯山道上采的。

我的父亲是一位高级农艺师，大学毕业后，他把自己的全部知识和对农业的热爱都交给了我故乡的那片土地。在我的家乡，传统蚕桑业的振兴，父亲是领头人和实践者。许多年过去了，那些农家依然记得他，村边的桑树林依然记得他。

父亲退休以后偶尔会住在我家。小芦苇上小学一二年级的时候，基本上都是外公负责接送她上学放学。小芦苇对外公有着极深的感情。

我家附近到小芦苇的学校有一辆公交车，小芦苇的学校离这辆公交车终点站还有两站。为了能够找到座位，父亲接到小芦苇以后，总是先和她坐两站公交车到终点站。然后再重新刷卡，从终点站开始往家的方向坐车。那段路不算近，经常会堵车，所以他们在车上的时间会很长。

在终点站找到座位后，父亲便会从随身带的挎包里拿出给小芦苇带的点心。于是，每天猜测外公的包里装的是什么点心便成了小芦苇最快乐的一件事。公交车慢慢往前开，小芦苇一边吃点心一边跟外公说当天学校里的见闻，那一段公交车摇摇晃晃的路程，是他们祖孙二人最快乐的时光。

小芦苇读小学四年级的时候，父亲离开了我们。隔着二十多年的岁月，父亲终于和母亲团聚了。他们合葬在故乡的那个山清水秀的地方，面对碧绿如镜的水库，“野芳发而幽香，佳木秀而繁阴”，青山隐隐，绿水迢迢。

春天，漫山遍野的映山红开了，包围着他们，也包围着那片父亲和母亲曾无数次用双脚丈量过的土地，和土地上他们相濡以沫的蹉跎岁月。

小芦苇小学毕业以后，有一天我整理她以前的书、作业本和模拟卷，发现她在外公离世后，写过很多篇怀念外公的文章，有一篇叫《太阳里的外公》，我看得眼泪都出来了。

我没有告诉她我在整理东西的时候看到她的这些文字后很感动。我想，有些情感，有些怀念，也许她更愿意独自守候，那是属于她的忧伤，也是成年后一直温柔在她心灵深处的童年岁月。

今天我要分享的是——

一个心中有爱的孩子是懂得悲伤的。做家长的，不需要在孩子面前掩盖自己的悲伤和失望，生活有阳光灿烂的时候，也有悲伤逆流成河的时候。喜怒哀乐是人类最基本的情感，一个心中有爱的孩子，不仅能够体会快乐，更能够懂得悲伤。悲伤的情绪可能会让孩子觉得疼痛甚至窒息，可是，正是由于这份疼痛、窒息，以及深深的无助，孩子才会变得坚韧，懂得珍惜，学会共情，拥有同理心。

痛则不通

Apr. 5th

69 不要带着情绪批评教育孩子

朋友圈记录

今天霸屏的，是安徽黄山风景区的人山人海。

去年住过黄山脚下的一家民宿，加了前台小姑娘的微信。今天看她的朋友圈，也是说这两天电话都打爆了，生意火得不行。

外面春光无限是真的，在家憋久了想放飞一下也是真的。但是，昨天那浓重的悲伤呢？近日一直嘲笑西人不顾危险依然聚会的那份优越感呢？它们都去哪儿了？

以为自己戴了口罩就可以人山人海了？当世界仍然处于疫情最惨烈的阶段时，可以那么自信地认为我们已经很安全了？地球只是一个村庄，病毒一直都在村子里肆虐。老张老李老王家都关紧了大门，但是，关门只是保护措施之一，它并不是，也绝不是彻底控制病毒的终极办法。两个月前，我们为自己的白衣执甲者感动，现在，他们依然在执甲。而世界上，此刻，正有更多的白衣执甲者在浴血奋战中。政治家们也许各有各的面孔，但医者仁心，值得所有人珍惜，并且敬重！

不想生气，但又不能不生气。

今天，全球单日确诊数就超过了 10 万，全球累计确诊人数已经超过 120 万了！明天，并不像我们想象得那么乐观。

自律，然后才有文明，以及自由。

背后的故事

这一天的朋友圈记录是我为数不多的流露不满情绪的一条。

人到中年以后，我的心态变得越来越平和，对一些人，一些事，一些现象，总是能够找到理解的角度。

一些在往昔岁月里曾有意无意地伤害过我，或者给我带来过困扰和麻烦的人，我慢慢忘记了他们的不好，在蓝天白云下与他们像从未有过纠缠的过往和缠绕的不安一样，从头开始相识相处，友好到连他们自己都不好意思回忆过往。

我称这种行为为放过自己。

我不知道这是不是一个好方法，但是于我而言，这种与人与事相处的方式让我快乐了很多，轻松了很多，身心健康了很多。当我在中年人沉重的生活中重新找到青春年少时在栀子花下憧憬美好未来的心境时，我对自己说，宽容的目光和通透的内心，是老天对我的钟爱，是上苍给予我的最值得珍惜的东西。

但是这一天，面对满屏的风景区人山人海的图片，我还是没有能够忍住自己的情绪。

其实在家中待了这么久，我也特别想去外面走走看看。我是一个喜欢旅游的人，这些年，我挣得不多的银子有一大部分都花费在旅行上。以前每年寒暑假，我都会领着小芦苇去国外走走，虽然跑一趟几乎会花掉我大半年的积蓄，但行万里路读万卷书，有人喜欢把挣来的钱用在买房子上，有人喜欢用在买包包上，我为什么不能用在穷游上呢？

没有小芦苇的时候，我曾经有过为了节省旅馆费在德国某个小站的站台上看一夜星星的记录——那个陪我看星星的人当然是芦苇爹。有了小芦苇以后，我也曾有过为了节省回酒店的出租车费，于深更半夜、黑灯瞎火中跟着手机导航在丽江古城一直爬坡，最后竟然误入别人家房顶的惊悚经历——那几个陪我"飞檐走壁"的人不是小芦苇父女，而是我的同事。

这些可笑又有趣的故事，以后有机会我会慢慢讲给你们听。

去年国庆节，我和小芦苇都觉得太累了，想找一个游人少的地方发发呆。我在黄山工作的闺蜜向我推荐了黄山脚下的太平湖，还帮我联系了民宿。民宿坐落在一个叫轮渡的美丽村庄里，楼前对着一片茶林，楼后是景色怡人的太平湖，是真正的依山傍水。

我和小芦苇父女在这间民宿住了几个晚上，白天漫无目的地看山看水，晚上回民宿吃老板娘为我们做的可口农家菜，日子真是太美好了。

回程我们走了一条最美的公路——皖南川藏线，一路上风景好得让人沉醉。

山路相当险。那天芦苇爹在高难度的山路上足足开了10个小时的车，现在想起来还真是有点后怕。我的一个在旌德生活的闺蜜听说我们走那条险路回上海，特别担心。她一路上不停地给我发信息，提醒我各种注意事项，并且在中午的时候让我去她家吃饭，休息一下。为了赶时间，我没有从闺蜜家经过，但却深深体会到了她的牵挂，以及由此带给我的温暖。

通过这次自驾游，我对芦苇爹也有了新的认识。如果有一天他失业了，估计开个出租车或者送个快递什么的，他还是能够胜任的。这样一想，我对自己和小芦苇的未来衣食，就更加不担心了。

回忆太远，远到忘记了最初的话题。

就这样，这一天，我从愤怒大家不顾疫情聚集旅游开始，却又在对过去旅游过程中的美好回忆中结束。很多事情都是这样，具有两面性。

今天我要分享的是——

好情绪是解决一切问题的良药。在陪伴孩子的过程中，总会遇到一些让自己生气的事情，这时候做家长的难免会着急上火。我们要明白的是，着急上火是最没有用的东西，它除了让自己难受，让情况变得更加糟糕之外，对我们解决问题一点帮助都没有。

自律，然后才能有文明，以及自由。对家长来说，不生气，是自律的第一步。永远不要在自己情绪不好的时候教育孩子，永远不要在自己生气的时候教育孩子。很多时候，孩子逆反，喜欢与我们对着干的重要的原因就是，我们是带着自己的情绪在批评教育他们，所以他们是不服的。

中医上有“痛则不通，通则不痛”的说法，教育孩子也是如此。做家长的情绪好了，心平了，气顺了，同孩子沟通起来自然会容易得多，解决问题也会更有效、更彻底。

学会优雅

Apr. 6th

70 不要用弯道超车的说法要求孩子

朋友圈记录

英国女王伊丽莎白二世是我少年时代对王室成员羡慕的开始。这么多年来，在我心中，她一直都是偶像式的存在。女王于昨天英国夏令时 20 点发表的电视讲话，我今天看了好几遍。

一个 90 多岁的老人，优雅从容、思路清晰，让人在焦虑中看到时光的温柔和岁月的坚韧。

这是女王在位 68 年来的第四次公开讲话（每年的圣诞致辞不算），可见此次疫情到了多么严重的时候。她要求大家要自律、坚强，并且相信那美好的日子会回来的。

这些，都切中了我的内心。

我顺便看了女王 1940 年的广播演讲，那也是她的第一次演讲——对那些在战争中被迫撤离、离开家园的儿童说的。不得不承认，有些人，超越了你的少年和青年，也一定会超越你的中年和老年。没有什么三十年河东 ，三十年河西。有些人，走在你前面，就会一直引领你。你奔跑，她比你跑得更快、更好、更优雅！

所以，我很少相信弯道超车这个说法。直道你尚且超不了车，何谈弯道？不翻车，已是幸事。

踏踏实实走好每一步，过好每一天，才是正理。

等疫情结束，我们会发现一些人走在我们前面了。相信我，那一定不是别人弯道超车的结果，而是自律带给他们的礼物！

背后的故事

英国女王伊丽莎白二世一直是我的偶像。正因为如此，看到她的电视讲话后，我有了很多感慨。

我的这份感慨竟然引来了很多朋友的共鸣。我的一位研究英美文学、现在居住在温哥华的同学加闺蜜读了朋友圈的这则记录后，写了长长的留言，说："真正的贵族气质并不是名牌加身和花钱去几个所谓贵族舞会就有的，那是血液里流淌着的教养和举手投足所自然散发的。""女王真的不是一天炼成的，传奇说的就是她老人家。"

上海某重点高中的一位语文老师直接在他的朋友圈友转发了这则记录，并且加上评语："写得真好。"

我这样写当然不是想说大家觉得我的这则朋友圈记录写得好，我想说的是，英国女王伊丽莎白二世不仅对于我，对于很多人来说，都是偶像式的存在。她的知性优雅和淡定从容，是许多女人望尘莫及的。

当疫情让人们禁足，当经济处于停摆和衰退状态，当未来变得越来越无法预料，这时候，90 多岁女王衣着整洁、优雅从容地在她的城堡里告诉大家"那美好的日子会回来的"，这样的画面本身就是一则童话般的存在，它舒缓了焦虑，带走了恐惧，柔软了我们因为长时间的等待和不安而变得有些坚硬的心。

我和小芦苇一起听完了女王演讲。我对她说："大器晚成和后来者居上虽然很有道理，但是，在现实生活中，更多的情况是，跑在你前面的人，可能永远会在你前面。有些人虽然看上去一直都没有动，但其实他一直在奔跑。事实上，只有一直奔跑，才有可能保持自己的位置不变。"

正是因为有这个看法，所以我对弯道超车的说法一直不是很认可，虽然经常可以从新闻中看到这个说法。在一些会议上，也常常可以听到一些人在讲话的时候用这句话来励志，但是，说起来容易，做起来实在是太难了。

如果一个孩子之前拉下了很多功课，各科成绩都与他的同学有很大差距，你指望他通过一个寒假的努力就迎头赶上，用弯道超车的方式赶上他的同学，超过他的同学，这能有多大的可能呢？

今天我要分享的是——

水滴石穿，集腋成裘。在孩子学习和成长的道路上，没有捷径。因此，做家长的不要指望用弯道超车这个说法让孩子在某个特定的时段实现完美超越。励精图治、奋发向上的方式有很多种，但弯道超车肯定不在其中。小树没有办法让自己在短期内形成很多年轮，不管它如何努力地去吸收阳光、水分和肥料。

让孩子一步一个脚印，从小学会严谨治学、踏实做事。永远让自己处于生长的状态，有着明确的目标，向着目标奔跑。在奔跑中学会优雅、淡定和从容。这样的孩子，一定会跑出自己最好的人生。

人迹罕至

Apr. 7th

71 如何让孩子保留最初的样子

朋友圈记录

英国首相约翰逊进了 ICU。其实昨天晚上就看到这条消息了，但是后来又辟谣。然后，今天早晨又证实是真的。

很多时候，事情本身其实一直就在那儿，不会因为其他因素更改或者消失。所以，没有必要急于争论。

许多年以后，也许我们会知道更多发生在今天的事情。无论如何，此刻，希望他们可以早日康复。

下午去小区门口和同事交接稿子。回来的时候见阳光正好，忽然想起小区深处的一条人罕至的小径。以前父亲经常带小芦苇去这条小径漫步，走着走着还会遇到一个小小的荒凉的池塘。就是在这小径上，池塘边，作为高级农艺师的外公教给了小芦苇很多动植物的知识。小芦苇现在很喜欢生物，不知道是不是从那时候开始受到影响的。

已经好几年没有走过这条小径了，我以为会很荒凉。没想到小径生机盎然，干干净净。下午 4 点钟的阳光照在小径上，有一种静谧的美。

小池塘依然荒凉，虽然有很多浮藻。一只小猫在池塘边走过，温和地喵了一声，将过去和现在连在了一起。

疫情改变了很多人，很多事，很多场景。但是，小径和池塘都没有变。人来人往，生活沸腾的时候，它们是静默的，人迹罕至的。众人禁足，生活安静时，它们依然是这样。在春天里开花，在秋天里结果，这是它们唯一遵循的规则。我问过一些小区里的人，似乎没有人知道或者在意过这小径和池塘。如果不是父亲，我大概至今都不会发现它们。

父亲到小区几天后就发现了这个地方，然后便常去。我忽然想，这或许就是我们和父辈的区别所在吧。父亲遵循自然，而我往往图热闹。

这场疫情，或许也是大自然在向我们传递着某些信息。

背后的故事

对童年的小芦苇来说，这条人迹罕至的小径可能是她的百草园。周末的午后，她总喜欢和外公手牵手去小径散步，然后带很多宝贝回来。一块小石头，一片树叶，一段和小猫在池塘边对话的故事，一张照着池塘画的画。

如果不是因为疫情，我应该不会想到重新去这条小径看看。我每天那么忙，总是选择离家最近的门进小区，总是走日日走过的最短的路。

所以，这一天，当我以无所事事的心情漫步到小径和池塘边时，突然发现那里竟然有那么多的回忆和欢喜。

小芦苇返校上课后，有一天，老师要求家长录一段祝福孩子的视频。我的第一反应就是去那条小径上录。我穿着夏天的衣服，在小径上慢慢地走，两边有绿色的灌木和红色的浆果。小芦苇倒退着为我录视频，那一刻，我有些恍惚，仿佛看见父亲正微笑着自小径深处向我们走来，白发在夕阳中闪着金光——这些年来，只要我想起父亲，就会想起他的白发，想起他立在绿色植物旁边的样子，想起他大段大段地背诵《红楼梦》的样子。

父亲那一代读书人有一个共同特点，文理兼通，国学基础扎实。父亲是学农的，却有深厚的国学功底，写得一手漂亮的小楷，古文名篇张口就来。

我写在朋友圈记录里的对父亲的回忆引起了一些朋友的共情。我的一个同学说：“喜欢你平静自然不着痕迹地叙说，但不着痕迹的背后又有万语千言要奔泻的感觉。”因为我基本上是每天晚上 10 点以后 12 点前更新记录，她说：“每天早晨睁开眼睛的第一件事就是躲在被窝里翻你的圈里逛逛。”

喧嚣的网络时代，点击量、流量让文字脱离了情感，成为独立存在的“谋生”“谋爱”“谋利”的工具。这时候，能够在文字中保留一份真挚的情感，并且这样的情感能够得到共情，便显得格外难得。如同父亲在小区里发现的这条人迹罕至的小径，有些寂寞，但却保留了事物最初的样子。

今天我要分享的是——

如何让孩子保留最初的样子，保留他们的童心和诗心，是每一个家长都要重视的问题。面对越来越强的竞争，越来越大的压力，很多家长在陪伴孩子成长的路上，走着走着就忘记了初心，迷失了方向。

为什么越来越多的孩子会觉得压抑，为什么越来越多的父母会感到失望？很多时候我们都会把这些归结为社会因素，归结为越来越不容易的生活环境。事实上，孩子最初的样子，和孩子相伴时的那种“母慈子孝”的因子一直都在，只是我们在焦虑中跑偏了方向，忽略了那些美好又本真的小径。

只要我们愿意放下浮躁和喧嚣，就一定可以找回那条美丽和谐、人迹罕至却充满温情的小径。

删繁就简

Apr. 8th

72 知识和技能并不是越杂越好

朋友圈记录

疫情以来，除了纠结于疫情本身，还要时常陷入被人带节奏的状况中，于是生活变成了去伪存真，去粗取精的过程。“二十年来辨是非，榴花开处照宫帷。”此刻，曹雪芹写贾元春的这两句话，深合我心。

按理说，昨夜，看到了特别美丽的超级月亮；今天，封城76天的武汉终于解封。这些都是极好的消息，我应该感到高兴才是。但是不，因为就是在今天，又看到了某些带节奏的文章。

作为避重就轻，说一个我关注后又很失望的公众号的故事吧。

疫情期间的某一天，一篇关于国外疫情防控分析的文章几乎在我的朋友圈霸屏。于是关注了这个公众号。没有时间查看其往日的文章，但此后的每一篇推送我都会看。作者思路活跃，文笔幽默，我很喜欢。

有一天，看这个公众号的一篇推送，越看越不对劲。看到四分之三处才发现，这是一篇关于编程课程的软文。

今天这种情况再次出现。文章以我敬重的某院士开头，吸引我快速点读。结果，到一半处，变成了线上英语学习课程的软文。

有忍无可忍之感。你以为那是一个有智慧的人在引导你认识更加完整的世界，却发现人家不过是在遥远的异国借疫情让我们帮其充满钱袋。

我知道公众号运营不易，费力费钱。所以，明确地让人打赏，直接插入广告，都可以理解，看电视不是也有广告时间嘛。但是，这种将软文夹杂在正文中，隔三岔五冷不丁推送的方式，实在让我难以接受。

在我看来，这也是一种病毒。如同生活中的一些人，表面上看起来义正词严、深明大义，本质上却是一个见利忘义、钻营取巧的人。

没有什么好办法。还是那句话，穷则独善其身。

背后的故事

我非常不喜欢软文类的广告。把广告做得像正文一样，对成年人来说是戏弄，对孩子来说则是误导。

我在朋友圈记录中写的这个现象平常的日子里可能一直都有，只是那时候我整天东奔西走，没有时间关注很多公众号的内容。疫情期间，一方面时间变多了，另一方面也想通过自媒体了解更多的情况，尤其是外面的世界真实的样子，于是阅读公众号文章便成了我的生活内容之一。

可是，我一直是失望的时候居多。往往是刚刚关注了一个自媒体，觉得作者为我打开了一扇窗户，很快就发现，我通过那个窗户看到的，并不是真实的景观，而是作者搭建的舞台。舞台上有生动有趣的演出，这些演出可能源于生活，但一定是折射过的。作者最终的目的，并不是让我了解那些生活，而是让我为了了解那样的生活，在他的引导下，一次次地买票看戏。

还是说说我在朋友圈记录中说的这个公众号吧。有一次，作者谈到中西方教育的差别，说起阅读对儿童的重要性。我正看得有点认同，文章后面忽然话锋一转，开始推销某某阅读课程。这种软文出现的频率越来越高，终于让我失去了阅读那些本来很有趣的文字的兴趣。

我相信这个公众号文章的作者是一个有文字才华的人，但是，我没有办法认同他的做法。也许他可以成为一个营销高手，但肯定不是一个可以用文字温暖、陪伴、提升别人的人。

我的这则朋友圈记录引起了很多朋友的共鸣，他们纷纷在记录后面留言，说起自己被坑的经历。我这里给大家分享两则：

> “太多人被软文牵进去过，比如我。问题是我还掏钱上过课，不止一次，课没上完，等我想起来时都不知道去哪个号里找。”
>
> “我关注的跟我职业有关的公众号好多都是这样，看着看着就变成卖课程的啦。”

所以，有时候勤奋也未必是好事，如果没有辨别能力，遇事不加分析，盲目从众，人云亦云，越勤奋越积极，结果往往会越坏。

今天我要分享的是——

让孩子学会取舍，学会辨别，学会在纷繁的世界中删繁就简、去粗取精，比单纯地要求孩子勤奋努力更重要。帮助孩子了解自己的喜好和专长，帮助孩子选择自己有兴趣并且有能力做好的事，比让孩子一股脑地学，遍地开花地学，要重要得多。虽然说知识和技能掌握得越多越好，但对正在打基础并且时间精力都有限的孩子来说，并不是越杂越好。

飞鸟 + 霞光

Apr. 9th

73 看见飞鸟的翅膀和荒野的小花

朋友圈记录

两个星期前，有老师约我写一篇疫情期间居家工作的文章。忙忙碌碌拖了好些天，今天下午才算找时间码了出来。

码字的时候不断翻看这不出门的日子流水账，发现好多东西如果不是当初记下来了，现在还真忘了。

有一个体会是很有意思的。我发现回看流水账如同整理衣柜，总能发现一些已经忘记的衣服，而这些衣服又总能和其他衣服重新搭配，焕发生机。同时，又总会觉得某些衣服不好看，有缺陷，打算扔了。而这一整理下来，不但心情会好了很多，衣柜也会一下子释放出许多空间来。

这，应该就是反思的力量吧。学会反思，才会有自知之明。

回看流水账的时候，还有一个发现——凡是关于生活中的小确幸、小欢喜的记录，回看的时候都更让我难忘。

忽然想，天灾人祸，我们的生活总有不顺的时候。这些不顺，往往如同荒野。一个好的记录者，不仅要记住无边的风沙和寂寞，更要有能力发现飞鸟掠过天空的霞光，以及断垣残壁中开出的美丽的花。这些霞光和野花，不仅会让荒野充满生机，还会照亮记录者的眼睛，温柔阅读者的内心。

我，会有机会成为那个看见飞鸟的翅膀和荒野的小花的人吗？

背后的故事

这则朋友圈背后的故事我觉得在我的这篇疫情期间居家办公的文章里讲得很清楚，所以我就从这篇文章中摘录一部分分享给大家——

看见飞鸟的翅膀和荒野的小花

2月初，社里通知大家，因为疫情的影响，按照学校的要求，让大家暂时不要回出版社，居家办公。

刚开始是有些焦虑的。那时候时时有各种消息传来，想静下心来读书或者看稿子都显得有些力不从心。我每天一遍遍地走到阳台上发呆，给长寿花浇水，修剪薄荷的叶子。

薄荷长得很茂盛，我每天都会摘几片泡茶，并且不断地换花样。今天是薄荷红茶，明天薄荷绿茶，再转天变成了薄荷普洱菊花茶。长寿花静静地生长着，有一天，我惊喜地发现，在冬天的阳光下，它长出了粉色的花蕾。这仿佛是一种花语，告诉我无论多么艰难，疫情总会过去，春天总是会来临的。在这特殊的日子里，我们应该像植物一样，安静地生长，不负每一寸光阴。

这期间张文宏医生的一句话很鼓励我："你们待在家里也是一种战斗。"我不能像白衣执甲者那样冲在救死扶伤的一线，也不能像下沉干部那样深入社群。但是，待在家里，保护自己的同时，我们也是在保卫我们的城市。既然居家也是战斗，我就应该让居家的内容更丰富一些，让这场抗疫战打得更漂亮一些。于是我给手头的三本书稿排了一个审稿顺序。

……

工作缓解了我的焦虑。但还有很多人生活在焦虑中。2月中旬的一天晚上，总编给我发来一个文件。上海市委宣传部出版处决定在疫情防控的关键阶段，推出“上海书展·迎春网聚”线上阅读推广活动，以音频、视频、文字等多种形式，为读者营造好的阅读氛围。总编希望我可以策划一个活动。

这样的活动是讲究时效的。第二天，我就和我的一位心理学作者进行了沟通。我们花了一天时间，就确定了活动的内容和形式。

一周后，这场名为《疫情下家庭与职场的心理与情绪调整》的心理学系列讲座就在我和作者彼此都居家办公的情况下，神奇地完成了视频录制。讲座共有五集，内容都很贴合实际，分别是：《如何在疫情中让孩子自觉自律地在家读书》《长期住家，如何跟父母融洽相处》《疫情下，如何在职场上达成更好的沟通》《疫情下，如何化解焦虑》《如何在居家环境中高效地工作》。

这是我居家办公中最高效的一次工作了。这五集很实用的心理学讲座，上线后收到不少读者反馈，都说讲座里讲的正是他们需要的。这让我很欣慰。我在想，这也算是我在疫情期间做的与抗击疫情最相关的一件事吧。

疫情期间做的另外一件事也是挺有意义的。正月初四开始，我想着一直不出门，每天的日子过着过着可能就会忘掉。于是决定在微信朋友圈记一个流水账，将每天做的事情和所思所感记录下来，以示对时光的敬畏。

这个流水账每天记录的都是我的个人生活：长寿花开了，书稿中的趣事，快递小哥的辛苦，等等——在简单的生活中发现每天的小确幸，小美好。原本是想着自娱自乐的，不想朋友们都很喜欢。有的朋友，包括学校的一些老师，每天都会第一时间阅读点赞，并表示读我的流水账慢慢成了他们生活中的一个习惯了。大家认为我这以小见大的文字在这特殊的日子里给他们带来了正能量和阅读的享受。我在国外生活的同学则说从我的文字中，看到了上海人在疫情中的真实生活，感受到了我带给他们的安定、美好和疫情日趋好转的真实信息，以及上海这座国际大都市的幸福力。

我知道朋友们的夸奖是有对我的偏爱的成分的。但无论怎样，这些都让我觉得自己的记录是有意义的。正是朋友们的点赞、评论、转发和鼓励，让我将这“不出门的日子”的流水账坚持了很久。今天，已经是第73篇了。

疫情是一场灾难，但在积极的人面前，灾难总是可以战胜的，并且，在战胜灾难的过程中，我们会收获另外一些美好和感动。

今天我要分享的是——

告诉孩子，生活中我们会遇到一些灾难。在积极的人面前，灾难总是可以战胜的，并且，在战胜灾难的过程中，我们会收获另外一些美好和感动。

一个好的记录者，不仅要记住无边的风沙和寂寞，更要有能力发现飞鸟掠过天空的霞光，以及断垣残壁中开出的美丽的花。这些霞光和野花，不仅会让荒野充满生机，还会照亮记录者的眼睛，温柔阅读者的内心。

让孩子在灾难和困境面前，做一个看见飞鸟的翅膀和荒野的小花的人。

信息对称

Apr. 10th

74 从父母的工作状态中学会专业和定力

朋友圈记录

这套旅游的书越来越合我的心意了。看完《在北海道发现日本》和《墨西哥谜局》之后，昨天晚上，我的同事又给我送来了这本《英格兰乡村漫步》。看着书名就有点醉了。

说实话，墨西哥那本，我看得还是很累的。大量的博物馆史料，弄得我像个历史系的学生一样。那个书稿还是上下册，厚得要命。里面又有不少地方需要再把关，再斟酌，总之蛮累的。当然，收获也挺大，南美洲文化还是挺有意思的。不过看完我倒是打消了去墨西哥转转的想法，感觉自己驾驭不了那个热烈又魔幻的地方，还是去英格兰乡村漫步比较适合我。

可惜现在哪儿也去不了。

如果你们以为我的工作很轻松，这些日子就看闲书一样看看这几本图文并茂的旅游书稿，那你们就大错特错啦。这几本书我特意拿出来写，不是为了做广告，而是只有这几本书比较好交流。这些天我大部分的时间都在看会计、金融、产业链、国际贸易、证券投资等书稿件——唉，我都不想写这些书名，每本都让我白头搔更短，一梳（头发）掉一串！

所以说，为稻粱谋总是不容易的，要有专业，还要有体力。疫情期间，还要加一条，要有定力。

如果你们以为我看了这么多各专业的书稿，便满腹经纶了，那你们又大错特错了！知道什么叫猴子掰玉米吗？我就是这样。所以，做了这么多年财经编辑，我的财经类知识仅够聊天——就是参加个不正规的小沙龙，混杯咖啡喝喝的那种。会计书因为看得太多了，如果有人不介意我没有会计证，愿意聘我当个小公司的小出纳，估计我也不会短期内被炒鱿鱼。

你们瞧瞧，英格兰乡村漫步还没开始，我已经开始语焉不详，开始做梦了。那么，大家都好人做好梦吧。疫情期间，适当放松一下还是必要的。

背后的故事

我在第 4 天的记录中写过，要让孩子看见你工作时的样子。平时我们很少有这种机会，疫情期间，孩子在家上网课，家长居家办公，倒是很好地实现了这种愿望。

我平时在家里会写写自己的文章，小芦苇对此是见怪不怪的，她从小就知道妈妈是个会写文章的人，而且妈妈写文章的时候和在厨房做饭的时候是有点不一样的。

但她对我的编辑工作很不了解。小时候她见我经常说审稿校稿很辛苦，眼睛都看花了，便很有些不理解，觉得我为一本书做了那么多工作，改了那么多错字病句，有时候连体例、层级、表格都要重新帮作者做，最后出来的书上却是别人署名。芦苇爹对这个问题解释得简单明了：“你妈妈做的是编辑工作，这个工作就是要帮作者修改书稿中的错误的，就像老师要帮你们改作业一样。作业改完了，老师不能说这个作业是他做的，那还是你们的作业，对不对?”

上了初中以后，她对我的工作又有了新的思考。“你天天看那些财经类的书稿，你确定自己真的能够看懂?”有一天她这样问我。

我老老实实告诉她，从学习者的角度来说，我是看不懂的。但是从编辑的角度来说，我完全懂。

小芦苇觉得我说得很“哲学”，她没有办法理解。

我也没有办法让她明白我每天在办公室审稿并不是尸位素餐。

居家办公以后，小芦苇经常可以听见我同作者打电话，沟通书稿中的问题，比如哪段引用文字需要补充资料来源，哪段内容有缺失，哪个表格里的计算是错误的，哪段描述是不符合新闻出版要求的，等等。闲来无事，她还会翻看一下我编辑过的书稿，发现我在书稿上用红笔改了一大片，有错字病句，有逻辑错误，有图文不符合，有层级和序号错误，总之问题多多。

小芦苇不由感叹起来，说：“没想到在作者的书稿和正式出版的图书之间，编辑竟然需要做那么多的工作。”

我告诉她其实还有更多人和我在一起工作，比如美编要设计版式和封面，排版部门要制作排版，后期还有印刷工艺，总之一本书凝聚了一个团队劳动。

小芦苇读六年级的时候，我曾经在她学校的职业日作为家长代表给她和她的同学们做过一场题为《一本好书是怎样做出来的》讲座，介绍了编辑工作的内容。但那个介绍只是泛泛而谈，孩子们虽然听得很开心，但对图书的编辑出版过程也只是了解了一个大概。

不出门的日子里，小芦苇实时感受我的工作内容，对我的工作有了更直观的了解，我感觉我们之间的关系变得更近了。

今天我要分享的是——

知己知彼，百战不殆。让孩子了解家长的工作内容和工作情形，是建立良性亲子关系中比较重要的内容。做家长的一直都希望能够更多地了解孩子，其实信息只有在对称的情况下才会更有效果。不仅家长要了解孩子的学习情况，孩子也要了解家长的工作情况。信息对称了，误解就会减少，理解就会增强。

一些家长认为只有牺牲自己的事业，全身心扑在孩子身上，才是对孩子无私的爱。事实并非如此。让孩子明白，父母的工作，不仅是为了家庭，也是为了社会，比单纯地向孩子输出爱更有意义。

让孩子从父母的工作状态中学会专业精神，以及面对复杂情况时的坚持和定力。

共克时艰

Apr. 11th

75 你的国家一定会帮你治好的

朋友圈记录

也许是因为一直不出门吧，活动范围变小了，生活节奏变慢了，于是，内心更敏感了，常常会因为一句话，一个细节而动情。

此刻帘外雨潺潺，正好可以回忆几个细节。

清明节那天，朋友圈里有很多怀念。但是，我的旧同事的一句简单的话，却直戳心窝。

他是这样写的："秋华四十，我和秋玉来看她。我们永远只有她二十四的样子……"

下面配一束黄花。

秋华是他的大妹妹，秋玉是他的小妹妹。

我记得那年的那一天。还是小伙子的他在办公室接了一个电话，然后发出了整层楼都可以听见的绝望的呼喊："我大妹妹没了！"

是车祸。我记得当时我们安排了两个同事陪他处理相关事宜。许多年过去了，彼此的生活都有很多改变。但我一直像记得自己的弟弟一样记得这个旧同事，记得他失去妹妹时迸出的真情与悲怆，无论是在他踌躇满志的时候，还是在他有些玩世不恭的时候。

再说一件事。

前几天看一篇英国寄宿家庭的华人妈妈的文章，写的是她和其他寄宿家庭妈妈照顾等待回国的中国小留学生的疫情期间生活。中间有一个情节一下子打动了我。有一个十二三岁的小留学生终于拿到了回中国的机票。寄宿家庭的英国妈妈为他准备飞机上的防护物品，送他去机场。孩子特别紧张，前一天晚上就睡不着，到了机场又一遍遍问“英国妈妈”自己路上的防护用品够不够。“英国妈妈”说：“孩子，不要怕。你很快就可以到家了。即使你在飞机上被感染了，也不用怕，因为你回到你自己的国家了，你的国家一定会帮你治好的！”

“你回到你自己的国家了，你的国家一定会帮你治好的！”我决定把这句话再写一遍，因为它太让我感动。

疫情期间，我看到过太多的质疑。有的质疑，让我觉得无法理解，更不愿意回答。越是在困难的时候，越需要彼此的信任和守望。猜疑和对立，只会让困难变得更困难。有一个词叫共渡难关，还有一个词叫共克时艰。

背后的故事

我在这一天的朋友圈记录中放了一张雨中的牡丹图片，引起了很多朋友的赞赏和回忆。

很多事情都是这样，一件小的事情，一个小的物件，往往可以将很多人和事串联到一起，形成一段共同的感慨。

比如我在这则朋友圈记录中提到的那位寄宿家庭中“英国妈妈”说的那

句话。我的一个同学在这则记录下面留言，说："也许是年龄大了的缘故，心里变得脆弱且泪点低，看到动情的文字都会泪目。"

其实并不是年纪大了原因，而是经历了岁月的风霜之后，我们更加敏感，更容易被感动，更愿意和别人产生共鸣。

我把"英国妈妈"说的那段话讲给小芦苇听，她深以为然。然后骄傲地说："现在上海是世界上最安全的城市之一。"

疫情让很多普通人成为有共同体验的人。在忙忙碌碌的日子里，我们的注意力大多集中在自己的工作和生活中，无暇顾及更多的人和事。不出门的日子里，暂时的"闲"下来，让我们有机会打量周围，关注更多的人和事。这种打量和关注，会让我们内省，也会产生更多的骄傲或者自责。

从这个角度说，这次的疫情，让我们看到了国家的力量，看到了群体联合的力量。简单地说，它让我们更加热爱生活，热爱我们的国家了。

今天我要分享的是——

爱国教育从来不是一句口号，也不是通过阅读几本书，听几场讲座就可以完成的。普通家长对孩子的爱国家爱民族的教育，是融化在我们的生活中的。

生活中的突发事件，生活中遇到的困难和问题，虽然不是我们希望发生的，但是，当它们来临的时候，家长要引导孩子正面应对，并且从中看到个人以外的力量，比如合作的力量，纪律的力量，信任的力量。

这种引导，不仅会让孩子的内心变得更加强大，而且还会让孩子的内心变得更加柔软，孩子会因此更加懂得爱和包容，更加适应未来的团队协作。

孩子更深刻

Apr. 12th

76 好的关注是让自己置身事件之外

朋友圈记录

口罩紧缺的情况，就我周围的情况来说，应该是进入尾声了。

前天收到居委会关于购买第六批口罩的通知，上面的内容也变了：“随着口罩产能上升，可购买口罩的渠道越来越多，如需购买口罩，居民可直接前往药店或电商平台购买。”

居委会依然保留了预约购买的通道，我相信已经没有多少人去预约了。买口罩的艰难期，就这样过去了。疫情之初，我也写过关于购买口罩的困难和困惑，并由此获得了朋友的资助。真是恍如一梦。

但是，大洋彼岸，欧洲大陆，以及世界更多的地方，此刻，却正处于口罩紧缺的艰难中。

昨天，我的德国同学发了一个她德国家乡的百岁老奶奶缝纫口罩的照片，老人用自己家的棉布做口罩用于赠送。我在美国休斯敦的朋友，也在同一天写了休斯敦义工用棉布做口罩的事情。因为布料不够，义工们希望大家可以把家里多余的棉质床单、被套捐出来。这些手工制作的口罩，他们会捐给医院，让医生们戴在 N95 口罩外面。

这两件事让我看到了国外此刻口罩紧缺的艰难，如同疫情之初我们的困难。除此之外，我更从中看出了人性的善良和美好。

发出消息的这两个人，是我的同学和朋友。她们在传递真实信息的同时，也都积极投身到当地的抗疫工作中，并对祖国这个娘家的许多工作客观地肯定。这是我喜欢的样子。

在我眼中，世界是一个整体，绝大部分普通人都是善良有爱的，不分种族，不分国籍。

正因为世界有爱，所以，全球的疫情一定会过去，那美好的日子，一定会回来的。

背后的故事

疫情中的每个人可能都经历过关于口罩的一波三折的故事。也正因为如此，我们特别盼望着不戴口罩的日子可以早点回来。

这一天我和小芦苇都很为那个在家缝纫口罩的百岁老奶奶感动。一个百岁老人，行动自便已属不易，还要缝纫，还因为明白时局而缝纫口罩，人活到这个年纪还依然清醒，依然可以用自己的行动给别人带去支持，这是一件多么让人骄傲的事情！

因为这样的感动，我在后来的日子里特别关注我的那些生活在国外的朋友们的朋友圈记录和公众号文章。有一个比较令我费解的情况是，疫情之初，我常常可以看见他们发这方面的信息，前期的内容是他们如何组织海外赤子援助国内的亲人和普通人，后期的内容是他们如何在异国互助抗疫，包括组织和接受国内亲人及组织的援助。那段时间，我常常看得热血沸腾。

但是渐渐地，他们都不再发出这样的声音了。

我在之前的记录中提到的那个让我失望的公众号的主人，在疫情初期曾经以一篇疫情分析的文章获得非常大的阅读量，在这之后的日子里，他却很少继续提供这方面的信息，其公众号的内容，变成了各种团购——我就在这样的失望中一天天地走向心痛。

我对小芦苇说，这就是人性的另一面。当一个人运用他的专业知识对你进行洗脑，进而进行营销的时候，你往往会入套，因为你信任这个人，崇拜这个人，所以，你会认为他说的都是对的。

没想到小芦苇对这个事情看得比我透彻。她说，营销号都是这样啊，你既然不喜欢，就不要关注。你关注了，又生气，一方面是在浪费自己的时间，另一方面也是在支持他的营销。人家营销的目的，除了让人相信他，还包括让人记住他。

我一下子从困惑中走了出来。

今天我要分享的是——

永远不要认为自己对问题的看法比孩子深刻。很多时候，孩子因为看问题的角度与我们不一样，反而可以更容易看清楚问题的本质。

不随波逐流需要的不仅是分辨是非的能力，更需要内心的定力。有时候，只有置身事件之外，才能够更清楚地看到事情的本质，才能给予更好的关注。家长在分析孩子身上的问题时，似乎也可以参照这条经验。

围绕问题

Apr. 13th

77 解决简单的问题时不要用发散性思维

朋友圈记录

我的一个作者——是第一次合作、未曾谋面、交流也不多的一个年轻作者——让我担心了两个多月。今天，我这颗悬着的心终于落下来。

去年下半年，他有一本书想在我这里出版。因为是经人介绍来找我的，中间许多事情都是那个人代办的，所以初期我与他几乎没有直接交流。

12 月下旬，我将书稿清样寄给他，不久他将修改后的清样寄还给我，并告诉我有几个图表要替换，他随后会发给我。这是我们第一次直接联系。

1 月 22 日，他给我发了一条很短的信息，说一直在忙本科评估，耽误了，过几天就将图表发给我，并祝我新年快乐。这是第二次交流。

第二天，武汉封城，之后我一直没有收到他的消息。他在武汉。

很多次我想问他，很多次又放弃了。时间越往后，我越不敢问。

我的作者分为有两种。一种和我比较熟或者后来相处得比较熟，既是作者又是朋友；另一种不太熟，只是作者。他是后者。但是，这两个多月以来，我却莫名地一直为他担心。

今天下午，我终于鼓起勇气，装作若无其事的样子，给他发了一条信息，问他图表什么时候可以发过来。

过了很长时间——是我觉得很长时间，不是真的很长时间——他回复我了。主要有三个内容。一、2 月至 4 月中旬，他一直按照学校的要求下沉社区，每天都很忙。二、两天前，学校将需要准备线上课程和指导毕业论文的老师从下沉社区抽回，他刚刚接到通知。三、他本周内会将文件发给我，并致歉意。

我看完虽未热泪盈眶，但却心潮起伏。我很想告诉他，其实，我并不是催他的图表，我只希望知道他和他的家人，安好！

但是，最后，我回复的只有这几个字：“好的。知你安好，我很欢喜。”

想起那个有名的句子：“你若安好，便是晴天。”其实，这句话并不是一定要用在关系亲近的人之间，比如在我和这个未曾谋面、只简单交流过两三次的武汉青年教师之间，此刻，也可以用。

这是疫情期间我和武汉最近的一个故事。是喜剧结尾，多好！

背后的故事

这位年轻的大学老师是从事计算机信息研究的，他的那本书的书名是《不同复杂度行为识别——基于深度信息的一项研究》，内容是关于计算机成像的人体行为识别的研究。因为这个领域我不熟悉，同时又很感兴趣，所以这本书稿虽然不厚，我却花了不少时间进行编辑处理。

1 月 22 日收到他发来的微信留言时，我正在从办公室回家的路上。那一天，也是我不出门的日子开始前，最后一天去办公室。

同样是在这一天，我的一个朋友给我带了一点来自呼伦贝尔的羊肉，我们约好了在单位附近的地铁站交接。

我的这个朋友没有出站，我们隔着半人高的玻璃屏障交接物品。进站的时候，我戴了前一天晚上买的口罩，却发现带子怎么也弄不好。我的这个朋友也戴了口罩，可是却戴反了。现在回想起来，疫情之初，因为一切都是不熟悉的，即使是很简单的事，也会处理得手忙脚乱。

我没有想到的是，我和这位青年教师以及这个朋友，竟然很快就隔着长长的不出门的日子。青年教师的书稿，77 天以后才有信息继续。我的这个朋友再次同我见面，则已经是炎热的夏天。人生有很多事情都是没有办法预料的，但只要走过困境，彼此安好，便会有再相见的时候。

这位青年教师的书，是不出门的日子结束后，我返回办公室上班时才完成印制的。我把样书寄给他的时候，他也已经投入到线下课程中了。这本书是他庚子年的科研成果之一，希望他在 2021 年顺利评上职称，更希望那时候这场肆虐全球的疫情已经彻底结束，人们重新回到健康美好的生活中。

今天我要分享的是——

陪伴孩子成长的过程，是一个不断遇见问题和解决问题的过程。新问题出现的时候，家长往往会慌乱，因为这种慌乱，又往往会出错。出错之后，家长常常会变得更加慌乱，并陷入相互抱怨和指责中。于是，问题变得越来越大，甚至会衍生出更多的问题来。

其实，面对孩子出现的新问题，家长只要认真分析，就事论事，围绕问题本身冷静处理，解决起来就不会太复杂。解决孩子身上的问题时，最怕的就是翻旧账，并且把问题向孩子周围的人身上或者与孩子相关的其他事情上扩散。发散性思维在此刻只会让简单的问题复杂化，并且偏离问题的本质，让问题最终走向无解。

与时俱进

Apr. 14th

78 从中等好看到中等难看

朋友圈记录

居家上班上课的一个好处是，我能时不时地蹭小芦苇的课。最近也不知道她是在上什么课，我在旁边看得有些搞不懂。

前天她风风火火地让我把 N 年前的黏土找出来，然后花了大半天时间，像捏饺子皮一样，捏了个陶罐。我正想夸一下好看，她却又在陶罐光滑的外表上粘了一层刺状黏土。左思右想，左顾右盼，最后，她又拿出画笔，将白色的罐子涂成黑色。总之，就是一个从中等好看到中等难看的发展过程。

这个罐子放在阳台上晒了一天。

今天早晨一起床她就跑到阳台上给陶罐拍视频，然后加上自己的解说，在电脑上三下五除二，做了一个陶罐视频。视频中的陶罐比阳台上的好看多了，我也不知道为什么。

我弱弱地问，你也开始走×音路线了吗？还是英文×音？

小芦苇白了我一眼，说，我在做地理作业好吧。

什么作业还要做个罐子？这疫情期间也没法出去考古呀？我一脸疑惑。

小芦苇说，我们在学习非洲地理，作业是手工做一个非洲某地的东西。

那你这是啥地方的罐子？

小芦苇说了一个我没听过的名字。

那这种罐子当地真有？我刨根问底。

小芦苇想了想，说，罐子是我的创意，我觉得符合这个地方的文化。

搞半天是文创。怪不得有门课叫人文地理。

如果你们认为这一天的折腾到此为止，那可就错了。要是那样，也就不值得我写下来了。

人家下午又把家里变成了生物实验室，搞了个“活体解剖”。这一节内容后面再写吧，我反正是被这解剖折腾得够呛，到现在还喘不过气来。

总之，这一天，从艺术到科学，真是烧脑。

背后的故事

小芦苇的作业里经常有这样的手工加创意的内容。

一个初中生的作业内容弄得有点像手工课，刚开始我还有些不理解。她的一个小学同学的妈妈在这则朋友圈记录下面留言：“怎么我家也要我拿黏土？生物课做一个叶子什么的，我也没搞清，我们要认真做好书童。”

可能这也正是小芦苇他们这一代人接受的教育与我们的不同之处吧。他们的学习方式更有趣，更立体，学习结果呈现得也更完整。

我读中学的时候，地理课最喜欢做的一件事情便是在地图上找地名。打开中国地图或者世界地图，在密密麻麻、花花绿绿的地名中，找一个看上去位置很隐蔽的名字，让同桌去找。同桌找出来了，再选出一个地名让我找。我们就这样反反复复地找，一节课下来，基本上没听老师在说些什么。

常常以为是很小的字难找。事实上，越是小的字，越容易被找出来。找不出来的，往往是非常大的字。这说明关注点不一样，问题的难易程度也会有不一样的呈现。

有了小芦苇以后，我成了我们家的旅游总管，身兼导游、会计、拎包、采购数职。每次旅行前，我都要做足攻略：查景点、查线路、设计方案，订机票、订酒店、考虑交通接驳。在此过程中，地图成了非常重要的工具。

这样旅行下来的结果是，凡是我去过的地方，它在地图上的位置以及交通情况，我都会非常熟悉。这让我明白了一个道理：纸上得来终觉浅。想要真正弄明白一个东西，还是要亲力亲为一次才行。

这和小芦苇做“非洲陶罐”的效果是相似的。小芦苇的“非洲陶罐”虽然经历了从中等好看到中等难看的过程，但是她在构思、制作，以及后期的视频录制过程中，对非洲文化的领略肯定超过了直接记书本上的知识。

今天我要分享的是——

时代的发展和进步，不仅体现在知识的更新上，也体现在学习方法的更新上。我们从小习惯的一些学习方法，比如拼命刷题，比如背厚厚的英文字典，比如在书的空白处写上密密麻麻的注释和体验，可能对现在的孩子已经不适用了。他们获得和巩固知识的方法也许是做一个手工，录一段视频，甚至编一个像游戏一样的小程序。

家长的与时俱进不仅体现在对新事物的了解和新知识的获取上，还体现在对孩子新的学习方式的理解和接受上。从内容到观念的同步更新，是家长必须面对的问题，也是建立良性亲子关系的关键所在。

衡量时间

Apr. 15th

79 什么是对孩子最长情的陪伴

朋友圈记录

最近大家一直都在说双标和站队，我看谁都没有咱们中年妈妈双标，会站队。

我昨天写了一下小芦苇的“非洲陶罐”，老母亲们迅速站队，盲目支持小芦苇的黑罐（连图片都没看到），并期待小芦苇的“活体解剖”内容。

天下最不能得罪的就是中年老母亲。那么，继续昨天的故事吧。

昨天，小芦苇说生物课有作业，要解剖动物。我一听心里就凉凉了。虽说现在疫情好了很多，上海也非常安全，食品非常丰富。可是，要弄只小白兔小白鼠还是不那么容易的。想了半天，我说，要不我买条鱼回来？小芦苇摇摇头，说要无脊椎动物。

我的生物知识早就还给老师了，听到无脊椎动物，只能想到蚯蚓。

蚯蚓太简单了，小芦苇说。

我真是太难了。

小芦苇做完陶罐视频，说，好久没吃小龙虾了，买点小龙虾吧。

什么意思？

小芦苇见我不开窍，引导道："虾是无脊椎动物。"

嗨，早说呀。

网上下单，半小时不到，小哥将三斤活蹦乱跳的小龙虾送上门来。

挑两只大的备用，余下的交给芦苇爹。小芦苇说，中午先吃一顿，下午再解剖。

一个多小时后，芦苇爹独家烹制的小龙虾上桌，小芦苇吃得满嘴都是酱汁。

饭毕，小芦苇说她要解剖龙虾了，让我把她去年泡实验室的专业白大褂、护目镜和手套拿出来。我说你就别折腾了，那些都是咱家的"金银细软"，哪能那么快找出来。系个围裙、戴双为娘取快递时用的一次性手套就可以了。

我又找了个包饺子时用的长方形大托盘给她，以为后面我就没事了。不想小芦苇说，你还得当工具人。

啥叫工具人？就是我像个路灯一样站在桌边，单手握手机，90 度角伸出去，全程不抖动、不咳嗽地录下解剖过程。半个小时啊，同志们，我一动未动像个雕塑！

解剖的细节不说了，我一工具人看不懂也记不住。总之小芦苇刀法娴熟，工作细致，低头的样子有点帅。我看了也放心了，起码这刀工将来开个小龙虾大排档还是可以的。

看她整齐排列出的小龙虾各类器官，我第一次发现，原来小龙虾也有红色的血液！惊喜不惊喜？意外不意外？

背后的故事

因为前一天在朋友圈记录中说了小芦苇要解剖动物的事情，有朋友就在猜小芦苇要解剖的是什么，因为她觉得在不出门的日子里，家里能跑能动的动物实在是找不出来。于是第二天坚持等到谜底揭晓才去睡觉。

还有朋友见我当路灯一样的工具人很累，建议我网上买个手机支架，并且告诉我价格只有几十元。我虽然觉得这建议很好，可想着小芦苇一时半会也不会再让我当工具人，便拖着没买。直到不出门的日子结束后三个月，小芦苇因为要拍由上海教育电视台主办的“我眼中的上海之美”参赛视频，才自己在网上买了手机支架。小芦苇的参赛作品后来获得了“最佳主题创意奖”。这个支架在后来的日子里继续发挥作用，小芦苇每次参加线上比赛都要用它来固定作为考场监控设备之一的手机（这种线上考试一般需要三台设备）。

我不知道读到这里会不会有读者觉得有点烦。中年妇女的朋友圈记录，似乎除了聊娃就是做饭，而且聊娃的时候往往互动得很厉害。

这一点其实我很早就意识到了。有娃的中年妇女，无论是职业女性还是全职妈妈，都脱不了这个俗套，生活的空间再广，也离不开带娃和吃饭两件大事。

也正因为如此，中年女性生活中的朋友圈也是分裂的。

我观察下来，中年女性一般会分为有娃的和没娃的两类，当然，有娃的还要再细分为需要自己带娃的和不需要自己带娃的。

试试约一下中年妇女吃饭喝茶逛街就知道了。有娃且需要自己带娃的，绝对不会同你约在工作日的晚上和周末以及节假日的全天。我们的黄金时段是什么？工作日的中午。是的，只有工作日的中午，我们才是有闲的，可以独自外出，或者约三两个知己喝茶聊天晒太阳的。工作日的晚上我们要给娃做饭，陪娃写作业。周末自然也是全天陪娃。但也有例外。比如娃要上两三个小时的补习课，这两三个小时，可以定时定点地碰个面，但是时间要求非常精确。

所以没娃的中年妇女碰到有娃且要自己带娃的中年妇女就很无奈，她们发现约需要带娃的中年妇女比约帅哥还难。也许这两个人从前是闺蜜，年轻的时候也有过一起通宵追剧半夜喝酒的经历，但是现在不行了，娃是一道铜墙铁壁，隔断了千言万语，隔断了山山水水。

我有一个年轻时代的闺蜜就是这样同我失散的。她在外地，没有孩子。每次来上海，她都希望我能全天陪同，晚上和她一起在酒店聊到天色微明。

我虽然挺欣赏她的才华，但她每次来都会住在徐汇、闵行这样的地方，和我的活动范围构成了上海的对角线，我去一趟单程一般需要两小时。

她的作息时间在我看来和欧洲时间差不多，早晨从中午开始。我一天里可自由支配的黄金时段基本上都在她的梦里。她精神抖擞的下午和晚上，我正处于看稿、家务和陪娃三座大山的压迫下，心有余，力不足。

她来了几次上海。我千辛万苦地安排了时间，不顾小芦苇和芦苇爹发青、发冷的脸色，陪了她几个下午和晚上，但她对我在此期间一会儿要接老师的电话，一会儿要遥控小芦苇的衣食，并且到了晚上 10 点便心急如焚地往回赶等表现很不满意，后来到上海就不再找我了。

所以我们带娃的中年妇女在不知不觉中就结成了联盟，彼此理解，彼此娱乐，彼此当对方的树洞。

有一次我去北京出差，约一个在报社工作的中年带娃闺蜜。我们在时间安排上惊人地默契：工作日的中午，我赶到她单位附近，我们见个面，喝杯咖啡，来点轻食。这样，她上午可以处理工作上的事情，下午可以准时下班回家带娃。工作、带娃、会友三不误。北京的那个春天的中午，阳光温暖，咖啡醇香。

本来这一天记录的是小芦苇做生物解剖实验的事，最后却变成了中年带娃妇女的吐槽。

有一句话叫子非鱼，安知鱼之乐。小芦苇解剖小龙虾，我花了半个小时当一动不动的路灯，但却没有感到不快乐，给这则朋友圈记录点赞留言的中年带娃妇女也没有觉得我花小半小时不值得。这里面的一个重要原因就是，在这个过程中，我近距离地看到了孩子学习过程中的细节，发现了孩子工作时的严谨和专注，这一切让我觉得新鲜又快乐。

今天我要分享的是——

不要用职场的价值观来衡量自己和孩子在一起的时间。孩子是每天都在成长变化的，做家长的如果能够一直分享孩子的成长时间，看见孩子的每一个微小的进步和变化，是一件很幸运的事情。

有的家长因为种种原因，没有能够陪伴孩子的幼年、童年和少年时期的成长，往往会在彼此心中产生根植于心灵深处的缺失感，家长和孩子之间也会因此产生或多或少的疏离感。在极端的情况下，这种缺失感和疏离感还会带来非常严重的后果。这种后果有时候会发生孩子身上，有时候则会发生在家长身上。

和孩子在一起，全身心投入地在一起，是父母对孩子最长情的陪伴。

清醒≠快乐

Apr. 16th

80 有些喜欢是绕着弯路的

朋友圈记录

我这不出门的日子的流水账，估计渐近尾声了。因为今天有两个好消息传来。

一是上海市新冠肺炎治疗专家组组长张文宏表示，目前上海本地病例治疗已基本宣告胜利，得益于上海治疗方案的成熟应用，境外输入性病例的重症化率极低。

二是小芦苇学校今天晚上开了本年级学生的家长会（当然是视频会议），明确了本月底小芦苇和她的同学们将正式返校。

复课啦！

老师交代了很多事情，比如要测体温、戴口罩，还要出示健康码（随申码），等等。

会议一结束，我赶紧给小芦苇申请了随申码。啦啦啦，开学啦！“剑外忽传收蓟北 ，初闻涕泪满衣裳。却看妻子愁何在，漫卷诗书喜欲狂。”“神兽”将归山林，大地万物生辉。此刻，老杜的诗比较适合我。

有一位老母亲似乎比我更激动，会议一结束就在群里问，是早上 5 点就送到学校吗？我们全都笑岔气了，她是有多想送“神兽”归林呀，5 点钟天还没亮呢!

咱家的初中生马上就要回学校了，上海的本地病例基本上治疗结束了，这些实实在在的信息，应该可以让喜欢质疑的人放心了吧。前几天看视频，张文宏医生也是一脸无奈，说，一些人老是不相信我们上海只有几百个病例，我也没办法。

故乡的荷包牡丹

继续说图吧。这还是我家乡的那位朋友拍的，这花是家乡的牡丹园引进的新品种，它的名字叫荷包牡丹。我是第一次听说有这种牡丹。

“白日放歌须纵酒，青春作伴好还乡。”想回老家看看了。酒就算了，换成咖啡吧。

背后的故事

美和快乐都是容易让人产生共鸣的。

转发的那张荷包牡丹的图片引起了很多人的兴趣，我对小芦苇即将返校的喜悦之情也感染了很多人，所以这一天的朋友圈记录下面特别热闹：

> “你的激动冲破手机屏幕了。这花叫荷包牡丹？走路经常见到，记不住名字，这下记住了！”
>
> “第一次见到这样的牡丹呢！”
>
> “非常漂亮的花，但怎么也没有和牡丹联系起来，也不像牡丹的近亲。去年植物园看到好多，还以为是铃兰之类的，后来用小程序查了，的确是荷包牡丹。喜欢您的不出门的日子。”

我也没有想到我的家乡竟然有形状那么别致的牡丹，初看起来，它像兰花，但是颜色极为鲜艳。

小时候母亲说别人很勤劳的时候，经常会听到这样的句子：“她除了做手头的事，还经常没日没夜地采制丹皮，卖给药材公司。”

我那时候很无知，并没有想到母亲说的丹皮指的是牡丹的皮。

长大后读了一点书，又认为牡丹以洛阳的最为名贵，压根就没有想到我的家乡其实也盛产牡丹。

直到有一次我和父亲路过山边的一片牡丹园，才知道原来我的家乡是有着大片的牡丹的。父亲告诉我应该如何区分牡丹和芍药，说牡丹是木本植物，芍药是草本植物。我那时候的心态也很奇怪，完全听不进去父亲的讲解，仅仅因为觉得芍药两个字比牡丹写出来好看，便无端地认为芍药更漂亮，更名贵，更让我欢喜。就像后来我一直坚持青衣比花旦更美一样，虽然我对戏曲并不懂，但遇到青衣，就坚持认为她是主角，是整个戏里最漂亮的人——仅仅因为青衣两个字我觉得看上去特别有韵味。

有一次一个小地方的剧团来我的家乡演出，似乎一连演了几个星期。在剧团快要离开的时候，家乡的广播站请剧团的花旦录了一段戏，据说唱腔很美，之后经常在广播里播出。

我那时候还不到10岁，对此很是不平，认为广播站应该请那个更年轻的女子去录音，因为那个年轻一点的更好看更有风致。现在想起来，我认为更好看的那个年轻女子，在戏里演的应该是青衣。

从小芦苇的开学返校说到开心快乐，再说到牡丹芍药和花旦青衣，我想告诉你们的是：有些快乐和欢喜都是没有缘由的，可能并不符合约定俗成的评判标准。有些喜欢是绕着弯路的，往往是在舍近求远之后才会发现，最美的东西其实就在身边。在陪伴孩子的过程中，我们往往也会遇到这样的莫名的欢喜和快乐。

今天我要分享的是——

允许孩子保留莫名的快乐和欢喜是很重要的。有些家长常常会有感慨，说孩子整天弄那些无聊的东西，真不知道那些东西有什么好看的，好玩的。家长的这种看法其实是不了解孩子的一种表现。

过于坚持这种看法之后，家长会发现孩子和自己的距离越来越远，自己越来越看不懂孩子的行为。记住，有些快乐是没有缘由的，有些喜欢是绕着弯路的。做家长的有时候需要糊涂一点，孩子自己都说不清楚的快乐和欢喜，我们又有什么必要一定要搞清楚呢？模糊本身也是一种美和幸福，如同我们发现很多活得特别清醒的人其实并不快乐一样。

相信孩子

Apr. 17th

81 不担心孩子的选择是最好的支持

朋友圈记录

前天张文宏医生在采访中说了一句学生早餐不要喝粥吃咸菜，要喝牛奶、吃鸡蛋和三明治。这是从疫情出发提出的一个关于营养和增强免疫力的建议，觉得有道理你就听，觉得没道理你就忽略。可是，不知道为什么，有人就因此给他扣了一顶“崇洋媚外”的帽子。

我也懒得替这顶帽子辩解一下，因为辩题实在太没意思。这段时间，有好多辩题都和这个差不多，没有让人辩论的动力。

只是，从这个或者类似这样的事情里，我发现我们很多成年人似乎很脆弱。别人喝牛奶不喝粥会伤害他，别人背单词不背古诗也会伤害他。

真的是没有必要。用贾母的话说，多大点子事呀。

假如你的内心足够自信，假如你不是那么在意别人，你一定不会受伤害。不但不会，而且，你压根都想不到这上面去。

然后这些人还会以忧国忧民的方式担心，担心我们的孩子会在这样的教育中受伤或者跑偏。

真是想多了，而且，也太不了解我们的孩子了。

在我看来，我们的孩子才是最不会崇洋媚外的一代。因为他们从出生开始，就没有看到过需要崇和媚的外国的东西，他们才是以最平等的心态面对未来、走向世界的人。

吃牛排也好，喝冬瓜排骨汤也罢，他们会以最适合自己生长的方式，长成参天大树，立于世界之林。

所以，放心吧。有他们在，咱国咱家的未来都好着呢！

咱们是老树，他们是新芽。我们支持了他们，养育了他们，却无法设计他们，更不用担忧他们。有一天我们倒下了，他们会站得比我们更直、更稳、更漂亮！

背后的故事

这一天的朋友圈记录是从张文宏建议大家喝牛奶事情谈起的——其实关于这类问题已经在我的心中压了很久了。

崇洋媚外当然不好，说外国的月亮比中国的圆更是可笑。

但是，同样的道理，“崇中媚内”似乎也不是一个客观的角度，外国的月亮固然不比中国的圆，中国的月亮也不比外国的圆。月亮就是月亮，它在每一个的心中都沉淀了不同的意象，寄托了不同的情思。所以，从这个角度来说，你可以认为中国的月亮最美，你自己家乡的月亮最美，但是，你不能要求别人都同你的看法一致。

说起月亮，其实我觉得最美的还是小时候的月亮，我故乡的月亮。我记得那时候我才十几岁，同小芦苇现在的年龄差不多。暑假的时候，我最喜欢做的一件事就是和我的一个发小在晚餐后一起散步。我们散步的地方说起来又美丽又孤寂，那是故乡一个水库堤坝。水库后面是隐隐的青山，堤坝下面是一片草地，草地尽头是公路。

水库的堤坝很宽的一面很短，我们在那短短宽宽的堤坝上来来回回地走，聊一些不着边际的话题。深蓝色的天空中挂着一轮金黄的圆月，下面是水里的另一轮圆月。“天上一个月亮，水中一个月亮”，这句歌词我记得特别清楚。

此后，我似乎一直没有看到过比水库上方更美的月亮。直到许多年后的某个月光皎洁的夜晚，我和芦苇爹走在阿姆斯特丹的运河边。经过一座吊桥的时候，一个荷兰男子倚在栏杆上同我们打招呼。他应该是有些醉了，微笑着用英语对我们说：“看，好美的月亮。”我一直到今天都没有弄明白，月光下，我为什么对那个中年荷兰男人挂在脸上的那份沉醉的表情记得如此清晰，而那一轮异国的圆月，也因为那份沉醉而变得极其美丽。

小芦苇不到两岁的时候，特别喜欢看一部动画片，名字叫《大熊贝儿蓝色的家》。她总是要求我一遍遍地给她放，并且放的是英文版。那里面有一个画面也很打动我，就是大熊贝儿在它蓝色的家中，靠在窗前看月亮，说了一句：“What a lovely moon!”那一刻我竟然特别感动，大熊的声音和气息都特别让我沉迷。

小芦苇还在上幼儿园的时候，我教她背了两首长的诗，一首是杜甫的《兵车行》，另一首则是张若虚的《春江花月夜》。

说了这么多关于月亮的记忆，你们是否也像我一样，无法分清哪里的月亮更让我怀念。

我之所以在这一天的朋友圈记录里有那么多的感慨，是因为我发现周围的一些人总是喜欢把自己的喜好强加给别人，如果别人不接受他的喜好，他就会上升到各种高度对别人进行批评指责。比如我认识的一个人，因为自己喜欢中国古典文学，就对现在的中学教育很不满，认为教育部门应该取消中小学生统一的英语课，改上《论语》之类的课程，传承经典。而英语则作为选修课，让有爱好的学生去学。

作为中文系出身，且读研时的研究方向就是唐宋文学的人，我对中国古代文学是有着浓厚的感情的，我自己也曾经在大学时期学习了诸子百家的典籍，背诵了大量的古诗文。

但我还是没有办法理解把英语课改为“论语课”的想法。我想对那个人说，你只知道自己不喜欢英语课，你又怎么断定别人都会喜欢“论语课”呢？

让孩子爱国，爱传统文化，不崇洋媚外，这些想法都没错，但如果想简单地通过不学英语、不喝牛奶不吃三明治来解决，未免太让人觉得可笑了。古人形容一个人很厉害的时候，往往说他“文武全才”“十八般武艺样样精通”。我们的孩子汲取了中西方文明的精华，是站在人类文明进步的某个高度来学习的，他们早已超越了我们这一代人固有的某些短视和狭隘。

今天我要分享的是——

不要用我们的过去来打造孩子的未来。我们的孩子从出生开始，就接受了和我们当年不一样的文明和教育，我们身上的一些缺点和短处，在他们身上往往是没有产生和发展的条件的。家长在教育孩子的时候，千万不要用“我当年如何如何”这样的句子同孩子沟通，更不要把自己早年的教育缺失转嫁到孩子身上，要求孩子替自已实现某些梦想。

眼光放远一点，心放宽一点，相信孩子，也相信这个世界。放手让孩子按照自己的喜好做事，不过分担心。有时候，不担心孩子的选择就是对孩子最好的支持！

时光沉淀

Apr. 18th

82 做孩子最温暖的背景

朋友圈记录

我的一个老乡在朋友圈里晒了一张她今天上山掰竹笋的图，我顺手就盗了过来。

这细细长长的小竹笋，是江南才有的，也是我从小就喜欢的食物。正因为是从小就喜欢的，所以看到它，便会有丝丝缕缕的往事从来心底升起，像谷雨前后泡在细细长长的玻璃杯中的新茶，纯净清澈却又淡雅绵长。所有的往事可能都是这样吧，沉淀过后，反而更加简单、美好！

不分享我细碎的往事了，分享一个小细节吧。这样的竹笋，采回家剥壳的时候，我会找一根相对大的，尽量剥下完整一些的壳，把这笋壳做成一只小小的伞——那样的小伞，飘浮在我童年的每一个春天里。

很多时候，我都觉得自己是一个很幸运的人，不管走到哪里，都会有来自家乡的亲友牵挂着我。春天的竹笋，夏天的辣椒酱，秋天的紫薯，冬天的老母鸡，一年四季，我总会源源不断地收到他们带给我的散发着故乡气息的美食。这些美食是一种记忆，一种温暖，一种怀念。

这两天又收到了几份来自家乡的新茶——黄山毛峰和涌溪火青，以前每次收到这些东西时并没有太多的感觉，疫情期间，时间变慢了，便可以好好体会这些感觉了。午后，暖暖阳光下，泡一壶新茶，看茶叶一片片慢慢地盛开，时光一下子就温柔起来了。

“宝鼎茶闲烟尚绿，幽窗棋罢指犹凉。”忽然想起这两句诗。我这个人有些奇怪，《红楼梦》里的名句那么多，偏生只爱这一句不出名的，而且一记就是一辈子。

小芦苇恰好在这个时候找我讨论她正在学的课文《杨修之死》。我趁机同她聊了一下中国的传统文化和古人的价值观。对于剪得了视频，解得出方程，会讲洋文会画动漫的小芦苇，我现在只有这点本事可以教她了，还得见缝插针、得寸进尺。

至此，岁月静好。

背后的故事

时间变慢了以后，每个人都会在空闲时不知不觉地慢慢沉浸到往事中。一位朋友对我的“笋壳伞”印象很深，在这则朋友圈记录下面给我留言：

> 每年这个时候我妈就会去山里抽笋。其实小时候挺烦这个事的，因为要钻进去，经常会刮破皮肤，然后回来还要剥笋。唯一的乐趣就是拿笋衣做小伞。这个笋要吃很久，吃不完就蒸一下晒干。已经很久没有吃过了，前几天清明时看老乡晒图拿笋做馅，竟然特别怀念，虽然那个时候不是很喜欢。

说实话，她的这段留言很打动我。透过这些文字，我仿佛看见了我们相似的童年。这位朋友是知名大学的老师，有一个和小芦苇差不多大的女儿。她也曾像我一样有过在异国他乡生活的经历。她是那种像我一样需要自己带娃的人，所以她的朋友圈中记录最多的是女儿的独轮车表演，她自己做的面食，她在异国他乡的菜园里种的小菜。

所有在工作、家务和带娃中奔波的老母亲的生活模式和关注点都是相似的。

我喜欢吃的笋是春天的时候刚刚破土而出的嫩笋，细细的，长长的。一场春雨之后，它们会像变魔术一样从土地冒出来，噌噌地往上长，静静地立在旁边，似乎都能听见它们生长的声音。这个场景令我对“雨后春笋”这个成语的记忆是从有声音的画面开始的。

也正因为很珍惜这个场景，所以在后来的写作过程中，我很少使用雨后春笋这个词，觉得我们用它来比喻的东西，在很多时候是没有那份湿漉漉的生机和沁人肺腑的气息的。

在上海我很少能够买到这种带着泥土气息的春笋。新鲜的春笋上市的时间很短，只有半个月左右。往年每到春笋上市的时候，我的那些在家乡的亲友们就会给我快递一些过来，让我解解馋。

我的一个生活在安徽黄山地区的闺蜜知道我对笋有偏爱，每年都会让农家帮我采摘一些有机笋，制成干笋寄给我。

我只会一种做法：干笋烧肉。小芦苇很喜欢吃这道菜，每次吃的时候还会说，这个笋太嫩了，怎么能叫它干笋呢，应该叫嫩笋。

所以说，家庭对孩子的影响，是从孩子的饮食习惯开始的。有什么样饮食偏好的父母，就会有什么样饮食偏好的孩子。有人说，母亲对孩子的影响是最大的，又说母亲的情绪决定了家庭的氛围。

我对这个说法一直有着自己最简单的理解，那就是母亲的做菜风格决定了孩子的胃。我有时候会和小芦苇畅想未来，想象她在异国求学我去看望她的情形。她的描述总是围绕着我给她做各种好吃的菜展开，春卷啦，蛋饺啦，茶叶蛋啦，总之说到最后我们都会流口水。

每个人都有很多关于童年的记忆，这些记忆经过时间的沉淀以后，已经不再是童年时最初的样子了，成为一种意象，一种依恋，一种可以治愈尘世沧桑的良药。

我的一位心理学家朋友对我在疫情期间记录的这些有治愈功能的文字很感兴趣，他对我说：“每天看看你的文字觉得很棒！”

小芦苇从前的老师——后来也成了我的一个好朋友——对我在文字中传达出来的中国古代文化的内容非常肯定，经常建议我给大家开课。在这一天的朋友圈记录下面，她再次给我留言：

开网课，我想学古人的智慧生活！

今天我要分享的是——

很多东西都是经过时间沉淀以后才变得更美的。孩子的教育也是这样，我们不能指望任何加速生长。给孩子生长的时间，给孩子的每一天留出生长的空间，不要以为做一套真题就能马上提高孩子的解题水平，更不要期待听几节名师的课就能立刻让孩子成为下笔如有神的人。即便春笋可以在一夜春雨中长出很多，那也需要经过长长的冬季里沉淀在地下的日子。

我们要做的是，记住孩子的每一个平常的日子，认真对待孩子的每一个平常的日子。经过时间的沉淀，这些平常的日子会成为孩子生命中闪亮的日子，而我们，会成为这样的日子里最温暖的背景。

真实交流

Apr. 19th

83 告诉孩子生命的长度比宽度更重要

朋友圈记录

“相看两不厌，只有敬亭山。”疫情期间，很多的夫妻、情侣禁足在家，朝夕相处，想要相看两不厌还真是不容易。

疫情初期就看到过一个视频。一对老年夫妇接受采访。采访者问，你们现在要进行若干天的隔离观察，有两个方案，A 是住在一起隔离，B 是……采访者还没有说完，老太太就飞快地回答，B!

当然，这可能只是一个搞笑的段子。

不过我在疫情期间倒是实实在在地接到了几个朋友吐槽夫妻关系恶化的电话。这一方面是他们的关系中原本就有些问题，另一方面，疫情期间每天 24 小时不间断地相处，也的确会让矛盾凸显或者升级。再加上有的家中还有“神兽”出没，无疑让家务、家教的风险指数大幅度提升。“相顾无言，唯有泪千行。”有时候，夫妻之间只有在需要泪千行的艰难时分，相看才会两不厌。所以，有一个词叫患难夫妻。

我劝朋友的时候，基本上都是让他们等疫情结束再说。我心里知道，疫情结束后，他们当中有的人不用我劝，自会和好——都是“新冠”惹的祸。

今天从网上看到一对异国老年情侣的故事。老太太85岁，丹麦人；老先生89岁，德国人。疫情期间，国境封锁，两个老人却天天见面。老太太开车，老先生骑车，分别来到边境。隔着封锁，两人各自坐在自带的椅子上，一起聊天，喝咖啡，喝酒，吃午餐或者饼干。那一刻，阳光温暖，新冠消散。不能拥抱接吻，却可以千言万语，两不生厌。

是不是很佩服，很羡慕？八九十岁了，还可以谈一场生龙活虎的恋爱，这是人生多大的赢家！

所以，距离会产生美，时间会沉淀爱。希望疫情期间有各种摩擦的夫妻和情侣，都可以化矛盾为期待，走过“新冠”，走过审美疲劳，共赴九十岁的那场让年轻人羡慕的生龙活虎的恋爱！

背后的故事

我对朋友圈记录的这对老人还是挺敬佩的。特别是当我看到他们隔着封锁线，开心地吃着简单的午餐的照片时，心里甚至有一点感动。

老人和孩子，往往有很多相似的地方。

当我们还是孩子的时候，感情往往很单纯，喜欢就是喜欢，不喜欢就是不喜欢。慢慢长大以后，我们的感情也变得复杂起来。喜欢的东西不一定会说出来的，说出来的东西又往往并不真正喜欢。再往后，生活的担子越来越重，我们需要承担的责任、需要考虑的问题越来越多，真实的情感慢慢被挤压到了边缘或者心的最深处。直到有一天，我们不需要工作了，不需要承担太多的家庭责任了，那些像孩子一样的情感，才会再次慢慢显露出来。

我见过年轻的姑娘为了达到工作上的某个目的，不惜伤害在她失恋绝望时曾经给予过她很多帮助和关怀的人；也见过相爱时情深义重，分手时锱铢必较的中年人；还见过利用别人的信任夫妻联手骗取别人钱财的人。

所有这一切，都是因为在他们的感情选择中，夹杂了太多的私欲和杂质。

俗话说，无欲则刚。可是，在这个世界上，真的要做到无欲实在是太难了。唯有孩子和老人，可以在一定程度上做到这一点。

年轻人可以为了爱情以外的东西结婚，中年人可以为了爱情以外的东西离婚。

故事中的这两个老人，我相信是为了爱情本身才每天坚持跑那么远的路，隔着封锁线见面的。一杯咖啡，几片面包，足以让两个处于特殊时期的老人体会爱情的甜蜜。

从这个角度说，老年人的爱情，有时候显得更纯粹。

我敬佩这对老人还有一个原因是我觉得他们身上充满了生命力。他们一个85岁，一个89岁，在大多数人看来，他们的生活中，最不需要的可能就是爱情了。他们似乎应该好好地待在家里，让家人或者保姆照料着，安详地度过人生最后的岁月。

可是，他们却比年轻人还勇敢、浪漫，这种生命的张力，是真正感动我的地方。

我们经常说生命不仅要有长度，还要有宽度。很多时候，我们这样说的时候，是针对那些英年早逝的人的，认为他们虽然生命的长度不够，但是他们的生命很有质量，很有意义，他们活出了生命的宽度。

我想说的是，如果长度很短，宽度再宽也是没有办法让人羡慕的。

不出门的日子里，我经常对小芦苇说，这一年，我们都身心健康地活着，就是最大的成功。活着，让生命有更长的长度，是我们普通人的追求。

想起几年前看到的一则新闻。一个十几岁的小女孩在大水中扶老太太过马路，最后自己被淹死了。那一刻我特别心痛。小女孩活出了生命的宽度，但是她生命的长度实在是太短了。我一向不主张让未成年人做只有成年人才能完成的见义勇为的事情。我对小芦苇说，如果你发现别人处于危险中，而你自己又不具备见义勇为的能力时，你该做的事情是，想尽一切办法帮他报警、呼救，而不是盲目地自己冲过去做无谓的牺牲。

当我们的生命有了足够的长度，在这个长度进行的时候，甚至是在这个长度的尾巴上，我们可能会感受到特别让我们自豪让别人感动的宽度。

假如你到90岁了还能像故事中的这对老人一样，带着一顿简单的午餐骑车赴一场自己想要的让皱纹舒展的约会，你一定会觉得自己很了不起。

今天我要分享的是——

教育是一个真实情感交流的过程。在教育孩子的过程中，我们没有必要遮遮掩掩，可以直接告诉孩子，生命的长度比宽度更重要。在教育孩子助人为乐、见义勇为的时候，我们一定要考虑到孩子是未成年人。不要用成年人的道德标准来要求孩子，更不能让孩子完成只有成年人才有体力和智慧完成的见义勇为的壮举。

我们经常会善意地对逝者说，一路走好，天堂里没有病痛、没有灾难、没有车来车往。可是，实实在在的人世间的美好他们尚未享受到，我们又怎能期待他们在虚无缥缈的天堂里能够快乐健康？

让孩子学会珍惜生命，珍惜生命的长度。

过程＞结果

Apr. 20th

84 不是所有的期待都会如约而至

朋友圈记录

今天，上海三年级以上的中小学生返校的时间已经定下来了，从 4 月底到 5 月中旬，分年级段错峰返校。作为毕业班的学生，小芦苇将是第一批返校学习的学生，4 月底就返回她美丽的校园——教学楼前那一大片美丽的二月兰，一定会以最美的样子在等着他们。之前我一直有些担心，怕疫情会取消他们的毕业典礼，现在看来，毕业典礼能够如约而至的希望越来越大了。

小学的时候，小芦苇所在的学校本来是有在六一儿童节给三年级的孩子集体过十岁生日的传统的，之前老师还让家长悄悄写了给自己孩子的信存放在班主任处。可是，节日快到了，小芦苇的班级却因为有同学染上了手足口病还是类似的一个什么疾病，这个十岁集体生日的活动被取消了。这个遗憾，我一直到今天还存在心里。

今天我和同事在网上沟通工作的时候，顺便说了一句，很想念一起上班的日子。现在，小芦苇返校的日子已经定下来了，我自己回办公室工作的时间估计也快了。当我发现很快就会同这几个月的“不出门的日子”告别的时候，我的心中忽然又对这段时光充满了依恋。

我知道，未来的日子里，我再也找不到这样大段的和小芦苇二十四小时相处的时光了。而你们，可能也很难像在这“不出门的日子里”一样，日日有规律地看到我送上的絮絮叨叨的文字了（顺便说一下，我的这个流水账，会记到我回办公室上班的那天结束，目前还不知道是哪一天。感谢的话先不说，否则结束的时候就无话可说了)。

每个人都有情绪起伏的时候。当我被网上各种各样的信息搞得头晕眼花的时候，当我为各种不负责任或有失公允的言论、事件生气的时候，每每看到小芦苇端端正正地坐在书桌前，有条不紊地处理她的网课、作业和各种小组讨论，我的心情就平静下来了。关键是，我们的身边，有无数个像小芦苇这样在疫情中认真成长的孩子。他们犹如雨水滋润的杜鹃花，开放在我们的春天里。

这些日子，我们以为是自己在照顾孩子，其实，更多的时候，是孩子在安慰、平复着我们的情绪。不信你好好回忆一下。

背后的故事

在相聚的日子里说着告别的话题是有些让人伤感的。

因为之前确定下来的原则是等我结束居家办公的日子，重新回到办公室上班时，就结束这份“不出门的日子”的朋友圈记录。这一天在写记录的时候，只是感觉到结束的日期快到了，但具体是哪一天，并不知道。

有的朋友可能是看习惯了，赶紧说：“不要停哦，要每日更新呀。”

另一个朋友也表达了类似的想法：“继续期待您潺潺的流水，更期待小芦苇的毕业大典。”

还有朋友赶紧给出了阅读点评："互相影响互相帮助的模范母女组合。"更多的朋友对我记录中的观点表示赞同。有一个留言是这样的：

> 一次与同事谈论小孩教育，同事不无感慨地说，我们大人自以为为孩子做得很多，其实是他们为我们做了很多。

小芦苇小学时的一名老师的留言我觉得很值得分享：

> 爱是奉献，爱是陪伴 。其实今天得知返校时间，我的心情也是此起彼伏。有像小芦苇这样自律的孩子，也有抄写作业来回订正8遍、让人"叹为观止"的娃。等着吧，返校立马见分晓。

这位老师的感慨同我之前在一则记录中提出的观点是一致的——没有什么弯道超车，自律，然后才有文明和进步。

小芦苇的毕业典礼后来如期举行了，进行的是线下典礼，但只能是学生和老师参加，家长依然以云观摩的方式参加，通过学校专门提供的直播平台全程观看。为了让家长和孩子有更多的互动，之前学校让家长给自己的孩子录制了毕业寄语，在毕业典礼上用大屏幕播出。

小芦苇有幸成为12个优秀毕业生之一，并且作为毕业生代表发表了毕业演讲。那是她人生的一个阶段的结束，同时也是另一个阶段的开始。

小芦苇的学校的学制是初中三年高中四年（上海的小学是五年制），所以，小芦苇虽然只是八年级，却已经是初中毕业班的学生了，这一点也顺便说明一下。

在看小芦苇毕业典礼的时候，我忽然想起了美国电影《当幸福来敲门》中的一句台词：

我生命中的这个阶段，这个很短的阶段叫作幸福。

幸福是我们一直追求的东西，它让我们一直怀着希望走在路上。但是它来临的时候，总是很短暂，短暂得让你几乎来不及感受。然后，人生的另一个阶段就开始了，你需要继续赶路，继续追梦。

今天我要分享的是——

很多时候，过程比结果更美丽，更值得分享。家长在陪伴孩子的时候，总是不自觉地会期待一个结果，期待孩子可以上好的幼儿园、好的小学、好的中学、好的大学。再期待孩子能有好的工作、好的家庭、好的未来。

可是，不是所有的期待都会如约而至，偶尔如约而来的幸福，也只是一个极短的过程，它往往提示一段新的奋斗的开始。家长与其期待结果，不如用心陪伴孩子在通往每一个结果的路上，参与过程，分享过程，共同体验孩子每一个脚步里隐藏的艰辛和快乐。

文字的力量

Apr. 21st

85 成长日记是给孩子的最好的礼物

朋友圈记录

我的同事开始催关于英格兰和苏格兰的书稿了，我答应她本周会完成书稿复审工作，于是今天一天都沉迷在这上下两册的英格兰乡村里。

书中记录了一些趣事，倒是挺有意思。分享一个应景的。说是有一个80多岁的英国皇家空军的军官，一个人住在埃塞克斯郡的一个零乱的小木屋里，屋子里堆满了60多年前的旧报纸。他每天都在这些旧报纸上找一些广告商的地址，给他们写信，以此让自己回到过去的时光里，回到他20多岁的青春年华里。作者说这件事情的时候是伤感的，并把它放在脱欧背景下的怀旧情怀里。但我读到这里却是沉醉的。我们保留的旧时光，可不就在一张张泛黄的照片中，一则则逝去的新闻里！

昨天我说起这个流水账已渐近尾声，好几个朋友都回复让我不要停。这也是对时光的敬畏吧，尽管这是艰难的时光。我在想，当我80岁的时候，如果没有失智，我会再次点开这段时间的微信朋友圈，一条条地翻看大家的留言和点赞，再认真地一一回复——假如那时微信朋友圈还在的话。

今天看的几个章节的内容是很合我的心意的。比如莎士比亚的故乡。莎士比亚不仅是著名的戏剧家，还是深谙投资理论的财富管理者，这一点让我这个整天处理财经书稿的中文系出身的人心生欢喜。再比如简·奥斯汀生活过的小镇及其最后居住的地方。作者在中间还对比了一下奥斯汀和张爱玲。

想起几年前，我的一个朋友为了寻找简·奥斯汀的足迹，一个人在英伦游走了很多天，并把自己的生日放在奥斯汀住过的房间庆祝。

又想起另一个朋友，在张爱玲生日那天，硬是从外地赶到上海，拉着我去了常德公寓，也就是张爱玲的故居。我们在一楼的主题咖啡馆喝咖啡，聊张爱玲的《金锁记》，以及那个我不喜欢的胡兰成。

这些小仪式，让日子变得有趣且不寻常。谁说中年老母亲不可以偶尔任性、幼稚一下呢？

书稿中的英格兰乡村正值夏天，如诗如画。我在沉醉的同时，又有一份穿越的迷茫。因为手机里不断地传来关于疫情信息的提醒。

伊丽莎白二世说了，那美好的日子会回来的。此刻，我更深地理解了这位优雅的英国女王口中“美好”两个字的含义。那是挥不去的旧时光啊！

疫情之后，我们和世界，还能回到从前吗？

背后的故事

子在川上曰：“逝者如斯夫，不舍昼夜。”世界和我们都没有办法回到从前，但我们可以通过一些仪式保留对过去的怀念。

那个穿上旗袍特别美丽、曾经和我一起在武康路的咖啡屋看行走在玻璃房顶上的猫的闺蜜，看到我这一天的朋友圈记录后，给我写了一段特别让我感动的留言：

我想写封信寄出去，写给 80 岁的你。好怀念以前拿到信先美美地想象，再急急地拆开，还会反复阅读的日子。

我给她的回复是："说定了，我 80 岁的时候给你回信。"

我在陪同小芦苇去新加坡参加比赛时认识的一个小芦苇校友的妈妈——那也是一个穿上旗袍极美的女子——直接在朋友圈记录下面向我发出邀请，邀请我去常德路公寓楼下的千彩书坊喝咖啡。

我曾经特别羡慕那个为了寻找简·奥斯汀的足迹，一个人在英伦游走很多天的朋友。她并不年轻，英语也不好，仅仅是为了不能忘却的旧时光，独自开始了一段长长的异国旅程。

几年前，我陪小芦苇去美国参加比赛。比赛结束后，我们去了威斯康星州的小城欧克莱尔。在一家古董店里，我们发现了许多封从前的明信片。那些明信片上手写的字迹，简单的问候，让我们兴奋不已。我们仔细看每个单词，看寄件人和收件人的姓名地址，计算这中间的距离。以下是我从当天的朋友圈记录中摘录的一段文字：

欧克莱尔的古董店很大，共三层。一进门就能感受到来自过去的气息。店中的物品包罗万象，如果仔细逛，恐怕一整天都不够。

我对古董没有太多的研究，但一堆来自过去的明信片深深吸引了我。这是一封写于 1971 年的明信片，收件人在欧克莱尔。我花了很长时间阅读这些来自过去的手写文字，想象当时的情景，以及写信人和收信人的过去与现在。

岁月似乎在某一个角落停留了，以心灵碰撞的方式。

你是否希望收到我的明信片呢？

还真有几个朋友留言，希望我和小芦苇可以从美国给她们寄明信片。后来我和小芦苇从明尼阿波利斯转机的时候，真的买了好几张明信片。不过由于种种原因，那些明信片最终没有寄出，被我们带回上海了。

疫情期间不能外出旅游，我和小芦苇经常翻看从前的照片，回忆我们那些年在外旅游的日子。我们发现，照片虽然比文字直接，但很多时候，看照片时我们会想不起来照片具体是在哪里拍摄的。只有在翻看我的朋友圈记录的时候，那些足迹和我们行走时的感受才变得清晰起来，似乎可以直接触碰到。文字的力量，特别是它的持久性和对情绪传达的丰富性，还是比照片更大一些的。

今天我要分享的是——

做父母的总想留住和孩子在一起的时光，所以我们会为孩子拍很多照片、视频，甚至制作成小的纪录片。我要告诉你们的是，如果想更好地记录和孩子在一起的日子，一定不要忘记最古老的记录方式——文字。文字的力量是超过我们的预期的。有一天，你可能忘记了照片和视频拍摄时的情形，但阅读文字记录，你会发现那一天又鲜活地回来了。

从这个角度说，写成长日记，是父母能够给孩子的最简单也是最好的礼物。家长在记录孩子成长的时候，自己也在一步步成长。许多年以后，当你回看这些记录的时候，你会发现，那些流金岁月，一直不曾远去。

纵向比较

Apr. 22nd

86 不要用虚拟的静止状态来分析问题

朋友圈记录

小芦苇今天期中考试，当然是网上，有视频监控的那种。对于这种网上考试的设备摆放，小芦苇现在已经轻车熟路，所以再也不需要我当工具人举手机了。

所谓生于忧患，死于安乐。不用当工具人的我对小芦苇的考试采取不闻不问的态度，连她上午的两场考试科目都没搞清楚。但问题很快就来了。在她进行第二场考试时，我发现自己被“封锁”了——她的监控视频立在我去厨房的必经之路上。

不能履行厨娘职责了，但午饭得准点供应。不敢点外卖，因为开门收外卖也得过封锁线，还要承担门铃声扰乱考场秩序的风险。

办法总比困难多。我点了小区门口到店自取的中餐。

封锁一解除，我就下楼取餐。两天没出门，垃圾攒了好几袋。

于是我出门的形象是这个样子的：首如飞蓬、神情呆滞，以反复使用多次的一次性口罩掩面（不是没有口罩，是为了节约资源），左手两袋干垃圾，右手三袋湿垃圾，胳膊上还挎着一个取餐用的马甲袋。

走过楼下垃圾定时投放点的时候，志愿者远远看见我，赶紧走了过来，说现在不是投放时间，不能扔垃圾。这个我是知道的。我困难地向她伸手示意，说我会扔到前面的垃圾房。

此时志愿者已走到我身边，说垃圾房也要定时投放。我一下子愣住了，我一直以为垃圾房是可以24小时扔垃圾的！

我有些无助地看着志愿者，说，这些垃圾我还要拿回去？

志愿者大概也不忍我如此。她想了想，说："现在垃圾房正在运垃圾，我陪你一起送过去吧。"说着接过了我手上的干垃圾。路上，志愿者问我："你是帮主人家做卫生的吧？这些垃圾是帮他们家扔的？"

这个？我想了一下，点头称是。我在家的地位可不就是个买菜做饭搞卫生的嘛，还免费，还倒贴。

到了垃圾房，志愿者与运垃圾的人沟通，我进出数趟分门别类扔垃圾。想想不是每个人都有机会看到垃圾房的内部，忍不住四处打量起来。

有一个小秘密。我进进出出垃圾房的时候，发现学校的一位老师也正带着她儿子经过垃圾房门口。我正想上前打个招呼，忽然又自卑起来，怕她以为我换了新工作。于是，我假装没看见。哈哈，她不仅是我的好邻居，还是我的"忠粉"哦，几乎每天都是第一时间看我的流水账。猜猜看，一会儿她看见这些文字，会说些什么呢？

为了表示除了扔垃圾我还识文断字，下午继续看英格兰乡村。今天的内容里有牛津和剑桥，让我一下子就文化起来了。

《爱丽丝梦游仙境》的作者刘易斯毕业于牛津，拿了数学和文学两个学位，他在数学上极具天赋。一个传闻是，维多利亚女王看了他的《爱丽丝梦游仙境》后非常喜欢，对周围人说，这个作者的新书出来，一定要及时拿给我看。结果，刘易斯的下一本书，是深奥的数学书。惊喜不惊喜？

再给你们一个更惊喜的吧。这朵蔷薇是在垃圾房附近拍的，漂亮不漂亮？

本着买一送二的原则，再附送一个意外。高考时，本人，对，是本人，我，小芦苇娘，扔垃圾的，数学考了 117 分（满分是 120 分）。然后，我就被中文系录取了。毕业的时候，除了中文系的毕业证书，我还拿了一张英语系的结业证书。

没想到吧？

背后的故事

其实这一天的朋友圈记录我是想删掉的，毕竟一时兴起说了一些不着调的话，让人家误以为我很有才华。我想着这些话在朋友圈说说也就算了，放在正儿八经出版的书里，到底有些王婆自夸的味道，况且，我当年的那些知识，特别是数学知识，早就妥妥地还给老师了。现在别说是高考的数学卷子，就是小学高年级的卷子，估计我做起来也会特别费劲——没听说大学数学系教授还常常会被孩子的奥数难住嘛。

但是转念一想，既然这本书是如实记录不出门的日子，说的就是实时记录的东西，悄悄拿掉也是不合适的，尊重事实是非虚构作品最基本的原则。

所以我最后还是决定将当天的朋友圈记录原文奉上。你们看了以后可不要笑话我，更不许考我，如果有人给我出数学题和英语题，我会翻脸的哦。

我当年在大学选修英语这件事，也是羞答答地做的，一周两次课，中间还要完成一些作业。好在那时候学业并不忙，我也没想到要去考各种有用没用的证书，手机也没有，所以中文、英语两个专业读下来倒是不太累。只是英语实在只是学了点皮毛。早知道后来要出国，说什么也把口语、听力什么的好好练练。

我的一个大学同学看了我的这则朋友圈记录后，很惊奇地说："英语系结业证书你瞒了我几十年！"我的室长见她这么说，便很高兴地回复她："我是知密者。"

还有朋友进一步夸我，说小芦苇得了我的真传。这则留言幸亏小芦苇看不到，否则她会相当失望，因为我的英语水平，在她面前基本上可以视同为英文盲。

这里也顺便给大家一个小提醒，如果不是自己的本专业，其他学科的知识，最好别在初中生高中生面前嘚瑟，我们的那点往日积累，在他们面前根本不值一提，他们随便弄道题就能把我们撂倒。

其实别说是数学和英语了，就是我的老本行中文，我现在都不敢在小芦苇面前显摆。古文就别说了，一不留神就会忘了出处。现代文呢，阅读理解简直就是个坑，一跳一个准。据说有的文章作者本人也做不出来阅读理解的正确答案。假设老师把我今天的记录放到考卷上，让大家写作者想表达的主题，我估计我肯定回答不出正确答案。我就是记了个流水账，我怎么知道自己想表达的是什么呢？语文试卷中我唯一有把握的是作文，但也只敢保证有个及格的分数，高分可不敢想。现在的作文似乎都进入套路模式，不熟悉套路似乎只有吃亏的份。

所以每当有朋友让我给他们的孩子的作文提修改意见时，我就特别心虚，也特别不愿意。说真话，家长可能会不爱听，对孩子提高分数也没什么帮助。说假话，实在有违我的内心。

我唯一能做的，就是不让小芦苇参加写作培训班、阅读理解培训班、名著导读培训班。管好自家的娃，我想着也算是为社会做贡献吧。

今天我要分享的是——

做家长的要学会纵向比较，不要动不动就拿自家的孩子同别人的孩子比，这样比对孩子是很大的伤害先不说，单从结果上来说，也是没有多大意义的。孩子不会因为你认为别人的孩子比他好而更努力或者更爱你，我们自己更不会因为发现自家孩子不如别人家孩子而开心。横向比就是个伤人伤己的过程，说白了就是和孩子过不去，和自己过不去。

纵向比虽然有点阿Q精神，但却有很多好处。发现孩子比自己厉害，我们很开心，孩子更开心。发现今天的孩子比昨天的孩子厉害，我们很骄傲，孩子更骄傲。纵向比，是把自己放在生命的长河中，用发展的眼光看问题；横向比则是把自己放在时间的某个瞬间上，是用虚拟的静止状态来分析问题。

放大温暖

Apr. 23rd

87 珍惜生命正面的点滴温暖与感动

朋友圈记录

今天开始看这套旅游书稿的最后一册《苏格兰高地之魂》。

作者想表达的东西很多，不过在我看来，苏格兰高地之魂应该就是那些承载了历史、战争、传奇和艺术的城堡。

那么今天就说一下城堡和爱情吧。

或许每个女孩都曾有一个关于古堡的梦，这个梦往往和爱情连在一起，来自呼啸山庄，来自睡美人。但真正的古堡并不如此，往往沉重、血腥多于浪漫、唯美。

比如这座与爱丁堡城堡齐名的斯特灵城堡。这座 12 世纪开始就深受苏格兰历代国王、女王钟爱的城堡，实际上目睹了斯图亚特王朝的兴衰。想起亦舒的一本书的名字——《如果墙会说话》。

开始的时候，故事是有些温暖的。国王詹姆斯一世在结束近 20 年的人质生涯，由英格兰回到苏格兰以后，将这座城堡作为婚姻契约的一部分，送给了他的王后，成为王后的私人财产。后来，这成了王室的惯例。但之后，就充满了血腥。杀自己的对手，被自己的对手杀，都发生在这个城堡里。詹姆士五世病逝后，出生才6天的玛丽成了英格兰女王，在这个城堡加冕，那是1543年9月9日。24年后，玛丽正值青春年华的时候，被逼退位。继位的詹姆士六世，依然是一个婴儿。

我无法想象一个女孩从出生6天到24岁，一直在城堡中当女王的岁月。想起南宋营妓严蕊的词："若得山花插满头，莫问奴归处。"

古堡的故事，永远分正面和背面。爱情也是这样。我们看到的往往只是爱情的正面，很少有人会打开爱情的背面——或许是一地鸡毛。

我游历过的城堡不多，但几乎都让我在惊艳的同时，有些沉重。比如德国的新天鹅堡，那金碧辉煌的背后，是一个男人对绝望情感的不能自拔。瑞士的西庸城堡，干脆就是一座监狱。挪威的阿克胡斯城堡，本身就是为了抵御侵略而建，是战争的要塞。城堡门口就是大炮——虽凭海临风，却危机四伏。

新冠病毒依然在全球肆虐。这个时候，千万不要让自己的心成为一座城堡。城堡虽美，却不可能成为一个美丽的童话。

雾失楼台，月迷津渡。此刻，我们需要一颗温柔敞亮宽容的心。

疫情期间同我探讨过情感困惑的朋友，请记住我上面的这句话。

背后的故事

这一天的朋友圈记录的确是有感动而发。那段日子里，我经常会接到朋友的求助电话，诉说自己在家庭生活中的不如意，在婚姻生活中的失望。

正好看到书稿中关于苏格兰城堡的探访，不由得勾起了我对欧洲城堡的种种回忆。

我曾经在奥斯陆待了一个星期。当时芦苇爹参加学术活动，所以整个白天都是我一个人在奥斯陆的大街上闲逛。卡尔·约翰大街、挪威王宫的后花园、奥斯陆市政厅，总之我是走到哪儿算哪儿。有一天我走到安克胡斯城堡，看它凭海临风的样子，很是威武。城堡前有一对挪威男女在拍婚纱照，他们站在高高的城墙上，张开双臂，那姿势很有点像《泰坦尼克号》中的经典剧照。这么多年过去了，希望那对凭海临风的情侣依然是幸福的。

新天鹅堡是几年后和小芦苇一起去的，我记得那是一个细雨蒙蒙的日子。我们看了新天鹅堡之后，又看了旧天鹅堡。我当时似乎是一心为了追寻茜茜公主的故事而去的，所以小芦苇说她完全是为了陪我。小芦苇对新旧天鹅堡都兴趣不大，倒是对行驶在新旧天鹅堡之间的山路上的老式马车很感兴趣，跟在后面跑了好长一段路。

分享一段我参观新天堡当天的朋友圈记录：

> 雨中的福森和新天鹅堡。
>
> 我很少愿意排长队买票看景点，这里算是例外。几年前我曾写过一篇文章叫《双面萨尔斯堡》，写到了茜茜公主的双面人生。这次从因斯布鲁克追寻到这里，同样是因为她。
>
> 我排了两个半小时的队，又走了半个小时的山路，换来新天鹅堡内半小时的参观。美到奢华的昔日王宫高高耸立在雨雾山间，孤独又苍凉，一如路德维希二世传奇又神秘的悲剧人生！
>
> 每个人的生活都有苍凉的背面。人生苦短，我们的心灵承担不了太多的冷寒，所以，在有限的生命里，我们要忘掉背面，珍惜和感受生命正面的点滴温暖与感动——这就是美好人生！

我在整理这段文字的时候，恰好是西方的感恩节。2020 年的感恩节，注定是不同寻常的。我碰巧在这一天里和大家聊城堡和爱情，也算是天意吧。

疫情期间，我一次次地和向我求助的朋友电话沟通的时候，听他们说各自对对方的失望与不满的时候，我总会想起自己游历过的这几座城堡，以及城堡里的故事。

无论是在婚姻生活中还是在社会生活中，我们的心都不能成为一座城堡。忘掉生活背面的苍凉，珍惜生命正面的温暖感动，这才是好的人生。

小芦苇小的时候，我给她讲白雪公主的故事、灰姑娘的故事，在故事的结尾处，总有一句：他们从此过了幸福的生活。随后，我总会补充几句，告诉小芦苇王子和公主的幸福生活里，也会有争执，有无奈，也会生气。生气的时候，他们就会想一下从前的日子，想一下今天我们讲的故事里的日子，然后他们就忘记了那些不愉快，继续生活。

今天我要分享的是——

告诉孩子每个人的生活都是有背面的。生活的背面往往充满了无奈和琐碎，甚至是失望和困窘。为什么有的人能够将生活的路走得很好？不是因为他们的生活里只有正面没有背面——再好的人生，其实都会有或长或短的苍凉时分。

人生之路走得好的人，会放大生活正面的温暖和感动，缩小生活背面的寒冷和失望。记住感恩，遗忘怨恨，让生活中点点滴滴的细小感动装满自己的心——这样的城堡不会阴冷，这样的人生，就会是温暖幸福的人生！

共享＞陪伴

Apr. 24th

88 糊里糊涂的陪伴比谆谆教诲更好

朋友圈记录

昨天是第二十五个世界读书日，一大早我们“贝叶香”女性读书会的群里就开始了自己最难忘的一本书的讨论。有的老师还找出了去年的这一天我们读书会集体活动的照片晒在群里。日子真的是像流水一样，在记住和淡忘之间，飞快地逝去。

有一位老师让我把小芦苇读过的书推荐给她的孩子读。事实上我并不是特别清楚小芦苇读了哪些书，正在读什么书。说起来，亲子阅读的时光我们也有，但真的不多。更多的时候，我们都是各看各的书。共读在我这里的概念，似乎就是我们在同一个屋檐下，同一个时间点，各自阅读，各不相扰。这和我们一起喝下午茶是一样的，我喝咖啡，小芦苇喝牛奶；我吃饼干，小芦苇吃薯片。但是，我们会在一起，有共同的音乐环绕。

很多时候，我的陪伴真的只是陪，没有共读，没有引导，也没有强加给彼此的观念。有时候我们也会就某个问题讨论一下，但基本上都是无厘头的，除了搞笑的结果，我们一般都不去达成共识。

但有一件事情是例外的，那就是共享。这个问题不大容易说清楚，举一个例子吧。今天中午，我正在厨房洗碗，小芦苇忽然叫我，希望我可以跟她一起看纪录片——那是他们地理课的作业。影片的内容是一群鸟的野外生活。小芦苇知道我的英文听力水平是驾驭不了那些译成中文我都不会明白的鸟的名字的，但是因为她觉得画面很美，还是希望我可以陪她一起看。

我二话没说就放下洗了一半的碗，脱下围裙，端了椅子坐在她的电脑前。画面是真的漂亮，纪录片中英文字幕都没有，我完全不知道讲的是什么。但那又怎么样呢？好看就行了。我也不要求小芦苇把内容讲给我听。我发现她是一边看一边在作业纸上写答案，我没有问老师给他们的任务是什么。这种彼此不干涉、糊里糊涂的共享，是我和小芦苇相处的常态。

傍晚还做了一件糊里糊涂的事。小芦苇的影视课老师不知道布置了什么作业，小芦苇拉上窗帘，关掉顶灯，以两盏台灯为光源，跪在地板上拍静物。我估计她是在学习拍摄过程中的光源处理。

小芦苇没告诉我内容，我也没问，只是按照她的要求给她当助手。她要一面镜子用来反光，可是我们家却穷得找不到一面可以拿在手上的镜子。结果我想到了很久以前买面霜时店家送的大化妆盒，盖子背面是一面镜子。我翻箱倒柜将盒子找出来了。这时小芦苇又要白色丝巾给台灯做灯光晕染处理。这个，真没有。我又想办法，结果找了两块蒸馒头的蒸笼屉纱布，黄黄的，绉绉的，很有些怀旧的感觉。

小芦苇大赞。

然后，她跪在地上拍，我跪在地上一手扶着有镜子的化妆盒盖，一手拿一张白纸替她遮光（和蒸笼布一起发挥作用），帮她完成了拍摄工作。

我不知道她拍这个做什么用，也没看到拍摄后的作品呈现。总之，就是糊里糊涂陪了这么个活动。

我觉得这种糊里糊涂的陪伴，比谆谆教导更好，而且还省心。当然，我没打算推广我的这个懒人经验。毕竟，我是一个只会和自家孩子相处的笨妈。

背后的故事

这一天的朋友圈记录特别奇怪，留言的都是女性朋友，男性朋友除了礼节性地点赞，并不发一言。这也从一个侧面证明了，陪娃这件事，主要是各位中年老母亲在做。

很多朋友表示感同身受，并且告诉我糊涂地陪伴而不发问是明智之举，问东问西的结果就是被“鄙视”。

更有热心的老母亲表示要做我的邻居，而且自带白围巾和小镜子，目的是可以免费给小芦苇当拍摄助手。所以有一技之长还是很重要的，投资人会主动上门。

这里我也分享一点糊涂陪伴的体会。孩子上幼儿园和小学的时候，咱们不问，大部分孩子都会小嘴不停地同你说东道西。别说是要拍摄个作品了，就是剪一张小纸头，换一块橡皮这样的小事情，他们都愿意向你娓娓道来。

相信很多人都有这样的体会，从学校接回孩子，他们常常一边吃东西一边缠着你，叽叽喳喳地说个不停。这时候你可千万不要烦，这样的日子不会很长的，如同口袋里的钱一样，你以为很多，用着用着就没了。

孩子上初中以后，慢慢变得不愿意回答我们的很多问题了。这一点我是比较理解的，因为他们觉得有的事情本来很简单，但是同我们说起来，要讲述一大堆背景材料，太麻烦了。更主要的是，我们听了他们的解释或者回答后，往往在自己并没有搞清楚的情况下，一厢情愿地凭我们所谓的人生经验，对他们进行指导或者评价，结果常常弄得双方不欢而散。

古人云：“难得糊涂。”做父母的有时候也是要糊涂一点的，要学会睁一只闭一只眼，一天到晚都谆谆教诲谁能受得了呢？咱们自己不是也挺烦有些领导一天到晚开会，长篇大论地教导咱们吗？不过，虽然是难得糊涂，但是陪伴和共享一定不能少。有些父母和子女之间亲子关系紧张，就是因为父母对孩子缺少陪伴，更不懂得和孩子共享。

今天我要分享的是——

相对于陪伴，和孩子共享是更重要的。孩子在成长的过程中，始终处于对新知识的吸引和新事物的探索中，这个过程中，他们不仅需要引导，更需要有人，特别是最亲的人，能够和他们共享一些过程。

在孩子小的时候，家长比较注意和孩子共享，比如和孩子一起读书，一起画画，一起观察昆虫。孩子慢慢长大以后，家长常常会忽略和孩子共享的时刻，总觉得自己手上的事情更重要一些，或者认为孩子已经大了，可以自己享受那些事情的过程和结果。

其实，最好的陪伴是在一起。家长要随时愿意拿出时间共享孩子的某个邀请，不管这个共享的内容是家长感兴趣的还是不感兴趣的，更不要管这个共享的内容是否有学业成长的意义。对家长来说，这是一个考验，也是一个必须面对的问题。

共享的收获是，家长会因此得到孩子更多的信任并且让孩子对自己更有信心。同时，家长也会这样的共享时光中，心态变得更加年轻，知识结构也会得到调整和更新。

必备的素质

Apr. 25th

89 让孩子学会重视契约精神

朋友圈记录

今天看了一天的稿子，忘了是周六。这是一本关于企业管理的书稿，里面图表太多，书稿的层级又很乱，弄得我头晕眼花，对数字更加疲惫。不要问我有这么多问题为什么不退稿，年复一年，我看的稿子大部分都是让我吐血的。你们看，我们编辑的生活其实也蛮辛苦的，对吧？所以我现在特别希望退休的日子早点到来，这样我就可以名正言顺地不看稿了。闲来不以营利为目的码码字我还是很喜欢的。

这本企业运营看得我实在太累。于是自我安慰：幸好这只是纸上谈兵，若是真有一个企业要我运营，估计我会疯掉。

我解决头晕眼花的办法就是打开电视播放肥皂剧，我称为“以毒攻毒”。可是今天选的这个古装探案剧实在不合我的口味。案情太简单，演员的颜值又对不上我的喜好，台词苍白，演技平平，唯一好看的就是剧中人物桌上吃的菜。我到现在都不明白自己为什么还要时不时看一会儿这剧——或者我是用这样的方式逼着自己不要沉迷剧中忘了看稿？

这点子事本来也没什么好写的。可是，傍晚的时候，忽然看到一个不知道哪里跳出来的帖子，是一个青年编剧的万言书，大致是说我正在看的这个剧她参加了前期编剧工作却未能署名。

帖子太长了，我也没精气神仔细看。再说我对编剧这个圈子不熟，一时也判断不出谁是谁非，更看不出个中的窍门。

但是有一点我是明白的，这年头，干啥事都得有个合约。没有合约，到最后师兄师姐什么的都不管用。创作这个事本身就是烧脑子的，再弄个权益不清、扯皮翻脸，可不是费劲！所以我们策划图书，第一步就是同作者签订出版合同。规矩之下才可能有方圆。

按照万言书里的说法，这个改编自某小说的剧，前前后后有几拨人马六七个编剧上手。我忽然明白自己不喜欢这个剧的原因了，那么多人弄出来的大杂烩，中间还为了利益吵来吵去，能有什么好东西出来呢？

家和万事兴。现在很多事情都是由团队来完成，这个团队也如同一个家，得和才能兴。当然，和也是不容易的，需要智慧和胸怀。

病毒这个事也是这样的，吵来吵去是解决不了问题的。大家齐心协力把疫情控制住，让病毒不再肆虐，与人类和平相处，才是正理。

背后的故事

很多时候，一些问题争执不下甚至弄到鸡飞狗跳，追溯根源，往往是开始的时候没有订立契约。经济社会，契约和契约精神，都是很重要的。

包括我本人在内，好多人常常有一种思维，觉得同熟人、朋友、亲人谈契约有点开不了口。于是大家都是凭良心、感情和记忆在一起合作，到最后往往会出现问题。我自己在这方面也是吃了不少亏的，默默地被人侵占了时间、精力和金钱以后，除了自己生闷气，便是自我安慰：“好歹算是认识了一个人。”

可是，认识了一个人又有什么用？这个亏，已经是吃了。反正人家本来就没有打算让你将相同的亏再吃一次。

小芦苇也吃过我的亏。

小芦苇上幼儿园的时候，我同她有个约定：如果她做了一件让我觉得值得鼓励的事情，我会给她画一颗五角星。这个五角星是可以用来兑换愿望的，10颗五角星兑换一个小愿望，20颗五角星兑换一个中等的愿望。

小芦苇对此兴致勃勃。我们不顾芦苇爹的反对，在玄关附近的墙壁上，一张张地贴上白纸，陆陆续续地在纸上记上日期并画上五角星。

有时候小芦苇想用这些星星来兑换愿望，我觉得她的愿望有点不合理，比如要买一袋在我看来有百害无一益的垃圾食品，我便诱导她将五角星攒着，换更大的愿望。

小芦苇也是有点财迷的，当真把这些五角星看成了财富，轻易舍不得拿出来用。

一直攒到小学三年级，一面墙差不多让我们贴满了。除了偶尔的几次兑换（兑换后的五角星还在，只是被划了一道横杠），大部分五角星都完好无缺地立在墙上。到了四年级，小芦苇对这个游戏没有兴趣了，我们不再攒五角星，那些未兑换愿望的五角星也一直没有兑换。

终于有一天，那些纸掉了几张下来。春节前打扫卫生的时候，我征得小芦苇同意后，将它们撕去了。那些关于五角星的兑换诺言，也因此随风而去。

后来，小芦苇偶尔看到墙上的印迹，会开玩笑地对我说：“你还欠我好多个愿望哦。”

芦苇爹这时候总是会进一步鼓动小芦苇的不满情绪，说：“你妈妈不仅欠你愿望，她还欠你好多压岁钱呢！你小时候收到的那些压岁钱，是不是都存在那个事实上根本不存在的‘妈妈银行’里?”

我相信很多妈妈会有和我相同的体验。在陪伴的孩子的过程，我们或多或少，或有意或无意，都骗过孩子，没有遵守与孩子之间的约定。

小芦苇上初中以后得过几次金额过千的甚至上万元的奖学金。这个奖学金，她一直自己拿着，虽然也不用，但是却不让我代管，即使我说帮她存进银行赚利息她都不为所动。她说这些奖学金是她的快乐基金，她会自己安排怎么用。

如此甚好。自己凭努力得到的奖学金，自己掌握，自己支配，很符合市场经济的运行规则。

今天我要分享的是——

我们都曾经或多或少、或有意或无意地欺骗过孩子。孩子慢慢长大以后，我们可以用它来教育孩子，让他们知道现代社会中，重视契约和拥有契约精神的重要性。

遵守诺言、重视契约是孩子在未来社会中必须具备的基本素质。与其让他们走上社会以后才通过各种教训了解这一点，不如从现在开始，从承认和分析我们对孩子的“欺骗”开始，让他们明白这一点，重视这一点。我们在培养孩子遵守诺言、重视契约的同时，还要让他们学会通过对契约的遵守程度来衡量一个人，判断一个人。

手写文字

Apr. 26th

90 一个人可以瞬间从你的世界消失

朋友圈记录

今天看到一条寻人的消息，叹息之余又很有感慨，决定记下这个感慨。

消息说的是一个38岁的男子，从北京航空航天大学毕业后又去法国念了博士，一年前去美国，在洛杉矶从事CDA设计。不幸的是，近日他溺水身亡。中国驻洛杉矶大使馆的工作人员联系到他在国内的家人。可是，家人却并不清楚他在美国的住址和工作单位，只好通过校友帮忙寻找他的同事或者知道相关信息的人。疫情的原因，他的家人短期内去不了洛杉矶，需要他的同事帮忙处理他的后事。

这是一个很不幸的消息，透过这些信息，我体会到了另一层悲哀。网络的发达，让人与人之间的联系变得简单快捷，却又很脆弱。离开聊天软件和手机号码，一个人可以瞬间从你的世界中消失。

我记得我刚上大学那会儿还是流行写信的。家里的地址自然不用说，关系好的几个同学和朋友，通信地址和邮政编码也是闭着眼睛都能写出来的。

现在，连自己家的邮政编码我都要想半天。

后来手机流行了，通信地址慢慢就忘记了。但是手机号码能背出好几个人的。

再后来用微信了，手机号码也忘了。小芦苇有一次就考验过我，让我背出她的手机号码。我结结巴巴背出来以后，小芦苇说是勉强及格。她当时有些不高兴，说我和她爹的手机号码，她张口就背得出来。我俩却对她的号码一点都不上心，一个背得结结巴巴，另一个干脆不知道。

想想这事还真是挺可怕的。万一哪天没有网络了，我们怎样才能迅速找到要找的人？

忽然很怀念手写书信的时代。我刚上班那会儿，我的一个远在成都的表叔会隔三岔五地同我联系。我们联系的方式很奇怪。我找他的时候，会打他家的固定电话。而他找我，却一律是写信，而且是用毛笔写。当时觉得这位表叔有些迂腐，现在想来，那些毛笔写的信，可真是值得珍惜。

不多说了，大家赶紧检查一下吧，不准看微信，不准查手机通讯录，你能够联系上多少人？亡羊补牢未为晚也。从今天开始，让我们彼此珍惜，彼此记住那些过往的痕迹。

背后的故事

还是继续说一下我的成都表叔吧。

那时候我刚刚参加工作不久。有一次我从合肥出差去成都，父亲告诉我他有一个表哥在成都火车站工作，我应该称他为表叔。如果时间来得及，我可以去看望一下这位表叔。

父亲提前和表叔取得了联系。那时坐的还是绿皮火车，在火车上待了一天一夜后，我昏昏沉沉地下车。站台上，和父亲外貌很像的表叔瘦瘦高高地站在那儿迎接我。

在成都期间，除了完成工作上的事，余下的时间我都是在表叔家度过的。表叔安排自己的小儿媳陪我，她带我吃遍了成都小吃。小表嫂告诉我，那天去火车站接我，表叔很高兴，在家里又是换衣服又是找帽子，生怕自己给我的第一印象不够好。

几年后，表叔表婶回安徽老家，回来的时候路过合肥，在我家住了几个晚上。我和芦苇爹陪着他们逛了包公祠、三国古战场逍遥津等当时合肥比较有特色的地方，表叔表婶非常高兴。回到成都后，表叔给我和芦苇爹写了封信，感谢我们在合肥期间对他和表婶的接待。信是用毛笔写的，而且是竖排的。学理科的芦苇爹看了很佩服，说没有想到表叔的毛笔字写得那么好。

我接到信以后是打电话回复的。之后我们似乎一直保持着这种奇妙的联系方式，表叔写信，我打电话。

父亲也是喜欢用毛笔写信的。有一年家里搬家，我翻出了一叠父亲当年写给母亲的信，是漂亮的小楷。有时候我觉得挺遗憾的，芦苇爹就从来没有给我写过手写的信，不要说用毛笔了，用圆珠笔写的信都没有。科技改变了一切，也包括那些手写的书信。

母亲去世以后，我整理她的遗物时，发现了一个黑绿色的笔记本，上面用蓝黑色墨水记了一些家庭开支的账目，非常简单，却让我仿佛看到了母亲过去的时光。有一则记录上写着给我买衣服用了多少元钱。我慢慢地回忆起来，那应该是母亲去上海出差那次。我记得她回来的时候，给我和弟弟买了很多吃的用的东西。那个大旅行包，我都拎不动。如果没有母亲的这些简单文字，我估计已经忘记了那个场景。

不出门的日子里，我整理旧物，发现了几张小芦苇小时候给我做的贺卡，画的画，上面都写了字，虽然字写得歪歪扭扭的，但到底是手写的，让我很喜欢。还有一张小纸条，让我起床后穿绿裙子。我记得那天是母亲节，小芦苇早早地起床，在芦苇爹的帮助下给我做了早餐——一杯牛奶麦片，替我拿好了要穿的衣服放在我的床头，并且写了字条提醒我应该如何穿。我吃她亲手做的早餐的时候，她打开录音机，播放她自己为我制作的“母亲节综艺”。那时候小芦苇还很小，也没有那么多作业，那些日子恍如昨天，但却已经过去好多年了。

信息的发达改变了很多东西，包括手写的文字，以及文字背后的回忆。

今天我要分享的是——

我们一定要珍惜孩子手工完成的东西，无论是一张小卡片，一封短信，还是一张画，一个写了一半的笔记本。不要觉得它们太简陋，更不要觉得那些文字好稚嫩。有一天，我们会突然发现，我们已经想不起来孩子的笔迹了，因为他们很少给我们手写的东西了，他们的作业，也是在电脑上完成的。

等孩子长大一些了，我们还要学会记住孩子的联系方式、通信地址等个人信息，不能让所有的沟通和联系，都只通过家庭的微信群、QQ群来完成。孩子最初是以人工的方式记住我们的信息，用手工的方式向我们传递信息的，我们也要在孩子慢慢长大以后，把这个人工的方式和手工的信息，奉献给孩子。

所有的高科技，都没有专门为你写的手写的文字和图画更能传递真情；所有的大数据，都没有深深记在我们心中的信息更完整、生动。

及时减压
Apr. 27th

91 善待自己和身边的中年人

朋友圈记录

除了当厨娘和保洁工，今天余下的时间都在看稿子。到晚上 9 点，我终于完成了一本书稿的审读。在系统中填完审稿意见（这个审稿意见要求越来越高了，要写很多字很多内容），我发现颈椎快不行了。于是靠在沙发上看了一会儿《我是余欢水》。虽说只看了一集多一点，却很有共情。中年人的职场和生活，往往就是一地鸡毛，无限悲摧。

想起最近同我沟通的几个朋友。他们都是人到中年，或为家庭或为子女教育，愁肠百结。我这样写你们不要误以为我在装模作样地提供“人间指南”，我可没那本事。因为总有朋友信任我，愿意向我吐个槽，所以我就帮着排解排解而已。生活不易，所以需要彼此给予温暖。我这个人什么都缺，就是不缺朋友。

所以我今晚特别想说说中年人的事。我们经常说要善待这个善待那个，其实最该善待的就是中年人。中年人上有老下有小，家里有一堆事，件件都是费心劳神的。单位还有一堆事，不仅件件费神，往往还有“刀光剑影”。职位低的自然像余欢水那样，常常要被人欺负，被人呼来唤去。职位高的其实也舒服不到哪里去，他们要谋求发展，还要防止其他变故。若是再弄个后院起火啥的，可能就不是一地鸡毛的事了。

忽然想起很多年前的一位给我上思政公共课的老师。这位老师课讲得很好，现在想起来他当时可能也有些不得志。有一天他在课上说自己正在写一本小说，题目叫《一个大学副教授临终前的微笑》。他说自己打算一辈子只当个副教授。这位老师后来被一所较著名的大学引进了，但去了不久便病逝了。那本小说也不知道最终写完没有。

另一位老师也是同时期的。当时他开了日语课，这课原本是不让中文系的学生去听的。我那时特别想学二外，软磨硬泡，终于让这位老师同意我去听他的课。第一节课他就承诺，只要认真地跟着他学一年，日语便可达到在东京随便逛街的水平。可惜的是，我刚刚上了两节课，片假名平假名还没弄清楚，这位老师便因脑出血突然离世。我的日语知识，也一直停留在他教给我的两节课上。

不能再回忆了。总之咱们中年人是压力最大活得最辛苦的群体。所以，请善待自己，善待身边的中年人！

背后的故事

我在朋友圈记录的这两位老师都是我读研究生时期的老师。一位是我读一年级的时候的老师，老师自己是哲学系的，给我们上公共课。这种公共课因为是一个年级的学生在一起上，我们称为大课。因为是大课，同学间彼此并不是很熟悉，所以经常会有学生缺课。为了防止学生缺课，很多老师都会采取课堂点名的方式。这位老师第一次上课就说，我的课不点名，你们觉得有意思就听，觉得没意思可以不来。如果有一天你们都不来，我就收摊回家。

结果，这位老师的课从来没有学生缺课。把思政课上得那么有趣的老师，我是第一次遇见。

他说他在写的那本《一个大学副教授临终前的微笑》时，我们问他为什么写副教授，他说他自己就是副教授，而且也不打算评正教授了。

这门思政课只上了一个学期就结束了。有一次我在校园里碰见这位老师，他忽然对我说："你的文字很有创意，你可以去做广告文案。好好研究一下广告，你一定可以成功。"

可惜我那时一门心思放在唐诗宋词里，根本没想过去研究广告。现在想一下，如果当初真的去研究广告了，在市场经济高速发展的世纪初，估计我还真能赚回第一桶金。如果是那样，我可能今天也不会有时间给你们写我和小芦苇的故事了。

几年后偶尔看到一则校园新闻，知道这位老师被上海的一所高校作为人才引进了。

再后来，有一次遇见哲学系的一位师姐，才知道这位老师当年是她的导师。到上海后不久，这位老师就因病去世了，只有五十多岁。

那位教了我两节日语课的老师我也印象深刻。我那时读研究生二年级，听说这位老师为选修二外的学生开了日语课。我当时还是有些勤奋好学的，打算趁着毕业的压力没有来学个二外。我知道消息的时候比较晚，老师的班已经招满了，外语系的学生还可以挤进去，中文系的肯定是进不去了。

我的研究生导师是一个对学生很关心的人，见我很想学，便帮我找人联系这位老师，我又跑到老师那里恳求，这位老师终于答应破例收了我。

老师的日语课上得非常生动，我打算多花点时间，好好跟老师学。可是，第三次上课时，上课铃响了很久，老师都没有来。我们正猜测原因，班长忽然告诉我们，老师突发疾病去了医院。后来我才知道，上课铃响的时候，老师已经离开我们了。老师是突发脑出血，送到医院似乎就不行了。

这位日语老师去世的时候，也只有50多岁。

前几年我和小芦苇去日本旅游，因为不懂日语，是跟团的。路上我和小芦苇说起自己学日语的短暂经历，小芦苇觉得听起来像个故事。我把从老师那两节课里学来的一点点日语知识说给小芦苇听，小芦苇说，两节课就能把你这个日语小白教成这样，而且隔了这么多年还记得，说明这位老师真的很厉害。

现在想来，我和日语，和这位日语老师，也许真的没有缘分。

我对中年人生活压力的关注可能就是从这两位老师的离世开始的。中年人上有老下有小，中间还有单位大大小小的事，每天都处于高速运转中，真的是太累了。

今天我要分享的是——

在陪伴照顾孩子的时候，家长要记得把一部分精力放在自己身上，适时释放情绪，及时减压。工作上的事情是处理不完的，孩子的事情也是操心不完的。人到中年的家长，首先要保证的是自己的健康和精力充沛。

有一句歌词叫“草鞋是船，爸爸是帆”。家庭是一条小船，孩子坐在船上。小船想出海，就得扬帆。做家长的，就是那帆。帆必须扬起来，在风中充满了张力，小船才能驶向远方。

所以，为了孩子，请善待自己，善待周围的中年人！

善良＋包容

Apr. 28th

92 让孩子有使用二手物品的机会

朋友圈记录

昨天，4 月 27 日，是荷兰的国王节。因为疫情的原因，今年的国王节改为室内庆祝，往年人山人海的欢乐嘉年华没有了，橙色的人群没有了。

我在荷兰生活的时候，他们庆祝的还是女王节。当时贝娅特丽克丝女王在位，每年的女王节庆祝的是女王的生日——但并不是贝娅特丽克丝的生日。因为她的生日是一月份，天寒地冻，不适合户外活动。所以，贝娅特丽克丝决定延续她的母亲朱安娜女王的生日为女王节，就是每年的 4 月 30 日。

女王节有两个亮点，一是人们都穿橙色的衣服，或者戴橙色的配饰，大街小巷都是橙色的海洋。二是每个家庭都可以在路边、广场上摆摊设点卖东西，所以到处都是快乐的二手市场。

我在女王节这天买过二手货，也卖过二手货。我记得我曾在一个女王节把小芦苇用了不到三个月的婴儿车卖给了一对从法国赶过来扫货的年轻夫妇。将近 200 欧元的婴儿车，我 60 欧元就卖给他们了，可见我一直不是一块做生意的料。不知道那个接盘小芦苇的婴儿车的法国孩子是男是女，此刻是否安好？还有一件特别有意思的事情。一对荷兰情侣不知道为什么看中了我脖子上围着的针织长围巾，男孩花了一欧元买了，当场送给女孩当礼物。天知道我当时为什么会同意卖掉脖子上的围巾，而且只要价一欧元！你们可能很难理解情侣间还有这样送礼物的吧，所以，文化不同，很多东西是不能生搬硬套过来理解的。

2013 年女王节这天，女王宣布退位，将王位传给了他的长子威廉·亚历山大。2013 年的女王节由此成为贝娅特丽克丝在位 33 年的最后一个女王节。2014 年开始，女王节变成了国王节，日期变成了 4 月 27 日，国王威廉·亚历山大的生日。

我曾经在我的一个报纸专栏《城记·阿姆斯特丹》中写过一篇关于威廉王储夫妇的情感故事。这对已育有三个公主的国王夫妇，当年的爱情也是来之不易的。荷兰王室当时是反对这桩婚事的。所幸的是，他们相爱了，争取了，成功了！出生于阿根廷的荷兰王后马克西玛，是我喜欢的女人。

背后的故事

我在朋友圈记录的这两个关于荷兰国王节的来历以及当年的威廉王储夫妇的情感故事引起了很多朋友的兴趣。有一位朋友发现自己女儿的生日和威廉国王的是同一天，很高兴地将这则记录转给了她的女儿。还有朋友则追问我的报纸专栏的情况。

2005 年和 2006 年，我曾经在《深圳商报》开设过一个专栏《城记·阿姆斯特丹》，写了一系列关于阿姆斯特丹的文章。这里我直接将当年发表在专栏中的文章摘录一篇过来，分享给大家。

欢乐女王节

4 月 30 日是荷兰人最快乐春天里最快乐的一天，这一天是荷兰的法定假日——女王节，庆祝的是女王母亲的生日。

女王节这天会有大约 75 万人从全国各地来到阿姆斯特丹，因此大街小巷，特别是主要的商业区和广场，比如达姆广场、莱斯广场等地，会出现一年中少有的人山人海的现象。

如果你正好在这一天来到阿姆斯特丹，你会发现两个特别有趣的现象，一是满大街都是鲜艳的橙色——人们披着橙色的彩带、戴着橙色的帽子、穿着橙色的衣服。橙色是王室的颜色，也是荷兰的国色。如果你是一个外国人，在这一天穿上橙色的衣服和荷兰人一起庆祝女王的生日，他们会非常高兴的。今年的女王节，我就特意穿了一件橙色的毛衣走在阿姆斯特丹的大街上，结果好多荷兰人都高兴地对我说谢谢或者同我合影。

第二个有趣的现象是，你会发现大街小巷都是摆摊设点卖旧货的人——这可是女王节的一大看点。为了表示普天同庆，女王规定这一点任何人都可以在大街小巷随便摆摊设点卖东西。早在女王节来临之前，大家就准备好了要卖的东西：家里不要的旧家具、电器、衣服，特别是孩子们，更是兴奋地将自己不用的书本、玩具等整理出来，然后在这一天找个地方叫卖，做一回快乐的商人。而那些想买便宜货的人，也早早准备好了购物清单。这时候的买卖完全成了一种乐趣，价格反倒不重要了，弄好了，东西人家会白送给你——反正一开始就没打算赚钱，你喜欢他的旧东西，这已经让他很高兴了。

运河上当然也是热闹非凡的。各种以橙色装饰的彩船载着歌者舞者纷至沓来，橙色的气球和烟火不时飘向空中，将阿姆斯特丹的天空变成了一个橙色的世界。运河两岸还会有很多演唱会，歌手的声音穿过运河，美不胜收。

如果你想拍几张照片留念，可一定要当心了。在你按快门的时候，会有许多荷兰年轻人挤过来，做出各种各样的表情，闯进你的镜头，让你把他们这快乐的瞬间留存。还有好多人会直接过来挎着你的肩膀，和你一起合影留念——这是快乐不分彼此的一天啊！

女王这一天也闲不了，她会在各个城市间走动，和市民同乐。如果你一不留神在街上撞见了女王，千万不要忘记向她问声好！

小芦苇很喜欢听我讲她小时候的故事。这天晚上，我一边翻看旧照片，一边同她说荷兰的女王节和国王节的趣事。她对荷兰女王节和国王节这天家家户户都可以摆摊设点卖旧物的事情很感兴趣。我观察下来，欧洲人似乎对二手物品更能接受。旧房子、旧家具、旧的日用品，他们都不介意再次使用。小芦苇说："什么时候我们可以再去荷兰，逛逛那里的二手市场？"我若有所思，好长时间没有逛荷兰运河边的二手市场了，还真有点想念。希望疫情可以早点结束，世界再次通畅无阻。

今天我要分享的是——

不管是经济条件好的家长还是经济条件一般的家长，我都建议你们让孩子有使用二手物品的机会，并且有将自己正在使用的物品赠送给需要的人的经历。

接纳、分享和使用二手物品，不仅是节俭的美德，更是包容缺点、容纳别人的心理成长过程。孩子世界的分享，不仅包括对新东西的分配，还包含了对旧物的二次使用或者共用。家长千万不要用不卫生、有洁癖做借口，一颗包容的心，对孩子来说，比表面的洁净更重要。表面的洁净是可以通过很多技术手段来完成的，而一颗善良包容的心，却要靠自我提升才能练就。

时光疗愈

Apr. 29th

93 返校的日子里遇见小城之春

朋友圈记录

小芦苇今天复课了。送小芦苇上学本是芦苇爹的职责，为了庆祝回归校园这一抗击疫情阶段性成果，我决定今天亲自陪同。

一早按照学校的要求给小芦苇量好体温，网上填好健康申报表。一路上阳光灿烂，并且开始堵车。这样的堵车，第一次让人心生欢喜——车水马龙的日子，终于回来了！

看着小芦苇进了校门，后面的一系列检查便是我“不可望也不可及”的了。学校为此已准备了很多天，相信诸事皆妥。

大好春光我是不会辜负的，于是拉着芦苇爹去了位于浦东的新场古镇。这个古镇以前去过一次，今日回访，只为两件事。第一件事是去吃那家上了美食频道的笋丁烧卖。我不知道该怎么形容那烧卖。总之，味道特别不像烧卖，所以爱吃烧卖和不爱吃烧卖的人，都会喜欢吃。第二件事就是这家小城之春咖啡院。

你们肯定以为我是冲着咖啡院三个字去的。其实不是，我是冲着小城之春四个字去的。

记忆这个东西很奇怪。上次去这里，看到这四个字，以及这古朴的大门和爬满藤蔓的古墙，便下意识地认定这是电影《小城之春》故事的发生地。虽然后来查资料发现不是，但是心底里还是愿意相信那个有些忧伤、有些寂寞的故事，就是发生在这因为绿藤环绕而显得衰老颓废的院子里。

上次来，大门是关着的。今天来，它还是关着的。我想我大概是无缘到这个中式院落里喝杯咖啡吧。不过这样也好。关着门，让藤蔓疯长，长出一些荒凉的样子，才更符合我对这院子的认定。真要坐在里面喝咖啡，反而显得有些矫情。

让我意乱情迷的小城之春咖啡院

我对《小城之春》的记忆是掺杂着对母亲的回忆的。我记得那应该是我很小的时候，听到母亲和她的闺蜜在一起讨论这部电影。我当然听不明白，但小城之春四个字，却印在心里面了。

很多年以后我自己也看了这部电影。平淡、幽怨、隐忍的表达，很有些吸引我。女主角穿着旗袍，拎着竹篮，瘦瘦伶伶地走在小巷中，篮子里面装了些蔬菜。这个画面，想不记住都难。

再后来，我发现这电影是有两个版本的。一部是 1948 年费穆先生的作品，另一部是 2000 年左右田壮壮重拍的。我看的是田壮壮的作品，母亲当年和她闺蜜讨论的，应该是费穆先生的作品。我看的这部《小城之春》是在苏州东山取的景。

但是，这些都不影响我的认定。我就是愿意相信，推开这扇门，幽怨的女主角和生病的男主角，就会出现在我的面前。这样想有点傻，但是过程真的很美好。

有些体验，只有在傻傻的时候，才能真正拥有。所以，太聪明的人，往往活得不那么幸福。太玲珑剔透的人，往往体会不到曲径通幽的快乐。

就这样关着门，让阳光照在斑驳的墙上，时光变得很慢，自己变得很小，现实变得很远，过去变得很近。

小城之春在那儿，我那喜欢看《小城之春》的母亲，也立在那暖暖的阳光下。光影与记忆之间，是母亲年轻时的容颜。

我相信每个人心里，都有这样的一份记忆，这样的一个小城之春。

背后的故事

每个人的心中都有一个小城之春。不出门的日子里，小城之春更让人留恋、沉迷。

母亲离开我很多年了，想起她的时候，我很少会想起她对我说了些什么话，更多的是想起她的日常，想起她在平淡的日常生活中保留的那份文艺情怀。

新场古镇我前前后后去了很多次。第一次去是偶然，但却对那家名为小城之春咖啡院的屋子久久难忘。小芦苇结束不出门的日子，第一次返校上课，我迫不及待地送她，迫不及待地重访问新场古镇。我对小芦苇说，我去给她买好吃的笋丁烧卖。其实我真正的目的是去那家咖啡院，并且期待它的门能够打开。

咖啡院的门依然是关的。我有些迷惑，不知道这家咖啡院是一直不营业，还是因为疫情暂时不营业。

不出门的日子结束后，我又选了个时间带着小芦苇一起去了新场古镇。那一次，咖啡院的门开了，是很平常的院子，有三两个人坐在院子里面喝咖啡。院子里面的屋子里有柜台，是做咖啡的地方。

小芦苇问我要不要坐在里面喝一杯咖啡，不知道为什么，我竟然摇了摇头。我总觉得坐在里面喝咖啡会破坏点什么。那样的院子，那样的小城之春，似乎不应该是喝咖啡的地方。

母亲一辈子都没有喝过咖啡，从前是没有，后来是她不习惯。和父亲一样，母亲是习惯喝绿茶的。

我忽然希望咖啡院的门是关着的，让夕阳斜斜地照在断垣残壁上，让绿色藤蔓缠绕在院墙上，让一朵小小的野花盛开在门楣上。配着门前的青石板路面，配着小巷深处缓步走来的丁香一样的结着愁怨的姑娘。

那才是母亲的小城之春。那时候，车马很少，时间很慢，爱很真。

小芦苇在我推荐的笋丁烧卖之外，又发现了一对老年夫妻做的芝麻汤圆。老人家现做了煮给我们吃，特别香。临走时我们又买一盒生的带回去。

“他们好朴实哦!”小芦苇感叹道。

我忽然明白自己喜欢新场古镇、喜欢小城之春的原因了。我喜欢那份朴实和怀旧，喜欢那份属于小时候的记忆。

经过长长的不出门的日子，我在小芦苇返校上课的第一天去了新场古镇，重访母亲的小城之春，在阳光灿烂的时分回到情真意切的旧时光中，这可能是一种天意。

小芦苇的班主任老师晚上给家长发来了让人安心的消息：

今日开学第一天，一切平稳。今日孩子们离校后，保洁阿姨已对每间教室和公共区域都进行了清扫，并进行了紫外灯消毒作业。

我的一位师姐对我这一天的朋友圈记录给予了很高的评价：“不动声色，却感人至深。”

我相信她不仅仅是指我的文字，而是文字背后，我们都珍惜的从前慢，旧时光。

小芦苇后来陪我去了两趟新场古镇，表面上是为吃那对老年夫妇的手工汤圆，真实的原因是，她觉得在这个朴实的小镇上，她能够得到放松，有穿越之感。

旧时光不仅适合回忆，也适合疗愈。

今天我要分享的是——

旧时光是有着疗愈功能的。我们在忙碌的日子里偶尔会坠入旧时光中，是因为我们的心灵需要在回忆和重温中得到滋养，积蓄能量。

不要以为我们的旧时光离孩子很远他们就不喜欢，不要认为我们的旧时光中孩子没有参与他们就没有感觉。适当地同孩子分享我们关于旧时光的记忆，在泛黄的书签和暖暖的日子里，让孩子看到我们和他们不一样却又有着某些相似的童年，这时候孩子会建立起某种类似通感的东西，体会到父母也是在稚嫩和懵懂中慢慢长大的。

这种共鸣和通感，会在疗愈我们的同时，让孩子接近我们的内心。

与世俗无关

Apr. 30th

94 让孩子看到你不染尘埃的另一面

朋友圈记录

昨天接到单位有序复工复产的通知，今天按照单位的要求提交了自己回单位办公的日期。不知不觉中，居家办公的日子就要结束了。5 月 7 日开始，我将回到办公室，像过去的很多年一样，朝九晚五，生活在“编辑部的故事”里。

所以，再有一个星期，我这“不出门的日子”也要结束了。许多事情可能都是这样，刚开始的时候，没有想到会走那么远。不知不觉走了那么远之后，它便成了一种习惯。停止的时候，会有一些惯性和几分不舍。

不出门的日子里，我的一个主要工作是当厨娘。我当厨娘的时候会听书。小芦苇很早的时候就知道，老妈在厨房忙的时候，不要同她说话。彼时老妈会戴着耳机，沉醉在自己的世界里。

很多人都是一边做家务一边听书。不同的是，我基本上不听自己没有读过的书，也不听演播者声音不美的书，更不听会念白字的声音。AI 发音也不在我的选择中。

这么一路挑剔下来，我只有文学名著的名家朗读和上海电影译制片厂的电影录音剪辑可以听。

这已经足够了。经典的魅力就在于，可以无数次反复。每一次重复，都会给你带来不一样的体验。

2019 年 4 月，我选择了在小说《飘》故事开始的那个日子，开始重听这部小说。每天早上，我戴着耳机给小芦苇准备早餐，目送她坐她爹的车去上学。然后我自己走到小区门口坐公交车，下车后穿行在校园中，直到坐在我的办公桌前。这一连串的动作里，那个发生在美国南部的故事一直在动听的声音中陪伴着我。那种感觉，纯粹而美好。

今年这不出门的日子里，我更多的是在厨房忙碌。这时，我需要画面来帮助我化忙乱为美好。于是，童自荣、邱岳峰、刘广宁、丁建华、乔臻这些人的声音，便是最好的选择。

这段日子，我几乎把我能找到的经典译制片全部重听了一遍。

这种重温让我年轻。我会在某个声音中突然回到自己的少年和青年时代，想起某年某月的某一天，自己曾经一遍遍地模仿那些声音。一直到今天，《简爱》和《叶塞尼亚》等影片中的几个经典片段，我还能够背得下来。有些声音，就是陪伴一生的传奇。人会变，而声音不会。即使变，也不会太多。

今天我重听的是《孤星血泪》和《佐罗》。这两部电影当年都是和我的母亲一起看的。我记得那是一个炎热的夏天，在小城唯一的电影院里。当时母亲还给我买了只要几分钱一支的冰棍，非常甜。

母亲是一个喜欢看电影的人。在她的那个时代，电影，尤其是外国影片，是她接触国际文化的窗口。因为这个，我从小就在条件有限的情况下，看了不少经典的外国影片。母亲不会写影评，更没有教过我写影评。但是，后来我写过一些自己觉得还不错的影评。有一段时间，一本质量很不错的杂志的编辑，几乎每期都会约我写一篇影评。

我们都在说言传身教，就电影欣赏而言，母亲是我的引路人，并且从一开始就让我站在了某个高度上。

当我在疫情期间再次用电影录音剪辑驱散焦虑的时候，我会想念并且感谢我的母亲。

背后的故事

所谓“读书”，即“读”和“书”组成。狭义而言，“读”即是朗读——用声音寄托情感、展现风采，用朗读记录文字、传播文化。

这段话是我从上海财经大学图书馆的“SUFE朗读者•悦读留声机”里看到的。我觉得它非常能够代表我对声音的理解。

我曾经有过播音梦，并且差一点让这个梦成真了。

种种原因使我后来并没有走上靠声音吃饭这条路，但我对声音的迷恋一直延续着。

我高中时代的同学似乎都记得我主持班级和学校各种活动的情形。也正是那样的锻炼，使我在后来的工作中，可以比较轻松地主持一些活动，并且有着还不错的临场发挥，包括上海书展上的一些新书发布会。

我的大学同学至今还记得我在入学不久的新生中秋晚会上朗诵舒婷的《致橡树》时的样子。研究生第一年的元旦晚会上，我还朗诵了一首自己创作的诗，名字我已经不记得了，内容似乎是关于冬天对春天的怀想。一些师兄师姐告诉我，他们之所以记得我，是从那个原创诗歌的朗诵开始。我在研究生阶段还有过一次电影配音的经历。那是在一个外院系的元旦晚会上，和一个外院系的男生合作，给电影《简爱》片断现场配音。很多年过去了，那个男生的名字我已经不记得了，但是配的那个片断却依然记得很清楚。

声音可以穿越时间和空间，让昨天的日子直接在你的耳边流淌。

我不知道对声音的迷恋会不会有遗传，我想起好听的声音的时候，总会想起我的母亲。并不是母亲的声音有多么悦耳，而是觉得母亲特别会模仿别人的声音。

母亲早年是一名小学教师。在那个教师资源匮乏的小学里，母亲除了要教语文和数学这样的主课，还要教自然常识课。那时候大家都喜欢上母亲的自然常识课，因为讲完课本上的内容后，母亲总会给大家讲一段故事。母亲讲故事的时候非常投入，模仿故事中的各种人物说话的声音非常逼真。我后来想，母亲生于她那个年代，没有条件接受更多的教育。如果放在今天，没准她可以成为一个好的配音演员。

不出门的日子结束以后，我不再乘坐公交车上下班，改为步行。在单程一个多小时的步行时间里，我喜欢的声音、我喜欢的电影一直陪伴着我，直到今天。

11 月 30 日，看到上海电影家协会和上海电影译制厂举办“无悔今生配音缘——纪念著名配音艺术家刘广宁”活动的新闻，我才知道，这位曾经用声音陪伴过我很多年的老师已经在 2020 年 6 月 25 日离开了我们。一个声音流金的岁月结束了，当年的“银幕公主”走完了她丰富多彩的人生之路，但她留给我们的声音，我们对她和她的那个年代的怀念却永远不会消失。

正是因为这样的情结，12 月份，我接受了学校图书馆和“贝叶香”女性读书会的邀请，和几位老师一起，为“SUFE 朗读者 · 悦读留声机”做了一期朗诵内容。我们朗读的是奥地利心理学家阿弗雷德 · 阿德勒的作品《自卑与超越》。它将作为有声书资源之一收藏于学校图书馆，成为上海财经大学图书馆自有特藏源的组成部分。能够参与到“用声音记录静谧的阅读时光，丰富师生校园生活，构筑书香校园”的活动中，应该是我对母亲最好的怀念。

小芦苇是个喜欢理科的孩子，但她有一个持续了很多年的很文艺的爱好——影视制作。这些年，她一直在少年宫的影视社团学习，跟随的老师来自上海戏剧学院的专业团队。当然，她的影视学习已经超越了我了解的范围，除了声音，她还要进行视频拍摄和制作。小芦苇在这个兴趣爱好领域拿过一些奖，包括剧本创作、影评、短视频制作、微电影报告，她还担任过上海市中小学生“感受经典·温润心灵”影视微报告比赛活动的主持人，独立完成了40多支参赛队伍的现场主持工作。当然，在这个过程中，小芦苇遇到了很多好的老师，除了小学和中学的戏剧老师、少年宫的老师，还有一位已经退休却一直关心着孩子们成长、在朗诵指导方面极有经验的老师。正是这样的传承和扶持，一些美的东西，才会代代流传并不断发展壮大。

今天我要分享的是——

中年人的生活难免会有一地鸡毛的时候。无论生活呈现出怎样的零乱和压力，做家长的一定要有一个与世俗利益无关的爱好。这个爱好可能创造不了物质财富，也不能带来现实收益，但却可以和孩子分享，让孩子看到奔波在朝九晚五、柴米油盐中的父母那纯真坚持且不染尘埃的另一面。对孩子来说，这是一种鼓励，更是一种引导。

Part 5

五月 | 巴尔利大街的阅读时光

欧罗巴长长的白天
光影在有着百年历史的
巴尔利大街的公寓百叶窗上
缓缓移动
窄窄的楼梯
巨大的窗户
承载的是生命中不能忘却的回忆

保存时光

May. 1st

95 保存和孩子在一起的日子

朋友圈记录

我在第 62 天的记录中写过一个叫纽约蓝蓝的策展人的故事。这个从贵阳走到纽约的知性女人，在疫情期间积极抗疫，写下了感人的《疫情中的纽约人》，被称为蓝蓝日记。可惜日记停留在 3 月 26 日。纽约的疫情还在继续，一场车祸却夺走了她年仅 51 岁的生命。2020 年她是有许多愿望的，比如疫情结束要参加大女儿的婚礼和小女儿的大学毕业典礼。

这几天，我忽然发现在发布蓝蓝日记的地方，她的母亲开始像她写蓝蓝日记那样，一天天地写蓝蓝成长的故事。故事才刚刚写了几篇，从她在贵州的知青点出生，到 2 岁时随妈妈回到贵阳，天天陪着妈妈在电影院上班。

我很有些被这位母亲的行为打动。她希望用文字来重塑女儿的生命，这是多么浓重的悲伤和多么积极的纪念。

这位母亲已经 80 岁了。从她的文字中看，她的老伴也已离世。她住在女儿的家里。她的女婿不会说中文。大外孙女住在外面，疫情期间回不了家。

小外孙女可以天天陪她，但是中文也不好。我可以想象失去女儿之后，她的那种无处倾诉的凄凉。

她想给女儿找一个可以日日上香的地方，却发现偌大的家中竟然找不到一个庄严一些的地方（这里应该还有文化差异的原因）。最后，她把女儿的遗像安放在厨房的一个架子上，一来可以让女儿和那些她喜欢的瓶瓶罐罐在一起，二来她自己每天在厨房做饭的时候，可以和女儿说说话，叨叨嗑。

这样的日子里，真的很担心这位老人会崩溃。这时候，文字成了最好的东西。当她的思绪回到51年前，在艰难却温暖的日子里，在点点滴滴的回忆里，那个叫张兰的女孩，生命之花又重新开放了。

写到这里，我忽然产生了一份对于数字的惊叹。张兰的丈夫说，认识她15分钟后，就决定向她求婚。车祸，则发生在她离开家15分钟之后。她终年51岁。而今夜，我本来是打算记另外一件事情的，却在记录前突然改变主意，决定记下她的故事的后续。今天，是5月1日。

数字是个不解之谜。

文字可以记住所有的悲伤，也会化解所有的悲痛。当一切随风而去，文字会静静地立在那里，被人认识，记住。

那么，还等什么呢？用文字记下你所有想保留的瞬间吧，快乐的和忧伤的。

背后的故事

不出门的日子里，我关注过好几位像纽约蓝蓝这样的海外华人记录者的文字，有我熟悉的人，也有完全不认识的人。如同我之前写过的，很多人的记录都开始得很有热情，但持续的时间并不长。有的不了了之，有的变成了其他内容。我不知道这位叫纽约蓝蓝的女子如果一直活着，她的《疫情中的纽约人》会记录多久，记录到什么程度。不管怎么样，她的记录是我在不出门的日子里看到的最好的记录之一。

像许多读者一样，我是因为纽约蓝蓝的去世而关注到她的母亲，以及她母亲的文字的。看了她母亲的文字，写纽约蓝蓝的和纽约蓝蓝去世前她写的其他内容，我忽然体会到了艺术的传承。从她母亲的回忆中得知，她母亲年轻的时候曾经喜欢自己画服装的图画，后来还机缘巧合地出版过一本服装设计图册，以草根和设计小白的身份。

纽约蓝蓝后来学的就是服装设计，到美国以后，她也一直做的是设计与画展的工作，最后成为纽约有名的策展人。在这个过程，她像她的母亲一样，利用业余时间写作，用文字记录自己的现实生活，以及她希望的生活。

像许多在海外生活的人一样，她经历过很多艰辛，但也获得了稳定幸福的生活。她的工作蒸蒸日上，她的家庭幸福美满，她的好日子正在开始。

但一切都因为疫情中的一场车祸戛然而止。人有旦夕祸福，有时候生命脆弱得像一片羽毛。

如果没有文字，没有那些记录，我可能永远都不会知道，这个世界上有一个叫纽约蓝蓝的女人，这个女人有一个80岁了依然愿意用文字来重塑她的生命的母亲。

我用这个例子告诉小芦苇，文字是我们可以在这个世界上保存时间最长的东西，它不会泛黄、不会变形。

我们的记忆会遗忘，会出现混乱，但我们自己记录下来的文字不会将我们所经历的事情遗忘，不会出现混乱和错误。小芦苇还在我的肚子里的时候，我曾经记过长长的记录。她出生以后，我也记录了很长时间。她出生的第二天，我就在体力得到一点恢复后补记了她出生时的一些情况，包括什么时候开始阵痛的，什么时候给医生打电话的，我第一眼看到小芦苇时她的样子，等等。

可惜后来我借口忙于工作，慢慢停下了这些记录。等我想起来再次记录的时候，中间已经停了好几年。

还有一件事我也一直很遗憾。小芦苇上幼儿园中班的时候，老师教了他们一套体操，是模仿生活中的各种动作的。我记得有一天晚上小芦苇站在床上给我表演，嘴里说："第×节，划船。"然后开始做像划船一样的体操动作。我当时想拍下来，转念一想，小芦苇当时穿的是秋衣秋裤，外面套一件旧旧的二手豹纹毛线背心，像个小男孩，拍出来可能不好看，于是作罢。原打算第二天给小芦苇穿上好看的衣服，在自然光下拍摄，结果一拖再拖，这件事情最后就不了了之了。现在我一想起当时她站在床上做这套操时的情形，就觉得可爱得不得了，但却无法还原图像了。有一次我问小芦苇是否还记得那套操，她说她根本就不知道有这件事。

那套"划船操"就这样流失在岁月的河中。

今天我要分享的是——

生命中的很多日子都是平淡无奇的。快乐和悲伤的日子，也只在它发生的那个时间点会激发我们的兴趣。岁月是一把刀，不仅会夺走我们的容颜和体力，还会夺走我们的记忆和激情。孩子会慢慢长大，我们以监护人的身份和孩子在一起的时间并不长。所以，我们要尽可能地用记忆以外的方式将我们和孩子在一起的日子记录下来。

这种亲力亲为的记录，既可以让我们有机会反思我们和孩子相处的方式，更能够帮助我们保存那些转瞬即逝的美好瞬间。而这些被我们用自己的方式保存的日子，会在未来成为我们和孩子共同拥有的最珍贵的回忆。它让人世间最真挚的爱，在时光的深处等我们。

青春期的沟通

May. 2nd

96 用一只眼睛“写”出来的电影构思

朋友圈记录

今天小芦苇有少年宫影视班的网课。我以经验论事，认为今天的网课会因五一放假而自动取消。小芦苇却坚持要准时上课，理由是老师没有通知不上课。结果她是对的。

今天的课有点特殊，不是老师在视频中讲课，而是布置了一份现场作业。要求他们两小时内完成一个剧本构思，形成文字提交给老师。剧本的主题是抗疫期间小人物的温暖故事，可以拍成 10 到 15 分钟的片子。

难度似乎有一点。

小芦苇今天的情况也有点特殊，早上起来就说左眼不舒服。我不想她用眼睛，便让她向老师说明情况，后面再补做这份作业。可是小芦苇不同意。

她的左眼看电脑就会流泪。无奈之下，我用眼罩遮住她的左眼。就这样，她以加勒比海盗的形象坐在电脑前，让我不要打扰她。离老师要求的时间还有一刻钟，小芦苇提交了她的剧本构思。

摘下眼罩后，小芦苇说独眼打字好难受。我趁机让她给我看看她用一只眼睛“写”出来的构思，难得她同意了。

她写得似乎还不错，生活气息蛮浓，狗血内容基本上没有，口号式的内容也没有。孩子眼中的世界，的确比成人眼中的温暖、洁净、清爽。

想起这两天热度挺高的一则新闻。疫情暴发前，24 个 14 至 17 岁的荷兰中学生在老师的带领下去加勒比海地区进行帆船训练。由于疫情的原因，他们回程的航班取消了。于是，他们在 3 名老师和 12 名船员的带领下，开始了史诗般的横穿大西洋的航海之旅。从加勒比地区的圣卢西亚出发，历时 38 天，他们终于回家了，回到了荷兰的哈林根港。

很多人都觉得不可思议，都觉得荷兰的孩子太厉害了。我在想，如果换成我们中国的孩子，会怎么样呢？我的答案是，孩子是没有问题的，有问题的可能是我们这些当家长的。我们可能会觉得这样做太冒险了，万一船在航行过程中遇到问题怎么办？万一孩子在船上生病了怎么办？万一孩子在船上吃不好睡不好、和小伙伴们相处不好怎么办？

总之，一大堆的问题不仅会让我们焦虑，还会直接影响孩子的勇敢。

所以，很多时候，我们的爱和担心，实在是一种拖后腿。

假如小芦苇今天听了我的劝，就不能如期提交作业并现场得到老师的指导，更无法拥有这份以加勒比海盗的形象进行创作的独特感受。

不闻不问不添乱，也是一种做家长的姿势。你们想不想试试？

背后的故事

我后来试过独眼看电脑和在电脑上写文章，每次只能坚持几分钟。特别是打字的时候，那些字变得又远又小，仿佛隔着玻璃水杯，是折射出来的文字。

所以我真的无法想象小芦苇花了两个小时的时间坐在电脑前打字是什么

感觉。这件事让我觉得自己像个不关心孩子的后妈。我对自己说:“如果再给你一次选择的机会,你会同意她独眼打字两小时吗?”说实话,我一直不能给自己一个肯定的答案。

可见做父母的,是多么见不得自己的孩子吃苦。

我的一个朋友在这则朋友圈记录下面留言,说:“关心则乱,自由或许比絮絮叨叨离题万里的关心更有用。”

我当然是同意这位朋友的观点的。但是,许多事情都是这样,懂得道理是一回事,按照道理去做又是另一回事。

小芦苇经常对我因为担心而限制她的许多行为表示不满。比如我不放心她独自外出,不放心她一个人在家点外卖、收快递。

有人说做家长的不能太担心孩子,特别是孩子在外面的时候,因为这种担心往往是一种“诅咒”。我不太相信这种说法,但是,担心会弄乱自己的心,也会搅乱孩子的心倒是真的。

最重要的是,担心实在是一种没有什么用处的东西。事情该怎么样就会怎么样,担心并不能换来更多的保障。

龙应台的那篇《目送》感动了很多父母。孩子长大的过程,就是父母慢慢同孩子拉开距离的过程。终有一天,他们会越走越远,只留给我们一个背影。目送,是不舍,又是必然。

轮台东门送君去,
去时雪满天山路。
山回路转不见君,
雪上空留马行处。

这是岑参在《白雪歌送武判官归京》中的诗句,我总是觉得这个场景很像父母目送孩子远去的情形。我很难想象父母在送孩子远行的时候心里会有一个春天，倒是觉得只有那飘雪的场景才是父母心底的感觉。孩子奔赴的，是一个春天，是一个个繁花似锦的日子，并且在不久的将来会绿树成荫、硕果累累。但这也是一个分水岭，“挥手自兹去，萧萧班马鸣。”此后，家成了空巢，孩子成了风筝，成了归雁，成了隔着千山万水的牵念。做父母的，目送时展现的是春天般的笑容，收纳在心底的，却是雪花落在指尖的微凉。

成长是快乐的，但又伴随着痛苦，这话不仅是对孩子说的，也是对做父母的说的。

今天我要分享的是——

我们经常会说孩子进入青春期以后会变得叛逆，变得不太容易和我们沟通了。其实，很多时候，问题是出在我们自己身上。并不是我们对孩子有太多的误解，也不是我们对孩子的一些情况不够了解，而是我们对孩子不放心，不能接受孩子已经长大了，不再需要我们给予细致入微的照顾这一事实。

做家长的在行动上是有着一些惯性的，总是想用在孩子小时候使用过的方法照顾孩子，也希望孩子能够永远像小时候那样同自己无话不谈，对自己给予的建议全盘接受。一旦孩子没有这样做，我们便会觉得孩子变了，变得叛逆了，变得同我们不太亲近了。

因此，解决与青春期孩子的沟通问题，要从家长身上找原因。很多孩子青春期的叛逆问题，本质上是家长不愿意接受孩子长大了这个事实。试试拿孩子当个大人，甘愿退居幕后，你会发现，很多问题都迎刃而解。

自由阅读

May. 3rd

97 巴尔利大街的阅读往事

朋友圈记录

这两天忙得有点后知后觉。留学生文学的鼻祖、美籍华裔女作家於梨华先生于 5 月 1 日（美国当地时间 4 月 30 日）在马里兰州离世，这个消息我今天才看到。

於梨华先生是我景仰的作家，她开创的“无根的一代”留学生文学，陪伴了很多人。她的《又见棕榈，又见棕榈》《雪地上星星》《梦回青河》等，曾经是我和同学彻夜讨论的话题。在她的作品中，我认识了北美校园，认识了台湾人的生活，认识了中西方文化的纠缠和包容。

《在离去与道别之间》是她 2003 年的作品，有北美版《围城》之称。这部作品在她众多的作品中并不特别为人所知，却是我最喜欢也是最熟悉的。

那时候我刚刚去荷兰。长长的白天，常常是我一个人待在有着百年历史的巴尔利大街的公寓中。我记得我是在新浪读书上发现这部作品的，故事一开头就吸引了我。那个叫段次英的女教授想换到另一个学校工作，请那个学校的老师方如真吃饭。她们是故事的两位主角。

故事开始的时候，段次英在唐人街买菜，合计着一会儿做哪几道菜。这个情形与我当时的日常十分相似，于是我一股脑地读下去。

有一句话说的是，你读过的书都写在你的脸上。其实，我以为一个人读过的书是刻在他生命的一段时光中的。音乐和电影也是这样。当你想起一段岁月的时候，往往会同时想起你在那段时光里读过的书，听过的歌，看过的电影。反之亦然。

於梨华的《在离去与道别之间》和阿桑的《野百合也有春天》，构成了我初到荷兰的时光。同期还有一本薄薄的英文小说，是芦苇爹从学校图书馆帮我借的，也是构成那段时光的元素之一。那是我没有借助字典阅读的第一本英文小说。

《在离去与道别之间》我前后看了三遍。最后一遍是几年前从台湾旅游回来，忽然想再读一遍。我在读书上有点小众，不太喜欢博览群书，常常会把自己喜欢的几本书，翻来覆去地读。

刚才，我打算到微信读书上搜一下有没有这本书。结果，你们猜发生什么事？这本书没有上架，但随着我搜索“在离去与道别之间”这几个字，页面竟然跳出了我 8 年前写的书《爱情疯长的阿姆斯特丹》。没有人告诉过我这本书上架微信读书，我也从来没有想过要去搜索一下。

今天偶尔搜出这本书的原因是，我在其中的一个段落中写了一句话：“我在离去与道别之间徘徊着。”可见於先生的这本书给我的印象有多深刻，不知不觉中就把她的书名融化到我的句子里了。

这算是我和於先生的不解之缘吗？

今夜以此纪念我敬重的华裔女作家於梨华先生！於先生享年 89 岁，据说是新冠肺炎引起的疾病，但我未能得到确认。於先生去了天国，她美丽的文字留在人间，继续陪伴、慰藉着我们。

2012年出版的《爱情疯长的阿姆斯特丹》封面

背后的故事

一个人读过的书是刻在生命的时光中的，还有音乐和电影。

每当我想起自己初到国外的时光时，我的脑子里便会出现阿桑的《野百合也有春天》的旋律。我记得那会儿流行MP3，我天天挂个MP3在脖子上，戴个耳机，在运河边走路的时候听的是它，去唐人街买菜时听的是它，洗衣做饭的时候听的还是它。

《在离去与道别之间》我是偶然发现的。那段时间有点想念国内的日子，于是在网上找从前读过的书重读。原来是打算把於梨华先生的《雪地上的星星》找出来重读的，没想到误打误撞看到了这本令我十分难忘的《在离去与道别之间》。

公寓里的窗户是百叶窗。我至今还记得我坐在书桌前，阳光从百叶窗的缝隙中照到我的桌子上，在光与影的变换之间，我十分投入地阅读这本书的电子版。

我记得那段时间我还读了一本非常难忘的英文小说，是芦苇爹从图书馆借来的纸质书，名字好像是叫《公司》，但我并不确定。那是我第一次完整阅读的英文小说，并且基本上没有查字典。我记得故事的开头就十分吸引人：一对年轻人入住一家旅馆，前台服务员热情地接待了他们，他们却并不知道，那完全是一个陷阱。

我很遗憾自己当时没有拍下那本书的封面，也没有记录下更多的信息。回国后，我试图找到那本书的中文版，或者英文原版，却怎么也找不到，因为我记得的信息太少了。

就我自己的阅读体验而言，我更喜欢精读。这个世界上有许多人，但能够成为知己的只有为数不多的几个。这个世界上有许多书，但能够打动我们内心的，也只有为数不多的数本。与其花大量的时间对众多的书走马观花，不如把时间留给自己喜欢的书，多读几遍，像对待老朋友一样，过段时间就见个面。相信每一次重读，都会有新的收获。

能够博览群书当然好，但我们都是普通人，没有博览群书的时间，更没有博览群书的记忆力。书山有路勤为径，学海无涯苦作舟。既然书籍如山，我们又不可能成为愚公，不如选择部分书籍精读。不管你是怎样的人，不管你希望自己将来成为怎样的人，阅读都是非常重要的。在我看来，如果不是为了专业研究而进行的阅读，阅读的过程本身也应该是愉快的。

我平时很少给小芦苇开阅读书目，建议书目都没有。作为学生，老师开出来的阅读书目已经够她忙的了，我不想再给她增加负担。我一直让小芦苇自由安排自己的阅读（当然她会主动完成老师指定的阅读任务），因为我不希望她的阅读过程变成一件很辛苦的事情，她应该更多地体会阅读给人带来的放松和愉悦。可能正是因为这种“放纵”吧，小芦苇到今天都没有完整地读过四大名著。我觉得这没有什么，我自己其实也没有将四大名著全部读完，我喜欢的《红楼梦》读了应该有几十遍了，并且会时不时重读，但是《三国演义》我就一直没有认真读完。

我初到国外的时候，行李箱里的书是一再精简的，但是厚厚的《红楼梦》还是带着的。第一次体会异域生活的时候，总会有失落、无助和乡愁，彼时我就在异国的百年公寓里看《红楼梦》，仿佛把大观园的姑娘们一起带到异域陪我了。那种感觉没有办法很准确地描述，总之是最好的心灵慰藉。

今天我要分享的是——

如同不能缺少父母的陪伴一样，在孩子成长的过程中，书籍也是不能缺少的东西。阅读不仅是孩子获取知识的重要途径，更是和智者对话的窗口，让心灵获得养分的机会。无论孩子多忙，做家长的都要给孩子留出自由阅读的时间。请注意，我说的是自由阅读，不是老师布置的阅读任务，也不是阅读导师指定的阅读篇章，那些应该都算是作业或者功课。

自由阅读是完全属于孩子自己的阅读选择，这就像交朋友，只要不是三观不正的，做家长的就应该充分尊重孩子的选择。只有在自己喜欢的书面前，孩子才会呈现最好的阅读状态，他们的心灵才能得到真正的放松，阅读的愉悦感才会出现。而这样的阅读，才是真正能够渗透到孩子整个人生过程中的阅读。那种为了博览群书而进行的阅读，为了对话经典而进行的阅读，为了诗书满腹而进行的阅读，对孩子来说，都不是最好的阅读，更不会全部以正向的方式渗透他们整个的人生。

让孩子快乐学习也许是一件不容易做到事，但是，让孩子自由快乐地阅读，应该是不难的，试试吧！

交往空间

May. 4th

98 让孩子有一个可以引导他的朋友

朋友圈记录

今天小芦苇很开心。她的一位亦师亦友的大朋友，邀请我们去她家吃蛋糕喝下午茶。

这位师友毕业于美国名校，平时的工作很忙。她极为睿智，极有爱心，并有极好的西点烘焙技术。几年来，小芦苇不知道吃了多少她烘焙的西点。在小芦苇成长的道路上，她是一位非常好的引导者。

疫情的原因，小芦苇已经几个月没有见到她了。今日见面，双方都很激动。

小芦苇跟她说自己的网课，自己对未来学科选择的迷惑，她一一点拨，春风化雨，让小芦苇所有的困惑都迎刃而解。

她每年都会给小芦苇准备生日礼物和新年礼物。今年的礼物因为疫情一直未能送出，今天大盒小盒地一起送给小芦苇了。小芦苇是收获满满！

午后的阳光很温暖，蛋糕和冰激凌都甜得恰到好处。窗外的石榴花开得正艳，蔷薇和紫藤在风中摇曳。如果不是疫情尚未结束，这样的时光应该就是岁月静好的标志了。

但是，全球的疫情依然处于不容乐观的状态。小芦苇的师友向我们娓娓讲述她这几个月里为国内外的朋友们所提供的各种帮助的时候，我被她所种植的爱感动了。为了做这一切，她每天的睡眠时间只有 4 小时。她告诉我们，两个月来，她只有一天的睡眠时间达到了 8 小时。她是生在美国长在美国的华裔，如今工作在中国。她通过自己的一言一行，一举一动，在中美文化之间，架起真实、友善、平等的沟通桥梁，这是我喜欢的。

今天是五四青年节，小芦苇似乎还算不上青年。大家都在说后浪，我不知道小芦苇算不算后浪。不管算不算，这样的师友，应该都是小芦苇在逐浪路上的引领者。她不仅教会了小芦苇怎样学习，更教会了她怎样做人，怎样助人，怎样爱人！

小芦苇，你是幸运的。愿你懂得珍惜这所有的爱和温暖。在未来的人生路上，做一个平等向善的人。

背后的故事

我一直很庆幸小芦苇在成长的路上能够遇到这样一位堪称是她的引路人的师友。这些年来，小芦苇从她身上学到的，不仅仅是知识，也不仅仅是文化，而是如何成长，如何长成自己想要的样子，如何成为一个善良且有内涵的人。

这位师友还是我和小芦苇之间沟通的一个桥梁。你们看了这么多记录，可能会认为我和小芦苇之间的沟通是很好的。我承认我们之间很多时候是一种闺蜜关系，但是，再好的母女，相互间也不可能没有误会，没有沟通上的问题。事实上我和小芦苇之间，也经常发生争执，经常觉得彼此不理解对方。

我在第10天的记录里，曾经写过不出门的日子里，我们家的客厅成了一个临时办公室，小芦苇在客厅学习，我们在客厅办公。

其实在不出门的日子之前，小芦苇就把客厅的西餐桌变成了她的书桌，而且时间似乎持续很久了，具体是怎么开始的我都记不清楚了。似乎是因为她做作业的时候需要时时用电脑，一张书桌不够用，而她的小房间又放不下两张书桌。于是有一天我们就把餐桌让出来了，并且在餐桌旁垂直放了一张书桌作为电脑桌。此后，小芦苇就像我在办公室的格子间工作一样，靠一张转椅在两张桌子间来回切换工作模式。

不出门的日子结束后，小芦苇依然是在客厅学习。我没有觉得有什么不妥，小芦苇也没有表现出想改变的意思。除了在小芦苇开着视频开会或者考试的时候，我偶尔会觉得有些不方便——因为进厨房会闯入视频，所以这期间我无法出入厨房。

有一天，小芦苇的这位师友告诉我，小芦苇觉得在客厅里学习不舒服，她希望能够回到自己的房间学习。我很诧异，说："小芦苇为什么不向我提出来呢？"这位师友说："小芦苇说，她怕提出来了你会觉得她一直都在客厅里学习，现在突然要求回到房间里学习，这中间一定有什么问题。"

我完全没有想到小芦苇竟然会这样想。我对她的这位师友说："其实小芦苇在客厅里学习我也觉得很受拘束，她学习的时候我得轻声走路，接电话的时候我得走开，她开着视频的时候，我更是大气都不敢出。我巴不得她回到自己的房间里学习呢。我一直以为她的房间只有一张书桌，不够她用，所以才不得不让她在客厅里学习。"

这个误会解开后，我和小芦苇立想办法解决她的房间放不下两张书桌的问题。当天下午，我和芦苇爹就费了九牛二虎之力，把钢琴从小芦苇的房间移到客厅，再把客厅的书桌移到小芦苇的房间，于是小芦苇的房间里有了呈L形摆放的两张书桌，而我的客厅里也因为有了钢琴而显得高大上起来。

从这一天开始，我和小芦苇的生活品质都得到了提升。吃完饭，她会在钢琴旁弹一两支曲子，那些曲子当然很简单，是她小时候学的。自从小芦苇上中学以后，我们家的钢琴就一直处于下岗阶段，现在总算重新回到自己的岗位了。

小芦苇重新捡回的第一支曲子是《致艾丽丝》，那是她二三年级学的曲子，不过用来打发我这个连简谱都不认识的人，已经足够了。

晚餐后，小芦苇在客厅随意弹几段钢琴，然后她回房间做作业，我去洗碗。洗好碗扔完垃圾以后，我在客厅里想看电视就看电视，想打电话就打电话，实在是太好了。

如果没有小芦苇的这位师友，我和小芦苇现在可能还是会每天晚上挤在客厅里，以隐忍的方式，将日子过得彼此都有些不太随心。

当然，这只是一个极小的例子。小芦苇的这位师友，在我和小芦苇之间，还做过很多有益的事情。可以说，她是小芦苇人生道路上最重要的人之一。

今天我要分享的是——

家长和老师都是孩子的启蒙者和人生道路的引导者。除此之外，在孩子成长的过程中，他们还需要一个或者几个可以引导他们的朋友。这样的朋友不会像家长那样面面俱到，也不会像老师那样中规中矩，但却能够准确地了解孩子内心的想法，并且能够以自己的学识和行为对孩子进行引导，或者给孩子一个示范。

这样的朋友是可遇不可求的。如果有一天，孩子的身边出现了这样的人，做家长的一定要帮孩子留住这样的朋友，让孩子和这样的朋友有广阔的交往空间。在这样的交往过程中，不仅孩子的素养会得到提升，家长自己也会从中获益，成为更好版本的自己。

共同探索

May. 5th

99 学生科学院

朋友圈记录

今天立夏，是一个与生长有关的节气。

我想说一下小芦苇和她的小伙伴们的“学生科学院”。

小芦苇在这个“科学院”已经“工作”近两年了。我一直知道有这么个团队，却又一直没有太弄明白这到底是什么。

直到今天，看到小芦苇写的一份关于“学生科学院”的活动资料，才算是弄清楚了。

两年前，小芦苇学校几个七年级的孩子出于对科学的兴趣，自发地利用课余时间进行科学问题的研究，后来发展成为一个学生科研团队。这个团队最初的成员只有 8 人，小芦苇是其中之一。他们给这个团队起了个很有意思的名字——学生科学院。他们以初中生的身份、科研工作者的态度进行科学问题的研究和探索，并将研究成果以专题讲座的形式面向校内的小学和初中同学进行科普推广，成为服务性学习小组。

他们关注的问题一开始挺高大上的，比如彼年彼时获得诺贝尔奖的癌症免疫疗法。学校很支持这批孩子，不但指派了专门的科学老师对他们进行指导，还安排他们去了中国科学院上海分院，让他们和专家面对面讨论问题。

到2020年初，他们的队伍已经发展为30余人。小芦苇有幸成为组长，负责管理这支“学生科研工作者”队伍。

疫情期间，他们通过视频会议完成“学生科学院”的沟通工作，我也有机会旁听了几次他们的会议。令我非常惊讶的是，现在，他们在老师的指导下已经发现了二三十个研究课题，并分配到人，对具体问题进行研究、讨论、论证。最后，他们将研究成果制作成英文的视频文件，在B站等平台发布，对大众进行科普推广（已经不再局限于校内科普讲座了）。

他们的工作效率很高，这二三十个课题的管理和推进井然有序。

由于工作的关系，我经常可以接触到承担各种科研项目的高校老师，看到或者听到的正面负面消息都有。对比孩子们的“学生科学院”，我的感慨很多。我在想，如果我们的科研项目承担者和管理者都能像孩子们这样不带私心、没有怨言、充满激情、高效忘我地工作，那该多好！想起中学时的一篇课文的题目：《科学的春天》。

科学老师让小芦苇利用五一假期将他们的工作写成案例交给她。昨天晚上小芦苇弄到深夜，准时提交。在我的要求下，今天她让我看了一下这个材料。趁着还没忘，赶紧记下来，分享给各位“前浪”。我觉得现在不是后浪推前浪，是前浪们要多回头向后浪们学习。至少我打算在被拍死在沙滩上之前，做一个爱回头的前浪。

《历书》云：“斗指东南，维为立夏，万物至此皆长大，故名立夏也。”立夏标志着万物进入旺盛生长的阶段。愿小芦苇和小伙伴们的“学生科学院”茁壮成长！

少年强则国强！

背后的故事

好奇心是发展孩子兴趣爱好的最好的老师。小芦苇和她的同学们的这个“学生科学院”就是好奇心的产物。

参加了这个“学生科学院”之后，小芦苇成了我们家开会最多的人。

如同我之前在记录中所说的，不出门的日子开始后不久，我们全家便都集中到客厅办公了。因此，小芦苇开视频会议的时候，我可以有机会坐在沙发上听到他们的会议内容。

他们的会议是在一名科学老师的指导和参与下进行的。大部分情况下，会议是由小芦苇主持的。科学老师是一位亲和力极强的年轻女老师，和这群孩子相处得如同手足。

说实话，第一次的会议就让我很震惊。那是疫情后他们第一次在一起开会，大家汇报自己最近的情况，并讨论新研究选题。这种会议，在我看来可能就是个务虚会，大家聊聊近况、谈谈设想就差不多了，不大会有实质性的工作推进。

没想到小芦苇他们的会议效率极高。近两个小时的会议，没有一句废话。近三十个研究课题一一完成讨论，通过的课题立即安排到人负责，且定下完成的时间节点，这个过程中还包括老师和其他同学对该课题的研究建议。会议一结束，负责记录的同学的便将会议记录发到每个参加会议的人手上，并确定了第二次会议的时间及会议中要向大家做课题研究报告的人员。那一次我特别有感慨，觉得还是没有受到成人思维影响的孩子们做科研的时候更单纯更有冲劲。

目前，小芦苇和她的同学们这个“学生科学院”的工作还在继续。虽然作业多，学习任务重，他们还是每周坚持开一到两次视频会议，利用晚上做作业的间隙。当然，由于小芦苇已经回到自己的房间学习了，我不再有机会旁听他们的会议内容。我只知道他们的视频一直如期推出，现在已经发布了好多期了。因为他们做的是英文的视频，讲的又是自然科学方面的内容，我不大看得明白，但孩子们的研究热情我是深深体会到了。

因为在学习微电影制作的过程中，小芦苇经常要写剧本，特别是分镜头剧本，所以有一段时间她有点觉得自己将来可能会学文科。随着“学生科学院”工作的深入，小芦苇越来越意识到自己是个喜欢自然科学的人。前几天她告诉我：“我越来越确定将来我会学理科。”

今天我要分享的是——

兴趣是孩子最好的老师。当孩子对一件事情有好奇心的时候，做家长的一定不要阻止孩子的这份好奇心，更不能因为孩子对某些事情的好奇——看上去与学习新知识无关或者比较浪费时间，便去指责孩子。一件事情只有做下去才会有结果，即使做了很久也没有结果的事情，坚持本身也是对孩子的一种锻炼。

另外，家长要鼓励孩子将自己因好奇心产生的探索活动扩展到同龄人中去，让孩子找几个有相同好奇心的孩子一起研究，共同探索。这种合作的过程，既能让孩子的探索更有成就，又能使孩子的团队意识和管理能力得到提升。

我们在一起

May. 6th

100 谢谢一直耐心阅读的你们

朋友圈记录

明天正常上班，居家办公的日子结束了，我这不出门的日子流水账也记到最后一篇啦。

最后一篇恰好是100篇，这个数字不是我特意安排的，完全是天意。

对我来说，不出门的日子实际上是105天。1月22日上午我还在办公室上班，从23日开始不出门，那是农历腊月二十九。过年那几天，我的日子基本上是日夜颠倒的，早晨从中午开始，一天只吃两顿饭，到夜里12点还精力旺盛，零食未停。追剧、做饭、刷手机，每天就这几件事。

正月初三的晚上，小芦苇表示从正月初四开始她要正常作息。于是我便顺着她的节奏，让自己的生物钟正常，让早晨从早晨开始。

当时想着这不出门的日子不知道会持续多久，自己每天的日子又过得非常相似，可能过着过着就忘了。为了记住这些日子，我决定从正月初四开始记一个流水账，把自己在这特殊日子里的每一天生活琐事和所思所想记录下来，以示对时光的敬畏。

原本想着记到春节后上班就差不多了。没想到后来情况发生了变化，单位通知居家办公，小芦苇也开始在家上网课。

日子变得越来越不确定，信息也变得越来越繁杂。这期间也有朋友问我会写到多少篇。我回复说会写到我结束居家办公，回办公室上班时止。

上周，单位通知了回办公室上班的时间。明天，5 月 7 日，我就要回到正常的上班状态了。所以，今天是最后一篇。没想到恰好是第 100 篇。这不是天意是什么呢？

前天，我的朋友，就是我之前记录中提过的新锐漫画家天天老师，计算出我的最后一篇流水账正好是 100 篇。于是，她用午后的时光画了这幅画送给我，作为第 100 篇的纪念。这两只小猪是她的系列画中的主角，小猪手上的花是一剪梅。谢谢天天老师，真情像草原广阔，真情像梅花开过。

天天老师为我的第 100 天记录画的速写

也在这里谢谢一直耐心阅读的你们。这只是一份个人在非常时期的生活流水账，未曾忧国忧民，也没有家国情怀，没想到却有很多朋友愿意天天花时间阅读、评论、点赞。

我基本上是晚上 10 点以后（大多数是在 11 点左右）开始记一天的流水

账。其时一天的事情都结束了，小芦苇也睡觉了。我靠在床头，在手机相册里找一张花花草草的照片，然后以手写输入的方式在朋友圈写流水账，一般来说半小时就弄完了。中间会有错字漏字，但也不想去改，大家都是朋友，原汁原味地奉上才像自家人在一起。

顺便说一下，这个不出门的日子的流水账我没有向所有的联系人开放。原因很简单，有些人同我仅仅是一般的工作合作关系，我不方便用自己的私人信息去打扰。另有一些人身居要职，我不愿意浪费他们的宝贵时间听我絮絮叨叨。所以，一直看流水账的你们，我们彼此都不要见外哦。我知道你们当中有很多人在自己的领域做得很好，是教授、专家、高管、名师、好爸好妈；也知道你们当中有人每天晚上一定要看完我的流水账才睡觉；还知道你们当中有人早上醒来先不起床，躺在被窝里读完流水账写完评论才起来。总之，我知道的很多。

千言万语就一句话：谢谢你们!

不出门的日子就这样结束了。后面我还会隔三岔五地在朋友圈碎碎念的，但肯定不会天天见了，也不会写这么长。

一起期待疫情结束，期待明天会更好!

背后的故事

有些事情就是这样，开始的时候没有觉得什么，但是走着走着，就走出了长长的一段路。

在第100篇朋友圈记录下面，很多朋友都给出了真诚的留言。如同观剧结束后一定要给予热情的掌声一样，此时，话剧演得好不好已经不重要了，我的记录好不好也变得不重要了——重要的是我们在一起，共同完成了对于某年某月某一天的某个纪念。

摘录几则留言分享给大家：

“已经喜欢上了你的絮絮叨叨。”

“多谢这百日的分享。”

“谢谢台老师一百天温柔细致的碎碎念，这份平淡真实抚平了很多焦虑不安。文字是有力量的，喜欢这种温和而又坚定的力量，明天一定会更好！”

“已经100篇啦，真是舍不得啊，但也没想到这么快。”

“每天看你的流水账，我也会回想自己一天的所做所思。流水账再见。”

“谢谢台教授每天的早餐或夜宵。谢谢您把我们带进您的不出门的100天里，也佩服您的坚持。期待着您精彩的明天！再次感谢您！”

“我的早晨就是从近中午开始的，故而此时的我是斜靠在被窝里看你流水的走势。虽然这股清流的阀门已关，但在后面日子里，会依旧期待和守候更快乐的天天！”

“这两天一直在忙，漏看了您最后的大作，致歉。您的百篇日记有很多篇我都看了，有情、有味、有理，以小见大，有些事信手拈来，却又自然妥帖，足见您的功力！向您致谢，更向您致敬！”

朋友们的鼓励使我觉得很温暖。长长的不出门的日子里，我之所以能够坚持每天记录自己和小芦苇的生活，与朋友们的支持与围观是分不开的。在这第100天的朋友圈记录后面，还有很多朋友给出了建议，建议将我这100天的记录结集出版。

虽然我自己就是做出版工作的，但最初并没有想过要出版这本书，因为朋友圈的记录只是每天生活的某个片断的实录，不成体系，也比较单薄。

“不出门的日子”流水账结束后，我在朋友圈里偶尔发了几则不足百字的“笨妈笨招”，以极短的文字将自己在陪伴小芦苇的过程中的一些心得体会分享给大家。一些朋友看了以后觉得很受启发，希望我能够更多地分享这些非专家意见。

我不是一个育儿专家，只是一个在陪伴孩子成长的过程中跌跌撞撞前行的中年老母亲。记录中的一些体会可能很浅显，也没有什么理论背景支撑，大家能够喜欢，我觉得很意外，也很激动。真实的东西是最有生命力的，大家之所以能够从我的记录和总结中产生共鸣，可能正是因为我和你们一样，处于和孩子共同成长的探索中吧。

在几位朋友的支持和鼓励下，在不出门的日子结束后，我一边正常上班，一边利用业余时间将这100天的记录整理成书，希望可以将自己的一些心得体会分享给更多的像我一样在陪伴孩子成长的路上努力奔跑的人。

作为一本书，当然不能像朋友圈记录那样单薄，于是我将每天的记录变成了三个部分。第一部分是“朋友圈记录”，基本上是将我在不出门的日子里的朋友圈记录直接照搬过来的，除了修改了一些笔误和错字病句；第二部分是“背后的故事”，是对当天的“朋友圈记录”的信息补充；第三部分是对当天的“朋友圈记录”的一些思考，也是我希望可以分享给大家的亲子教育的心得体验。

我的一些朋友不仅在这100天的记录中一直参与其中，及时阅读我的“朋友圈记录”，及时留言、点赞，在我将这些内容整理成册的时候，他们的一些留言还被我摘录到“背后的故事”中，分享给更多的读者。在此也向这些一直陪伴支持我的朋友们表示感谢！

在我完成书稿整理工作后，本书的责任编辑邱仿老师建议我在内文中配发一些小芦苇画的动漫画。我征求了小芦苇的意见，她认为自己的画只是平时画着玩的，不适合放在书中。我尊重了她的意见。后来，我请设计师张启帆女士专门为本书画了多幅场景插画，在此也向她表示感谢！

我和邱仿老师几经斟酌，最后决定将这本书的书名定为《看见飞鸟的翅膀——笨妈亲子手记 100 天》，以此表达我们在亲子教育问题上的一个共同心愿：希望每一个家长都可以引领孩子看见飞鸟的翅膀，看见霞光、希望和生长的力量，在正面教养中和孩子共同成长！

邱仿老师有着非常好的文学素养，在本书编辑出版过程中，她给出了很多创意，并付出了辛勤的劳动，在此向她表示深深的谢意！

上海财经大学出版社金福林社长和黄磊总编辑在本书的成书过程中给予了诸多指导和关怀，在此一并致谢！

2020 年是一个特别让人难忘的年份，世界从来没有如此同步过，每个人都接受了一场极其严峻的考验，过着和平常的日子里完全不一样的生活。我相信困难总会过去的，文字会留下我们曾经在一起的所有记忆，并在未来的日子里，慰藉我们的心灵，鼓励我们努力前行。

小芦苇在这个特殊的年份里完成了她的初中学业，并且获得了优秀毕业生的奖学金，这是一件让我很开心的事情，也让我这不出门的日子的记录，有了一个短暂的休止符。当然，对她来说，新的人生阶段会面临更多的挑战，我会为她和她的小伙伴们加油，同时，我的爱会一直陪伴在她的身边。

未来的路还很长，亲爱的读者朋友，我们一起走过了不出门的日子，走过了永生难忘的 2020 年，让我们一起迎接那让美好的日子一天天回来的 2021 年！

第 100 天，我要说的是——

感谢一直耐心阅读和陪伴的你们——重要的是我们在一起，共同完成了对某年某月某一天的某个纪念！

未来可期，让我们继续携手！